シュタインの自治理論

後期ローレンツ・フォン・シュタインの社会と国家

Shibata Takayuki
柴田隆行

御茶の水書房

まえがき

〈社会の学〉としての国家学を構築せんとするシュタイン（Lorenz von Stein, 1815-90）にとって、自治こそが国家の本質である。誤解を恐れずに言えば、シュタインにとって国家は自治体であった。

「自治」と言えばほぼイコール地方自治体と解されるわが国の辞書を代表とする一般認識は、明治期日本の学者や政治家等によるシュタインならびにグナイストの自治理論の誤解ないしは曲解に基づく、と筆者には思われる。他方、自治が国家に収斂したら自治が実現できないとして、ナチズム体験から学んだ戦後ドイツの自治理論学者は、自治体の国家からの独立を強く主張する。そのうえで、社会と国家の統合を目指す「社会国家」の展開過程で自治のあり方の見直しを進めつつある。

たしかに、自治体と聞いて国家を連想する人は少ない。地方自治体という言葉があるように、自治体は国家内部の一区域ないし一組織を指すと思われることがとりわけ日本では多い。町内会や団地の自治会も自治体である。新疆ウイグル自治区やチベット自治区のような広大な区域を指すこともあれば、パレスチナ自治区のように国家内国家と言うべき特殊な地域を指す場合もある。いずれにしても、自治体は国家から一定程度独立した組織を言うと一般に理解されている。

自治はドイツ語で Selbstverwaltung と言うが、これを直訳すると「自己管理」である。それは自由・自律を意味するから、自治という言葉は何にでも適用可能であるように見える。だが、自治の現実態である「自治体」の場合には、個人でも実現可能な自由・自律とは異なり、共同態が問題になる。したがって、自治体は自由な共同体でなければならない。自治は英語ではselfgovernmentと言うが、一九世紀ドイツの自治理論を克明に研究したハインリヒ・ヘフターによれば、selfgovernmentはドイツ語ではSelbstverwaltungよりもSelbstregierungに近いと言う。ヘフターが自らの研究で明らかにしようとしたことは、イギリスのselfgovernmentの精神をプロイセンに根づかせようとしたシュタイン男爵とグナイストに倣ってイギリス流の自治理論をドイツで実践することではなく、一八四八年革命の自由主義精神に基づいて民主主義国家を基礎づけることにあった。そうした考えを仮に妥当だとするならば、ローレンツ・フォン・シュタインの自治理論が有効である。なぜなら、シュタインにとって国家は人格態の自己実現態であり、国家という共同態はあくまでも人格態相互の自己管理（Selbstverwaltung）の問題として捉えられるからである。冒頭で述べたように、シュタインはまさに「自治国家」の実現を目指したのである。

だが、「自治国家」とは形容矛盾ではないのか?

自治と言えばわが国では通常「地方自治体」を意味すると辞書に書かれていることは先に指摘したが、英語のselfgovernmentやドイツ語のSelbstverwaltungに「地方」という限定は定義上存在しない。もちろん、自治に「地方の」という冠飾句をつけて外延的に対象を限定することはありうる。だが、「地方」を自治や自治体に内包させるこうした限定的な理解は日本特有ではないだろうか。たしかにグナイストは地方自治を重視するが、その理由は、人民が政務に就く訓練の場としてそれが必要だと考えるからである。他方、シュタインにとって自治は地方に限定されず、むしろ国家でこそ貫徹されなければならない。しかし、わが国では一般に、シュタインの国家学は、社会改革が市民自らの力では実現不可能であるがゆえに「上から」つまり国家によって実現されなければならないとする学説として理解された。これが誤解であることは本論で詳論する。

筆者はこれまで、「自由な共同体はいかにして可能か」という根本主題の解明を目指して、ヘーゲルの共同体論とフォイエルバッハ哲学、そして、ローレンツ・フォン・シュタインの国家学を研究してきたが、前期シュタインと言うべきキール時代のシュタインの理論的ならびに実践的な活動に関する研究の成果は、二〇〇六年に『シュタインの社会と国家　ローレンツ・フォン・シュタインの思想形成過程』と題して御茶の水書房から公刊した。そこでは、シュタインが〈社会〉という概念を発見した経緯とその理論的かつ実践的な意味、シュレスヴィヒ・ホルシュタイン独立運動への参加で彼がつかみとった比較法学的な研究視野の有効性、〈社会の学〉としての国家学の形成過程などを明らかにした。本書では、後期シュタインと言うべきウィーン時代のシュタインの活動を研究対象とし、国家学、社会学、行政理論、教育学などからなるシュタインの総合的国家学体系を分析することで、それが現代ヨーロッパの〈社会国家〉の学的根拠となっていると言われる所以を明らかにした（ドイツ基本法第二〇条には「ドイツ連邦共和国は民主的かつ社会的連邦国家である」とある。本書第三章註14参照）。逆に言えば、シュタインの自治理論の解明をとおして、現在の社会国家を自治国家として捉える理論的可能性を追求することが本書の主題である。

それにしても、シュタインの自治理論は複雑である。シュタインは、自治理論に限らずものごとをつねに実践的に考えるので、基本線は変わらないがそこから派生することがらに関しては主張が著作ごとにあるいは版ごとに変わることが多い。とくに自治と統治ないし自治と官治の関係の理解が容易ではない。それは、彼が理論上基本に据えている「国家」の実体が不鮮明であることに由来するのかもしれない。シュタインにとって国家の自我は国家元首つまり君主であるが、国家の意志を決めるのは憲政（議会）であり、国家意志を実現するのは行政である。国家の実体は実質的に言って憲政と行政となるが、憲政を担うのは議員、行政を担うのは官僚や役人である、というわけではない。シュタインが国家学体系を構築する際つねに念頭に置いているのは、諸々の個人の人格的発展である。諸個人の人格態の自由な発展のために国家は存在するのであり、国家のために諸個人が存在するのではない。憲政と行政は諸個人の人格的発展のために存在するのであり、その根底にあるのは人格態の自由でなければならない。それゆえに、シュタインの国家学においては統治よりも自治、官治よりも自治が重視される。しかしながら、自治の担い手であるべき諸個人は、現実には利害関心とそこから生ずる占有状態に左右されることにより、社会的階級対立が生じうる。この社会的矛盾を解決するために国家が……。これではまさに循環論である。シュタインはこの循環論を脱却できたのだろうか。もしできたとしたならば、それはどのようにしてであろうか。ナチズムは崩壊しても、その後の世界は国家の官僚制化がいっそう進み、二一世紀に入ってその勢いは衰えるどころか増すばかりである。住民・市民の自治が国家の本質となるような時代は来るのだろうか。本研究の目標はまさにこうした問題の解決にある。そもそも国家は人殺しと他人の財産奪取を合法的に行う暴力装置以上でも以下でもない、という議論も根強い。こうした国家論からすれば、シュタインの国家論はロマンチックな夢にすぎないであろう。だが、国家を合法的暴力装置と規定したところで、現実の社会生活と密着した具体的な国家機構を解明し尽くすことはできないと思われる。シュタインの国家学が、憲政論ではなく行政理論として展開された理由はここにある。

わが国では、シュタインは伊藤博文や黒田清隆ら明治期の学者・政治家等に憲法や行政を教えた人として知られ、その面での研究は瀧井一博氏や堀口修氏に代表される研究者の業績でかなり深められたが、ドイツならびにオーストリアでのシュタインの研究活動の解明は、森田勉氏の憲政研究、木村周市朗氏の福祉国家研究、そして筆者の一連のシュタイン研究をおいてほかにまとまったものとしてはまだない。ドイツでは一九七〇年代以降、社会国家構築に関する理論的先駆者としてシュタインを再評価する試みが盛んとなったが、それは概して現実政治からの必要に迫られた極めて実用的な関心に基づく研究であるがゆえに厳密な文献研究を土台とするものではない。キール大学付置ローレンツ・フォン・シュタイン行政学研究所が毎年公刊している一連の報告書も、実践性に優れているが、文献研究は少ない。この欠を本書によって少しでも埋めたいと願っている。

本書は後期シュタインの学的諸業績を主たる研究対象とするが、そこから深められるべき自治理論や国家学は奥が深い。とりわけ「自治」概念は外延が広く、議論の対象を広げれば止めどがなくなる。シュタインとの関係に限定しても、〈自由と共同〉を一体的に実現するはずの社会主義の問題があり、研究課題としてとくに教育と警察は興味深い。警察論はわが国でも研究が進み、林田敏子氏と大日方純夫氏が編集した優れた論文集、両氏それぞれによるモノグラフ、喜安朗氏や菊池良生氏による新書版ながら内容の濃い概説書などが公刊されている。これらの研究成果から学びつつ〈統治と自治〉についてさらに考察を深めたい。とくに自治体警察の考察は自治理論に欠かせない。シュタインも警察理論を書いており、この問題を避けて通るわけには行かない。ポリツァイについてはヘーゲルの法哲学をもとにポリツァイとコルポラツィオーンとの関係も「福祉」と絡めてさらに深く問わなければならない。アクチュアルな問題としては、大阪の橋下徹氏の言説で話題が沸騰している〈地方分権〉にも触れざるをえない。ナチズムと自治体との関係も、国家に利用された日本の町内会等の歴史も含めて問われなければならない。グローバル化という名のもとに国際企業の圧倒的な支配下に置かれるアメリカで自治体の内部崩壊が深刻化しており、日本でも時間の問題と言われている。東日本大震災大津波による市町村の壊滅的被害から立ち直るべく新たな共同体のあり方が求められている。こうした時事問題にも触れなければならない。シュタインを離れれば、内山節氏が強調する、自然と人間と神々が一体となって培ってきた日本の村落の自治もおおいに気になる。このように思いめぐらすと、とりあえず本書をまとめるにしても、残された課題はあまりに多い。蝸牛歩ながら一つ一つ解明して行きたい。

シュタインの自治理論

目次

目次

まえがき　i
使用テキスト略記号一覧　xiv

第一章　「自治」という言葉　3
第一節　「自治」という訳語　3
第二節　英語とドイツ語の「自治」　7
第三節　自治の起源　10
第四節　日本の自治制度　11

第二章　シュタインの自治理論　19
第一節　日本人へのシュタイン講義　19
第二節　シュタインの自治理論　24
（一）『行政理論』初版（一八六五年）　24
（二）『行政理論』第二版（一八六九年）　27
（三）『行政理論と行政法ハンドブック』初版（一八七〇年）と第二版（一八七六年）　30

（四）『行政理論と行政法ハンドブック』第三版（一八八八年）　33
小括　35
第三章　シュタイン自治理論の評価　41
第一節　ヘフターによる評価　41
第二節　最近の自治理論　47
第四章　自治団体論　53
第一節　国家学における自治　53
第二節　自治団体　54
（一）統治と自治　55
（二）地方　57
（三）ゲマインデ　59
（四）コルポラツィオーン　61
第三節　協会組織　64
（一）協会　64
（二）協会組織　67

小括　70

第五章　教養形成論――75
第一節　自治と教育　75
第二節　国家と教育　77
第三節　教養形成　82

第六章　シュタインとグナイスト――往復書簡を通して――91
はじめに　91
第一節　明治期日本人との関係　92
第二節　シュタインとグナイストの往復書簡　99
（一）現存確認できる書簡　99
（二）シュタインがグナイストに宛てた最初の書簡　102
（三）グナイストからシュタインへ　105
（四）憲法闘争の時代　112
（五）理論的交流　118
第三節　両者の思想的差異　130

第七章　自治をめぐるグナイストとシュタインの理論上の差異―― 139
はじめに 139
第一節　議会不信 140
第二節　影響関係 144
第三節　自治理論 147
第四節　シュタインとグナイストの相互評価 150
第五節　状況のなかで 155
小括 160
第八章　シュタイン自治理論の歴史的社会的背景―― 165
第一節　社会・国家・自治 165
第二節　シュレスヴィヒ・ホルシュタインの歴史と現在 168
第三節　憲政から行政へ 178
補　論　シュタインの国家学における内政と外交―― 187
一　私のキール留学 188

二　国家学　190
三　国際行政　192
四　ゲルマン主義　195
五　憲政と行政　198

終　章　203

第一節　地方政府論　203
第二節　憲政と自治　209
第三節　自治のゆくえ　214

あとがき　219

付録　ウィーン大学におけるシュタイン講義――――41（260）
はじめに　41（260）
第１章　シュタインの講義科目　43（258）
第２章　ウィーン大学法学国家学部の教育課程とシュタイン講義　52（249）
小括　73（228）
［資料］学生数　74（227）
参考文献一覧　19（282）
人名索引　9（292）
独文要旨　1（300）

使用テキスト略記号一覧

（一）シュタインの著作

SuC: *Der Socialismus und Communismus des heutigen Frankreichs. Ein Baitrag zur Zeitgeschichte,* Leipzig 1842.

GsBF: *Geschichte der sozialen Bewegung in Frankreich von 1789 bis auf unsere Tage,* Leipzig 1850. 3 Bde. München 1921.

SSw1: *System der Staatswissenschaft. Bd.1. System der Statistik, der Populationistik und der Volkswirthschaftslehre,* Stuttgart u. Tübingen 1852.

SSw2: *System der Staatswissenschaft. Bd.2. Die Gesellschaftslehre. Erste Abtheilung. Der Begriff der Gesellschaft und die Lehre von den Gesellschaftsklassen,* Stuttgart u. Augsburg 1856.

Vl1: *Die Verwaltungslehre,* 8 Bde., Stuttgart 1865-84.

Vl2: *Die Verwaltungslehre.* Zweite durchaus umgearbeitete Auflage. 6 Bde., Stuttgart 1869-83.

HV1: *Handbuch der Verwaltungslehre und des Verwaltungsrechts, mit Vergleichung der Literatur und Gesetzgebung von Frankreich, England und Deutschland,* Stuttgart 1870.

HV2: *Handbuch der Verwaltungslehre mit Vergleichung der Literatur und Gesetzgebung von Frankreich, England, Deutschland und Oesterreich.* Zweite, bis auf die neueste Zeit fortgeführte Auflage, Stuttgart 1876.

HV3: *Handbuch der Verwaltungslehre.* Dritte, vollständig neu bearbeitete Auflage. 3 Bde., Stuttgart 1887-88.

（二）その他の著作

HH: Heinrich Heffter, *Die deutsche Selbstverwaltung im 19. Jahrhundert. Geschichte der Ideen und Institutionen.* 2., überarbeitete Auflage, Stuttgart 1969.

＊略号に続く末尾の数字は、引用ないし参照したページである。
＊コロンとハイフンに挟まれた数字は、巻（Band）ないし部（Teil）の数字を意味する。
＊ハイフンとハイフンに挟まれた数字は、巻ないし部につづく編（Abschnitt）の数字を意味する。
＊ページ数にfがついている場合は、参照が次ページにまたがることを意味する。

以上、たとえばGsBF:1-23は『フランスにおける社会運動の歴史』の第一巻二三ページを、HV1:1-23は『行政理論と行政訴訟ハンドブック』初版第一編二三ページを、VI2:1-2-23は『行政理論』第二版第一部第二編二三ページを、23fは二三ページから二四ページにまたがることを、それぞれ意味する。

シュタインの自治理論

後期ローレンツ・フォン・シュタインの社会と国家

第一章　「自治」という言葉

第一節　「自治」という訳語

自治体と言えば日本では一般に地方公共団体が想起される。日本国憲法第八章に「地方自治」という項目があり、第九十二条に「地方公共団体の組織及び運営に関する事項は、地方自治の本旨に基いて、法律でこれを定める」と書かれている。だが、「地方自治の本旨」とはどういうことかは憲法に記されていない。第九十三条から第九十五条で制度が記されているにすぎない。「自治」と言えば「地方自治」を意味するようになるのは明治憲法体制確立後である、という石田雄の指摘がある。(1) 明治憲法発布前の一八八〇年に邦訳されたリーバーの『自治論、一名人民ノ自由』に「夫レ自治トハ人ノ自由ヲ保ツ所以ナリ」とあるように、明治期に欧米の文献が翻訳移入された当初、自治は自由とほぼ同義であった。「各人一個自由ノ保護ヲ為ス所以ノ制度ハ自治ノ制度」であり「自治ナル者ハ自由自己ノ活動ニシテ之ヲ他ニ加フル者ヲ云フナリ」(2) とリーバーは述べる。リーバーはプロイセン出身だが、一八二七年にアメリカ合州国民となった。自治意識の強いアメリカの「州」が彼の自治理論の土台をなしていると察せられるが、こうした意識は欧米に留まらない。一八八二年に公刊された『内外政党事情』に収録されている越中の「自治党団結ノ主意書」にも、自治は「中央政府ノ干渉ヲ仰ガザル」ことであり、「他ニ頼ラズ自力治ムルノ義」(3) だと定義されている。

自治と自由を同義とする時期がかつてあったことが確認できるが、同時にまた、わが国には、「自ら治める」のではなく「自ら治まる」という儒教的ないし仏教的な理解が別にあった。たとえば権藤成卿は自治を「自然而治」として捉える[4]。一九三八年刊の東京市政調査会編『自治制発布五十周年記念論文集』に収録されている論文にも、「欧米に於けるセルフガワーンメントの用語が行はれるより遥か前に東洋に於て自治の語が長く行はれて居った」（菊池慎三[5]）とか、「各人が良心的に全体への責務を痛感し『公』のために自発的に『私』を滅する所に大きな道徳的価値があるのだ」（前田多聞[6]）という主張が見られる。石田雄によれば[7]、「自治」という言葉は、中国古典に由来するものと見れば「自然に治まる」という自動詞的意味が強まり、西洋の self-government の翻訳語としては「自分で自分を治める」という他動詞的意味が強まるという。もっとも、中国古典に遡らなくても、人間のいわば生得的な本能から自治を位置づける考えもある。たとえば、明治・大正期に政治家・官僚として活躍した後藤新平は、『自治生活の新精神』で、人間には自治の本能があり、これを意識して集団生活を営むのが文明人だと主張する[8]。すなわち、自治とは「しっかりとした協同観念に則って、地方団体の文化的、ならびに経済的発展を促し、国民相互の福利を増し、各部各体の調和融合を図り、それによって国家機能をより活性化することを目的とする」[9]。そうした観点から現実の社会を見ると、そこでは自治の精神が欠けていることがわかると言う。

家族制度的な生活があって隣人関係の生活がないのである。国家的生活、国家に対する義務を遂行し、国家に頼る生活があって、社会的な生活がないのである。われわれが自治生活の新精神を強調するのは、差別観を排斥するのではなく、平等観を基調としてさらに新たな差別観に向かおうとするからである。社会的生活を基調としてさらに新たな「国家的生活」に向かおうとするからである[10]。

『大辞林』（三省堂、一九八八年）で「自治」を調べると、そこには、「①自分たちのことを自分たちで処理すること。②人民が国の機関によらず自らの手で行政を行うこと。特に、地域団体による地方自治をさすことが多い。」とあり、対概念として「官治」という言葉が挙げられている。「官治」は「国が自己の機関により直接、行政を行うこと」であるが、「官治」はいまや死語に近い。一九〇七年の『辞林』では、自治は「①自己の事を自己にて処理すること。②地方団体若しくは公共組合が、国家の委任を受けて、其団体若しくは其組合に属する或特定の事務を自ら処理すること」とある。現在の辞典に「国の機関によらず」とあるのに対して、かつては「国家の委任を受けて」とある点が決定的に異なる。

一八八六年に日本政府の内閣法律顧問として来日したドイツ人モッセは、一八八八年一〇月一九日に自治政研究会で行った講義で、自治を広く解釈すると「臣民カ国家ノ職務ニ干与スル」ことになりかねないから、自治は行政に限定し「立法ノ事ハ自治ノ義ト相関セス」[11]と述べている。モッセの師であるグナイストも、日本で紹介された表現を借りるならば、「自治トハ国家ノ法律ニ従ヒ地方ニ関スル国家ノ行政ヲ地方税ノ支弁ニヨリ名誉職ヲ以テ処理スルヲ云フ」[12]として、自治を官治の一末端機構とみる。

他方で、モッセは同年一〇月二六日の第二回講義で、人民が国政に関与するには一定の知識を要するが、自治はそうした知識を養成する機能を果たす、と述べている[13]。「抑モ議院ノ為メニ適当ノ人物ヲ養成スルモノハ実ニ自治制ナリ。」自治に従事することで多少の政治上の知識と経験を積むと同時に「民間実際ノ需要ヲ理解」することができるとして、人民が自治に関わることの意義を強調している。モッセによれば、「自治即チ人民カ栄誉職ヲ帯ヒ国家ノ事務ニ参与シ自カラ其重任ヲ荷フノ制度ハ啻ニ人民ノ利益ト自由トヲ保護スルノミナラス実ニ国権ノ強大ナル砥柱トスルニ足ルモノナリ」[14]。つまり、人民が自治に関わることで国権が機能し、同時に人民の自由も保護されるというわけである。ここで「栄誉職」とあるのは、前述のごとくグナイストの「名誉職」の受け売りである。グナイストによれば、自治に関わる仕事は無報酬でなければならない。利益は社会の原動力であるのに対して義務は国家の原動力であるがゆえに国家と社会とのあいだにはつねに調和できない衝突があるが、この両者をつなぐ役割を果たすのが自治である[15]。自治に従事することで人民は国権に関わる知識と経験を得るとモッセが述べるのも、国家と社会との調和を自治が媒介するとする師の教えを踏襲するものである。

宇賀田順三は「市町村行政の政治化」と題する論文で、「自治行政は飽くまでも行政の形態であって、統治の形態でない。政治的現象でなくして技術的管理的現象である。即ち、文字通り、Selbstverwaltung であって、Regierung でない」[16]とし、自治と統治を峻別する。したがって、市町村行政は、官治執行のための補助的手段にすぎないという。その論拠を宇賀田はローレンツ・フォン・シュタインに求めているが、シュタインの自治理論がそのようなものであるか否かについてはのちに詳述する。

ちなみに、独逸学協会が一八八八年に編集・公刊した『自治論纂』に収録されているシュタインの「自治論」は彼の『行政理論』の抄訳であるが、そこにつぎのような文言が見られる。自治とは「法律ノ許ス区域内ニ於テ特別ノ私利ヲシテ其所ヲ得セシメ且ツ之ヲ管理スル所ノ行政体裁」[17]をいう。自治は有機国家の本体より生じるが、それには制限があり、自治は「国家ノ立法権ニ従属スヘキ」[18]ものであり、「總テ自治体ハ行法権ノ範囲内ニ置クヘキモノ」[19]である。つまり「自治体ハ必ス政府ノ部属タラサルヘカラス」[20]、「總テ自治ハ政府ニ従属セサルヘカラス」[21]とシュタインは繰り返し述べている。ブルンチュリは、同じ『自治論纂』に収録された「自治論」で、シュタインのこうした考えを批判し、シュタインのごとく社会を国権の下に隷属せしめすぎては「服従ノ適度ヲ超越スルノ恐レアリ」[22]と言う。ブルンチュリのこの批判は妥当であろうか、それとも、シュタインの自治理論に対する誤解であろうか。

第二節　英語とドイツ語の「自治」

木佐茂男によれば[23]、ドイツの地方自治は「自己（＝自主）行政」であって「自己統治」ではない。それは、一九世紀後半にドイツ第二帝政が生まれた時期の主流の公法学者たちが「地方自治体と国は本質を異にするもので、公権力は国家のみが独占するのが当然であり、自治体は統治をするのではなく行政をするのに過ぎない」と考えたことに由来するという。

前掲の石田雄によれば、英語の self government とドイツ語の Selbstverwaltung は決して同じ意味ではない。「Verwaltung（行政、管理——英語では administration に相当）は Regierung（支配、統治——英語では government）と区別される。[24]」「英語的意味の場合には『自由・自治』とならべられ」中央・地方の別なく民主政と同義語だが、ドイツ語では「地方に関する（政治的支配と区別された）行政のレベルに限られる傾向を示す」という。

ドイツの「自治」概念の変遷について、以下、ヘフターの『一九世紀ドイツの自治[25]』に従って概観を得ておこう。

ヘフターは一九五〇年の初版冒頭でつぎのように述べる。すなわち、「自治という観念はドイツ史ではつねに良い響きを持ってきた。貴族的な改革者であるシュタイン男爵の都市条例から民主主義的な現代に至るまで、左右いずれの政党からも肯定され」、ナチズムでさえ、実際には自治など認めなかったとしても、こうした観念を容認している、と。現代の自治のモデルはイギリスの Selfgovernment であり、この言葉は一八世紀末にようやく政治的な概念として受け入れられたが（HH:38）、これをドイツ語に訳した場合、もともとは Selbstverwaltung よりも Selbstregierung のほうが適切ではなかったか、とヘフターは問う（HH:5）。Selbstverwaltungと訳しうるならば、そこでは伯爵領や地域共同体の議会や行政も入るし、陪審制度も入るであろう（HH:38）。ドイツの自治を近代化したのはプロイセンのシュタイン男爵であり、一八〇八年制定の「都市条例」により自治は制度化された。だが、プロイセン改革は、その支持勢力が脆弱であり、改革の意志が教養エリートや自由主義的な官僚に限られていた点でフランス革命とは決定的に異なる（HH:84）。したがって、シュタイン男爵がハルデンベルクとともに行ったプロイセン改革は「上からの改革」と言わざるをえず、自由そのものさえ住民にとって押しつけられたものにすぎなかった（HH:91）。シュタイン男爵はSelbstverwaltungという言葉を知らなかった[26]。彼が繰り返し用いた言いまわしは、「公共心と市民感覚の活性化」であり「立法と行政への国民の参加」であって、そのための「道徳的国民教育」の必要性であった。彼が官僚制の代わりに自治を求めたのは、最低級の国家機関に関することがらであり、それも郡（Kreis）や都市ゲマインデでのことにすぎない。したがって、シュタイン男爵の自治観は、フランスの国民議会が求めた自治の試みからも、またイギリスの議会貴族制からも遠く隔たっている（HH:92）。そこには、政治的な改革意志を狭い行政領域に限定し、地方自治を議会主義的国家体制を補完するものと捉える保守的な傾向が見られる（HH:100）。このように書き連ねると、シュタイン男爵によるプロイセン改革は非常に色褪せたものに見えるが、当時の南ドイツも東西ドイツも、つまりいずこにおいても自由主義的で民族主義的な精神を覚醒させようとする努力に欠けており（HH:104）、ナポレオン率いるフランス軍が大陸の自由主義の水先案内人となった（HH:115）ことを思えば、シュタイン改革は自治の発展に対する一定の寄与たりえたと言えるであろう。少なくとも、一八〇八年の都市条例が本来の立憲政に先行して地方自治の主要部分を与えたことはまちがいない（HH:124）、とヘフターは言う。

フランスの自由主義者は、官僚独裁に対抗して法治国家の理念や地方分権と自治の理念を実現しようと努力し

（HH:140, 142）、スイスでは七月革命が近代的な自由主義体制の門戸を開いた（HH:145）。イギリスの労働運動は同業者互助への軌道を敷いた（HH:159）。こうした動きのなかで南西ドイツの自由主義者ロベルト・フォン・モールが、自由主義的な立憲法治国家（Verfassungs- und Rechtsstaat）と官僚主義的行政国家を統合すべく試みた（HH:179）。モールは、行政法を、憲法と並ぶ国法の第二部門として位置づけ、強力な立憲体制と結びついた一九世紀の役人国家のための近代的な行政法を打ち立て、のちに行政理論を完成したローレンツ・フォン・シュタインとグナイストの最も重要な先駆者となった（ibid.）。

一八四八年革命を経てようやく「自治」という言葉はゲマインデの自由や一般に公的な行政活動への公民の参加に関して用いられる表現となった（HH:264）。自治（Selbstverwaltung）は自己統治（Selbstregierung）と概念的にも言語的にも密接な関係があるが、根源的には後者のほうが強力で、頻繁に使われた。両者ともゲーテの時代に登場したが、それ以前はSelbstherrという言葉が使われていた。一八世紀末のアーデルンクの辞書ではSelbstherrscherとあり、これはロシア皇帝のAutokratorのドイツ語訳である（HH:265）。Autokratorとは「独裁者」「専制君主」を意味する。Selbstverwaltungは一七七九年に官房作家シュレットヴァインが経済学の分野に限定して初めて使用したが、これは領土の直営を意味した。一八一四年には「教会財産の自己管理」という意味でも使われた（ibid.）。イギリスではSelfgovernmentという言葉が絶対君主政に反対し自由な議会体制を表すものとして用いられたが、これが一八四〇年に初めてSelbstregierungとしてドイツ語に訳され（HH:266）、さらに一八四〇年代後半にSelbstverwaltungという言葉に置き換えられて、一八四八年革命でSelbstverwaltungが法律用語として定着した（HH:267）[27]。

第三節　自治の起源

ヘフターは中世後期の身分制から自治理論史を書き起こしているが、自治をさらに遡れば古代ギリシアのアウトノミアに行き着くだろう。[28]ドイツでは、たとえばマックス・ヴェーバーが、古代ゲルマンの村落耕地の配分方法が実質的に非合理で形式的なものであるがゆえに閉鎖的コルポラツィオーンとしての村落の「自治（Autonomie）の産物」と見ることができると述べ、[29]またハンス・K・シュルツェがそこに民会の活動を見るように、[30]古くはタキトゥスの時代に遡りうる。あるいはまた、遅くとも一二世紀の都市共同体[31]や一四世紀から一六世紀の村落共同体とマルク共同体[32]に自治を求めることもできるだろう。もちろんドイツの自治がどの時点でそれなりの意義と力を有したかについてはこれまで何度も論争が闘わされてきたから、言及するだけでもそれなりの論証が求められるにちがいない。

加藤房雄は『ドイツ都市近郊農村史研究』[33]で、「そもそも、地方自治（Selbstverwaltung）とは、自治体〈固有の公共的諸課題の実現〉にほかならない」がゆえにプロイセンのクライスが果たした役割は絶大であるとし、プロイセン東部諸州の農村地域を遅れた保守主義の牙城のように捉えるヘフターやフリードリヒ・エンゲルスの所説を厳しく批判している。加藤はまた、論文「ドイツ地方自治論研究史の整理・緒論」[34]で、ドイツ・ナチズム下に地方自治がその最下端の基礎自治体たるゲマインデに至るまで死滅ないし機能停止を余儀なくされたという通説を学説史に即して再検討し、ゲマインデにおける住民自治を追究するエーリヒ・ベッカーの所説を取り上げ、「地域に生きる人人の生活諸条件を整える必要事に歴史的な切れ目があってはならず、それを支える自治体の給付に非連続は許されない」がゆえに「ゲマインデ自治の連続的発展」が強調されねばならないとし、その公共的課題を一八〇八年のプロイセンの都市条例に求め、ランデスヘルの収益特権や軍事業務のほか地代収入、土地台帳などから会計事務、租税、森林、市境、消防組合等々まで含む「秩序課題」、病院、孤児院、救貧等の「社会課題」、教会業務や学校業務等の「文化課題」、土木建築、商工業、手工業等の「経済課題」があるとする。

木佐茂男のプロイセン・ドイツ自治理論史[35]によれば、「一八四〇・五〇年代の一連の学説は、おおむね、〈自治〉を〈地方行政〉ないし〈地方自治〉と同一視したうえで、権力的側面と事業管理的側面を含めた、ゲマインデの地方警察権を求めていた」という。だが、一八七〇年代以後自然権的ゲマインデ権力はすべて否定され、国家がいっさいの命令・強制権を持ち、自治も「統治権の発動とみなされる限りで〈国家〉官庁組織に組みこまれ、上命下服の関係に置かれた」。木佐は一九世紀の国家と自治ないしゲマインデとの関係をこのように概括する。

国家と社会ないし国家と自治の関係は、ドイツ帝国およびナチズム政権下でさらに深められたが、戦後の民主主義のもと、すなわちドイツ基本法のもとで、自治行政の正当性はまさに国民に求められることになった。「自治は民主政の学校」という有名な言葉があるが、自治と民主政との関係を分析し、自治を近代民主国家の礎石と捉える文献は少なからずある。[36]もしマイク・メラーが言うように「現代の社会国家は必然的に干渉国家であって、たしかに国家と社会の境界が流動的に見えるとしても、国家と社会の原理的な区別は廃棄できない[37]」としたら、両者を媒介するものはやはり自治であるにちがいない。

第四節　日本の自治制度

ドイツでは一八七一年にビスマルクによって統一されるまで大小さまざまな領邦国家が犇めいていた。ドイツで新たに地方自治を推進する際、これら各地の旧勢力を統一国家のなかでどのように位置づけるかはきわめて難しい問題であった。明治維新でも同様の問題があった。各藩主にとってまさに寝耳に水で強行された[38]版籍奉還・廃藩置県において、新たに制定された各県の知事や要職には、容易に想像がつくことだが、西南雄藩の藩主や関係者が優遇された。[39]だが、そのことは同時に「法的・制度的に藩主は藩の主ではなくなり、地方官（知藩事）となった[40]」ことを意味した。つまり、もはや「一国のあるじ」ではなく、たんなる地方官僚に成り下がり、中央官庁に従属する身となった。しかも、地方に自治権を与えるという「飴」とともに、その費用その他もろもろ政府の委託業務まで諸費用一切を地方に負担させるという「笞」も用意された。[41]さらに、グナイストの助言を得て導入されたという自治制度では各地方行政官の多くは無給の名誉職があたるものとされ、しかもそれは義務であるとされた。こうして、地方自治制度の確立とともに地方の自由と自力は奪われ、中央集権体制が強化されるという皮肉な結果となった。これが、日本の自治制度の歴史である。

山田公平によれば、

そもそも近代国家の国民国家としての実現は、中央集権的統一を追求する。それは封建的地方分散と身分的・地方的特権を否定し、単一不可分の主権的体制を実現することを至上課題とする。その際、国民代表機関たる議会が組織され、これが統一主権の最高機関としての地位につく。この議会主義政治体制において、最高機関たる議会に国民を集中、統合するための媒介としての一定の地域単位が必要であり、かつこの議会のもとで国家の行政事務の全国的遂行を精密かつ効果的に達成するために地方組織が必要になる。[42]

統一国家を形成する中央政府と各地方の自治組織が有機的に結びつけば当面はうまく行くであろうが、国内では西南戦争が起き、対外的には日清・日露戦争が起きて、人的にもとりわけ財政的にも中央政府は逼迫し、そのしわ寄せはすべて地方にまわされた。本来は熱心な自治主義者であった山縣有朋が自説をまげて地租増徴に奔走したのは、日露戦争に必要とされた軍事費捻出のためであったという説もある。[43]「山縣の地租増徴がなければ、ロシアのバルチック艦隊と互角に渡り合えるだけの海軍を創り上げることもできなかった」が、「皮肉なことにそれが山縣に地方自治を見捨てさせることにつなが」った、と松本崇は指摘する。

中央集権で地方自治の芽が摘まれるという側面も確かにあったが、他方で、中央政府の意向が地方に反映することで、地方の古い身分制が否定され、自由・平等の人権意識が地方に浸透するという側面もあった。山田公平は、「地域における自由、平等な人権の実現をとおして国民的統一にむかうものであり、地域自治体の国民的連合形成へと発達していく方向をもつものとされる。これによって国家それ自体が自治体化される」[44]と述べる。しかし、もしそうだとしたら、それこそが井上毅ら明治期の政治家が最も恐れたことであり拒否したことであった。井上は一八八八（明治二一）年一〇月五日筆の「府県制ニ対スルノ杞憂」でつぎのように主張していた。[45]

府県制ノ草案ニ依レバ府県ハ純然タル自治ノ区域トナリ、府県知事ハ自治団結ノ機関タラントス。仮令名義ハ従来ノ如ク国ノ行政区画トシ（第二条）府県知事ハ府県参事会ニ名ト共ニ行政管理タルモ全体ノ組織ニ於テ府県制ハ既ニ郡制及町村制ニ均シク自治団結ノ性質ニ一変シタル上ハ、状勢ノ傾ク所斜阪ニ車ヲ走ラスガ如ク、府県会ハ其府県ノ最上権ヲ有シ府県知事ハ一ノ贅旒トナリ、地方ノ過半ハ中央命令ノ及バザル所トナリ、統一ノ政ハ尾大ニシテ掉ラレザルノ病患ヲ生ジ、従テ余勢浸染シテ自治ノ系統ヲ引テ中央政府ニ及ボシ国体国憲ヲ挙テ之ヲ破壊スルノ漸ヲ開クニ至リテ止マントスつまり、地方自治はあくまでも国家の下部組織として機能させるべきであり、地方がその分限を越えることがあれば国家そのものが解体するというのである。だが、ローレンツ・フォン・シュタインのように、まさに国家そのものの自治体化を主張する人もいた。そして、現在ではそうした考えがむしろ一般化しつつある。

加藤良重によれば[46]、現在自治体は、日本国憲法九十四条により自治立法権ならびに自治行政権が保障され、「政府である国から独立・自立した課題をもつ政府（自治体政府）であって、国とは対等の関係のもとに、必要におうじて協力しあうことになる」状況にあるという。一九九八年に自治基本法研究会がまとめた構想は、前文第二条二項で「自治体は、住民の信託に基づく統治団体であり、国から独立した法人格を有する」と明記している。岡部一明が報告するところによると[47]、アメリカの自治体はあくまでも市民が設立するものである。「その地域の住民が住民投票で〈つくろう〉と決議して初めて自治体ができる。逆に言うと、住民がつくると決めなければ自治体はない」のであり、じじつアメリカには自治体のない地域が国土面積の大半を占め、約一億人（総人口の三八パーセント）が自治体なしの生活をしているという。自分のことは自分で守るとして銃器所持を公認するアメリカとは異なり、日本ではここまで徹底して自治を住民の意思に委ねることはないと思うが、しかし、いつまでも「自治体と言えば地方公共団体を連想する」という固定観念はもはや破るべきではないだろうか。

註

（１）石田雄『自治』二〇頁。なお、書籍の書誌情報は巻末の文献一覧に記した。以下同様。

（２）林抜〔リーバー〕『自治論、一名人民ノ自由』一八八〇年、下巻四〇～四一頁。原著 Francis Lieber, *Civil Liberty and Self Government*, Philadelphia 1853. リーバーについては中谷義和「草創期のアメリカ政治学――F・リーバーの政治論」『立命館法学』二四五号、一九九六年（『草創期のアメリカ政治学』ミネルヴァ書房二〇〇二年所収）で詳論されている。リーバーとグナイストとの関係については大野達司「自治と自由　リーバー、グナイスト、プロイス」（名和田是彦編『社会国家・中間団体・市民権』法政大学出版局二〇〇七年）で論じられている。

（3）「自治党団結ノ主意書」、中村義三編『内外政党事情』三五頁。

（4）権藤成卿『自治民政理』第一章。

（5）菊池慎三「自治史観」、東京市政調査会編『自治制発布五十周年記念論文集』八八頁。

（6）前田多聞「公民自治の可能性」、同右、三三二頁。なお、「自ら治まる」よりも「自ら治める」ほうが自由度が高いとは必ずしも言えない。前田がこの論文で述べている一節「各人が共同の目標に向って自発的に相提携する所に自治の妙味がある」（同右、三三一頁）には、自発的に滅私奉公すべきという道徳が各人に迫られていると読めるからである。たとえば、阿部安成「自治のデッサン——国立療養所大島青松園関係史料の保存と公開と活用にむけて」、『滋賀大学経済学部Working Paper Series』（No.169、二〇一二年）のとくに八頁、一八頁などを参照。一九〇七年の法律制定によるハンセン病者終生絶対隔離政策と戦時の「民族浄化」運動のもとで「お互いに相戒めて自治会の目的を達すると云ふ心持ちが相集まった者」が「自治会の制裁的権力」となる様子が、ハンセン病療養所の自治会機関紙の分析から克明に描き出されている。

（7）石田雄、前掲書、六頁。

（8）後藤新平『自治』七四頁。

（9）同右、八八頁。

（10）同右、七五頁。

（11）『自治政講義録　第壹号』一八～一九頁。

（12）島田俊雄『自治制大意』二五頁より重引。

（13）モッセ『自治政講義録　第二号』三頁。

（14）同右、八頁。

（15）同右、二二～二三頁。

（16）宇賀田順三「市町村行政の政治化」、東京市政調査会編『自治制発布五十周年記念論文集』四二一頁。

（17）シュタイン「自治論」、『自治論纂』六三頁。

（18）同右、六四頁。

（19）同右、六五頁。

(20) 同右、六八頁。
(21) 同右、七三頁。
(22) 同右、九六頁。
(23) 木佐茂男『豊かさを生む地方自治――ドイツを歩いて考える』一九頁。
(24) 石田雄、前掲書、八頁。
(25) Heinrich Heffter, *Die deutsche Selbstverwaltung im 19. Jahrhundert. Geschichte der Ideen und Institutionen*. 2., überarbeitete Auflage, Stuttgart 1969.
(26) Vgl. Erich Becker, Die Selbstverwaltung des Volkes in den Gemeinden des 19. Jahrhunderts und der Gegenwart, in: *Aus Geschichte und Landeskunde. Forschungen und Darstellungen. Franz Steinbach zum 65. Geburtstag gewidmet von seinen Freunden und Schülern*, Bonn 1960, S.541. シュタイン男爵は一八〇八年都市条令制定の際に、これは「古いものの再興」であり、「古いものを壊さずに過去から現在へと発展させる」と強調した、とベッカーは指摘する（同右、五四四頁）。ベッカーによれば、「人民が共同体の自由を政治的に求めて自治という言葉を使ったのは一八四八年以降のこと」である（同右、五四一頁）。
(27) 一八四八年革命以後の、とくにシュタインとグナイストの自治理論についてのヘフターの解釈は後述する。
(28) 小滝敏之『市民自治の歴史・思想と哲学』参照。
(29) Max Weber, Der Streit um den Charakter der altgermanischen Sozialverfassung in der deutschen Literatur des letzten Jahrzehnts, in: *Jahrbücher für Nationalökonomie und Statistik*, Bd. 28, 1904, S.433-470. 世良晃志郎訳『古ゲルマンの社会組織』創文社、一九六九年、七七頁。
(30) Hans Kurt Schulze, *Grundstrukturen der Verfassung im Mittelalter*, Bd.1., 2.verb. Auflage, Stuttgart 1990. 千葉徳夫他訳『西欧中世史事典国制と社会組織』ミネルヴァ書房、一九九七年、一八～一九頁。
(31) 同右、二五三頁。
(32) 同右、一八八頁。
(33) 加藤房雄『ドイツ都市近郊農村史研究』二七九～二八〇頁。
(34) 加藤房雄「ドイツ地方自治論研究史の整理・緒論――「比較の視点」を求めて」、『廣島大学経済論叢』第三二巻第一号、二〇〇八年。
(35) 木佐茂男「プロイセン＝ドイツ地方自治法理論研究序説――『地方警察』権の分析を中心とした国家とゲマインデの関係」（一）～（四）、『自治研究』第五四巻第七号～第一〇号、一九七八年。

(36) Vgl. Theodor Heuss, Demokratie und Selbstverwaltung, in: *Staat und Wirtschaft*, Berlin 1921. Werner Frotscher, Selbstverwaltung und Demokratie, in: *Selbstverwaltung im Staat der Industriegesellschaft*, Heidelberg 1983.

(37) Maik Möller, *Subsidiaritätsprinzip und kommunale Selbstverwaltung*, Baden-Baden 2009, S.89.

(38) 勝田政治『廃藩置県　「明治国家」が生まれた日』五頁。

(39) 金澤史男『自治と分権の歴史的文脈』五頁。

(40) 勝田政治、前掲書、二一八頁。

(41) 山田公平『近代日本の国民国家と地方自治――比較史研究』四四一頁。

(42) 同右、二一七頁。

(43) 松本崇『山縣有朋の挫折　誰がための地方自治改革』ii頁。

(44) 同右、二一八頁。

(45) 井上毅「府県制ニ対スル杞憂」明治二一年一〇月五日、山中永之佑ほか編『近代日本地方自治立法資料集成二〔明治中期編〕』四七〇頁。

(46) 加藤良重『自治体政府の福祉政策』三頁。

(47) 岡部一明『市民団体としての自治体』i頁。

第二章　シュタインの自治理論

第一節　日本人へのシュタイン講義

明治期に日本で紹介された西欧の自治理論の一つにシュタインとグナイストのそれがある。それがしかし、誤解ないしは政治的理由で曲解されて広められたのではないかと筆者は疑っている。そこで、少し迂回路をたどることになるが、最初に明治期におけるシュタイン自治理解を瞥見しておきたい。

一八八二（明治一五）年九月一八日からウィーン郊外ヴァイトリンガウのシュタイン別邸で行われた伊藤博文らへの講義で[1]、自治に関するシュタインの所説がある程度まとめて記録されている。一〇月八日の講義でシュタインは自治を論じる。自治とは「公権」のことであるとして、つぎのように続ける。

自治ノ制ニ三種アリ。英制、仏制及ヒ独逸ノ制是ナリ。英国ニ於テハ其自治ヲ重ンスルコト遠ク独逸ニ過ク。約シテ之ヲ論スレハ英国ノ自治ハ、社会中ノ各人皆ナ自ラ治ヲナスノ義ヲ有シ、英国政府亦タ国会政治ノ要、人民当サニ自ラ己レヲ治スヘキノ原則ニ依テ成ル。独逸ノ自治ハ其義唯タ各地方ノ施治ニ止ル。

たしかにシュタインは『行政理論』その他でイギリスとフランスとドイツの自治を比較して論じているが、ドイツの自治が各地方の行政に「止ル」とは他では述べていない。

続いて、自治と政府の関係を論じ、自治に反するものは分課政治（ビューロクラシー）であるという。これは、自治に属すべき事柄を政府の官吏に一任する政治である。

ビューロークラシー（分課政治）ハ仏語ニシテ、大政府ヨリ各小社会ヲ直轄シテ其法制施治分任スルノ政体ヲ云フ。英国ノ所謂ル自治ハ自治ノ部体中ニ属スル各人ノ撰択セル機関ヲ以テ治ヲ施スノ義ナリ。仏国ニ於テハ各人皆ナ政府ノ直轄ニ服シ、自治ノ権其間ニ立ツコトナシ。故ニ仏国ニ於テハ英国ノ如キ自治ノ義ナシ。

のちに見るように、これは『行政理論』におけるシュタインの所説の通りである。

自治には二種類あり、一つは天然自然条件によって生じたものであり、もう一つは各人の意志で結成されたものである。これはSelbstverwaltungとVereinの違いを指す。

地勢ニ依テ自治ノ部体ヲ成スモノ、之ヲ歴史上ノ邑落（ヒストルカリ・コンミューン）ト云フ。独逸ニ所謂ル「ゲマインド」是ナリ。旧史ヲ按スルニ今日社会ノ源、本ト農民ヲ以テ結成スル所ノ邑落ニ出ツ。後世人民聯合ノ法ニ依テ部体ヲ成ス、之ヲ結社若クハ会社ト云フ。

シュタインはさらに協会と会社との違いを詳しく説明しているが、『行政理論』での所説と大差なく、詳しくはあとで言及するのでここでは省略する。講義録では図解入りで説明されている部分がわかりやすいので転記しておく。

自治ノ制図解

○邦治（政府）

○自治（自治ニ関スル立法施治ノ機関ノ順序ハ第一首領、第二立法権、第三施治権トス）

協会＝公ノ人体質ヲ具備スル土地（所謂ル地方）ニテ一個ノ体制ヲ有スル者

・市邑村等各々其地ニ適シテ一個ノ体制ヲ具ヘ公権ヲ享有シ租税ヲ課シ及ヒ治務ヲ施ス者

・大学校ニ於ケルカ如ク一個ノ資力及ヒ施治権ヲ有スル共立会ノ類

結社＝会社（一個人私立貴社株金集合ノ会社）

・施治ヲ助クルヲ旨トシ傍ラ会員ノ利ヲ謀ル会社、鉄道汽船、為換会社ノ類

・一般ノ公益ヲ旨トシ会員自ラ利スル所ナキ公益ノ会社

一〇月一三日の講義ではフランスとイギリスとドイツの自治制度の歴史が紹介される。フランスは人民国家であるがゆえに自治のことは政府の責任のもとにあり、そのため人民自ら自治権を失っている。これに対してイギリスでは人民自らが自治をなし、「施政施治ノ権」はすべて自治の権限のもとにあり、大臣はこれに干渉することができない、とシュタインは解説する。ドイツでは、シュタイン・ハルデンベルクの改革と一八四八年の改革でようやく立憲政治の一歩を踏み出したが、プロイセン全土に及んだわけではない。

普国ニ於テハ政府ヲ以テ責任ナキモノトスルノ論ヲ生スヘキ場合最モ多シトス。然レトモ政府ヲシテ通国ノ治ト地方ノ治トニ論ナク、政治上一切ノ事ニ就キ責任ヲ有セシメンカ為メ、自治ノ制ヲ廃センコトヲ思フカ如キ尤モ計ノ拙ナキモノト謂フヘシ。

プロイセンでは自治に関していまだ諸説紛々として、いっさいを政府に一任し、自治を廃止しようとする動きもあるが、そうした考えは拙劣である、とシュタインは評している。

一〇月一六日の講義では、自治制度は各地方の歴史に応じて異なり、たんに理論で決めるわけにはゆかないと講じられる。したがって、自治と憲法との関係も一義的に決まるわけではない。それについてはとくにこの百年の歴史を見れば明らかである、として、シュタインはそれを三期に分けて概説する。

即チ第一期ハ分課政事ノ時代ニシテ未タ自治ノ制アラサル者トシ、第二期ハ自治ノ体始メテ起ルト雖トモ施治ニ関スル権限甚タ狭キ者トシ、第三期ニ至テ自治ノ体制及ヒ其全国一般ノ施治ニ対スル権限始メテ定マリ、〔中略〕今日遂ニ其端緒ヲ見ルニ至リシモノハ、行政部ヲ構成シテ特立ノ機関トナシ、立法部ノ為メニ掣肘セラルルコトナク自運自動ノ活機ヲ有セシムルノ一事トス。

シュタインが言うこの第三期は、一八〇八年の自治条例から一八四八年以後の現況を指すと思われるが、あえて言うまでもなく、シュタインは伊藤博文らこれから憲法を制定し立憲国家を形成しようとする人たちを前に、そこでの自由・自治の重要さを強調しているのである。

なお、国立国会図書館憲政資料室で公開されている「伊東巳代治関係文書」の四四に「純理釈話」があるが、これは伊藤博文らが受けたシュタイン講義の一部と見なされている。これにも自治に関する若干の言説が記録されている。そこに「行政権ノ機関ニ二種アリ一ヲ邦国ノ行政権即チ政府ト云ヒ一ヲ人民ノ行政権即チ自治ト云フ」という一節があるが、政府（統治）と自治、ないしは、官治と自治の関係が、シュタインの自治理論において、あるいは一般に自治理論において、どのようにあるべきかは解釈が最も難しい点である。それについても後述の議論に委ね、ここでは明治期の日本人向けシュタイン講義に戻ろう。

一八八七年一月四日の黒田清隆への講義[2]では、「内務ノ事務」として四つ挙げられる。それは、中央統計院、警察、道路、そしてセルフコブルメントであるという。セルフゴブルメントつまり自治は二つのものを治めるとし、一つはコルポレシヨン、もう一つはアスソセーションである。コルポレシヨンとは「縦令ハ東京ノ四里四方人民ノ集マル者、五万雑拠無頼ノ者多シ令其中ニ餓乏ニ迫ル者アリ之ヲ問へハ東京ノ人ナルトキハ之ヲ救フノ処分ヲナシ若シ長崎ノ人ナレハ之ヲ関セス斯ク一地方ノ区域ヲ限リ利益ヲ謀ルカ為ニ設クル所ノ会」を言う。アスソセーシヨンは「地学会トカ羅馬字会トカ云フ如キ地方ノ区域ヲ設ケス公益ノ為ニ設ケタル会」である。前者の例え話はシュタインによるものとは思えないが、飢餓に困っていても出身地が異なれば関係ないとするのがコルポレシヨンであるという説明はあまりにひどすぎる。シュタインのコルポラツィオーン論はほんとうにこのような類のものであろうか。

一八八七年七月二六日から翌年一月四日まで行われた海江田信義への講義[3]には自治への言及が見られない。個人と国家との関係がわずかに語られるだけである。

一八八九年の河島醇編輯『憲法行政法要義　全』は、河島が受けた政治学講義を英訳したものをさらに和訳したものだが、ここでも自治への言及はほとんどない。内務大臣の所管として警察・高等監察・保安事務が挙げられ、高等監察の仕事は「自治政府の取締」だとあるだけである。なお、「内務大臣の監督に属すへきものは自治政治の諸体、地方府県の行政並に公共の組合会社なりとす」という言葉から察するに、伊藤博文への講義同様に、ここで言う「自治政府」は地方自治体のみを指すと思われる。

それでは、シュタインの自治理論がはたして日本に伝えられたこのようなものであるのかどうかについて、シュタイン自身の筆になるテキストに即して見てゆくことにしよう。

第二節　シュタインの自治理論

(一)『行政理論』初版(一八六五年)

シュタインの自治理論は、『行政理論』初版(一八六五年)とその改訂第二版(一八六九年)、『行政理論と行政法ハンドブック』初版(一八七〇年)、その第二版(一八七六年)、第三版(一八八八年)で詳論されているが、シュタインの常として、「改訂版」の序文に「これはまったく新しい著作」と書かれているように、構成および内容が各版それぞれにかなり異なる。自治理論に関しても、とくに官治と自治の関係、ないしは統治の位置がこれら版により大きく異なる。そのことで理解が深まる場合もあれば混乱させられる場合もある。以下、執筆年代に従ってテキストを読んで行こう。

一八六五年の『行政理論』初版の第一巻第一部は「執行権力の法」、第二部は「執行権力の組織」であり、第二部の第一領域は「人格的国家権力とその諸機関」、第二領域は「統治すなわち公務制度」、第三領域は「自治とその組織」、第四領域は「協会組織」となっている。

シュタインによれば、国家は「人格態へ、人格的意識へ、人格的な意欲と行動へと高められた人間共同態」、「個別的人格的生命に高められた、諸個人の共同態」（VII:1-2）である。この人格態の自我である国家元首と、その意志である立法権力と、その行為である執行権力とによって国家は成り立つ（LVI:4f.）。自治は執行権力に関わるが、たんに抽象的な原理ではなく、「執行権力のまったく自立的な組織」（VII:1-364）である。別の面から言えば、自治は、「独自の内容、独自の機能、独自の法を備えた自立的な行政組織として登場する地方行政に公民が参加すること」（ibid.）である。自立的な行政組織ではあるが、国家行政全体ではなく、「地方の（örtlich）」行政である点に自治の特殊性がある。（とすると、伊藤博文がシュタインから受けた講義内容、すなわち「独逸ノ自治ハ其義唯タ各地方ノ施治ニ止ル」というのはシュタインの持論であろうか。そうではないことをすぐあとで論証しよう。）

シュタインは「地方行政への参加」を述べる前に、つぎのように書いている。いかなる国家においても現実の生活は、普遍的なまったく同様の形態と、外面的に制約されたまったく地域的な形態という二重の内容を持っている。「自治は本質的に異なる二つの契機に基づく。一つは、自由な公民のつねに同等の原理であり、個人が行政に自発的に参加する権利はこれに由来する。もう一つは、無限に異なる地域的な生活諸関係という事実」（ibid.）である。したがって、自治は、いかなる時代いかなる土地（Land）においても、本質的には同じであるが、その形態からすれば無限に異なる。要するにシュタインがここで述べていることは、自治がどのような原理を有するかはその本質と具体的諸形態との二側面から捉えなければならない、ということであり、「自治と言えば地方行政に止まる」と述べているわけではない。

『行政理論』第二編第二版の序文でシュタインは、本書は初版を根本的に書き換えたまったくの新著であると断りつつ、「国家生活とその法は、自治と統治との密接な結びつきによってのみ正しく理解できる」という確信は依然として揺るぎないと述べると同時に、「将来の国法は統治と自治の分離を基本的第一原則として承認するであろうと私はあえて言いたい」（VI2:1-2-V）と付け加えている。後にも言及するが、自治が地方的であるかどうかを問う前に、自治と統治ないしは官治（Staatsverwaltung）との関係、言い換えれば、自治体と国家との関係が問われなければならない。この点がシュタインの場合かなり錯綜しており理解しづらい。先に論じたヘフターその他の自治理論史でも問題はこの関係如何に置かれている。

シュタインの『行政理論』初版では、執行権力組織の三つの根本形式として官治と自治と協会組織が挙げられている（VI1:1-226）。同書の別の箇所で、公務組織（Amtswesen）と国家権力とを同一視する通常の観念と、われわれの言う「国家組織の三つの根本形式」である人格的国家権力と自治と協会組織とは「きっぱりと（ganz bestimmt）」区別される（VI1:1-281）と述べているが、ここで言う「人格的国家権力」は公務組織すなわち統治であるだろう。統治とは「執行権力の実践的諸課題を実現する国家権力」（ibid.）のことだからである。したがって、ここでは統治と自治と協会組織が同格の行政組織であると見なされていることがわかる。

また、「国家があらゆる生活諸関係の人格的統一態として現象するのは、それが人格的ならびに自然的な、現実的生活の差異態と特殊態を自らに引き受け統一態として統合する限りにおいてである。この意味での国家をわれわれは統治と呼び、そこから生じる実践的な個別的諸課題との関係では、行政と呼ぶ。」（VI1:1-227）とある。国家は行政においてその執行を持続的なものにしなければならず、これを保証する自立的な組織が行政体（Verwaltungskörper）であって、そのうち、独自の秩序と権利を有する行政体を自治という（VI1:1-228）。他方、「国家活動に参加する最高の形式は、諸個人が国家とその本質にある諸課題を自由な決断によって自ら設定し自由に創設された組織で自ら実現することにあり、これが協会である」（ibid.）。だが、「協会は、自ら目的を設定するにもかかわらず、行政組織の一機関にすぎず、……この組織自身が原則的に統治と行政に従わざるをえない」から、「執行権力の最後の最も自由だが最も偶然的な分肢」（ibid.）を形成するにすぎない。自治も協会もここでは国家行政の末端機構でしかないように読める。

官治の説明がここでは見あたらないが、自治体について詳論されているあとの章で、自治と官治との関係が論じられる。統治と自治は同じ領域、同じ課題を抱え、国家のために国家によって生じるいっさいのことがらに関与する権利を有する。しかし、狭義の国家組織である統治は、「国家生活における統一的な人格的理念の代表」であり、国家生活の諸々の利害関心の同一態を実現しなければならない。一方、自治は「特殊な生活諸関係や諸々の利害関心の機関」（VI1:1-438）である。両者は不可分である。「本来の官治は、地域的な行政を自治体組織に委ねることができる」（VI1:1-439）が、同時にこれを留保し、自治体の関与を地域的な出来事の助言と決議に限定することもできる。その場合「自治体の長は一官僚機関にすぎない。」（ibid.）官治は自治体を、一定の課題については現実的な公務体として承認し、一定の機能については完全に締め出す。だが、いずれにせよ、統治と自治は相互に制約し合う結合関係にあり、自治体はそれ独自の意志と行為を有する自立的な全体である（VI1:1-440）。官治と統治が区別なく言い換えられているようだが、『自治理論』初版では、官治ないし統治と比べて自治の位置が低いことに変わりはない。

(二)『行政理論』第二版（一八六九年）

自治についてのシュタインの説明は、『行政理論』第二版の第二篇「執行権力」の第二部「自治とその法体系」で詳しい。そこでは、初版よりも自治の位置が高いように思える。

国家はその意志と行為に分けられる。行為は意志の実現であり、それを担うのが執行権力である。執行権力は人格的な国家意志の組織であり、執行機関の総体を統治と言う（VI2:1-2-5）。「統治の本質は、統一的な人格的権力による法律の執行」（VI2:1-2-6）であり、したがって「統治は有責的である。それは自由でも不自由でもない。」（ibid.）。これに対して、自治と協会は自由な行政である（VI2:1-2-16）。自治と協会の違いは、前者が土地に関わるのに対して、後者は利害関心に関わるという点にある。自治体は「物質的生活の所与の事実、所与の地域的かつ歴史的状況の物質的特殊態」に基づくが、協会は「個別的自己規定の自由な活動態」に基づく。自治体はつねに地域的に限界づけられており、共同生活のすべての目的と課題を一定の地域的な限界内で引き受けることができるが、協会はいかなる場所にも結びつけられず、一定の個別的な目的に制限されている。協会が成り立つのはまさに目的を通してのみである（VI2:1-2-31）。自治体で土地や地域が強調されるのは、それらに限定されない協会との違いを明確にするためである。「自治の対象は、国家の個別的な利害や個別的な課題ではなく、地域的限定が可能な限りのあらゆる国家課題の総体である。さらに、自治の内容は、たんなる協議機関ではなく、自立的な執行組織である」（VI2:1-2-128）。自治それ自体が一つの独立の執行機関である。自治を論じる際の主要点が土地や地域への限定にあるのではないことを改めて確認する必要がある。

自治体には、地方（Landschaft）とゲマインデとコルポラツィオーンの三つの根本形態があり、コルポラツィオーンは同業者組合である（VI2:1-2-139）。ここからも明らかなように、シュタインが黒田清隆に語ったという「コルポレシヨン」と「アスソセーション」の違いは、少なくともこの『行政理論』での説明とは大きく異なる。まして、よそ者は無視するという発想はシュタインのコルポラツィオーン論にはいっさい存在しない。

ところで、「自治」のラテン語はAutonomiaである。シュタインはここでAutonomieという概念について論じる。アウトノミーは、一般に自立的な決定をする権利でもなければ何にでも通用する決定を行う権利でもない。それは、国家の代わりに国家権力の意志に従って一定の決定を行う権利を意味する（VI2:1-2-61）。したがって、アウトノミーは立法権力への参加ではなく、執行権力への参加権である。「アウトノミーの権利は、執行権力の人格的な形態である統治と、執行権力の自由な形態である自治体との境界にある。言い換えれば、アウトノミーの内容は、自治体の地域的諸課題に対する指示や処置や強制の権利である。」（VI2:1-2-152f）そうであるならば、シュタインの言うアウトノミーは自治ではなく、これこそまさに統治の下請けにすぎないのではないだろうか。自治はあくまでも自由な執行機関、自由な行政（VI2:1-2-16）でなければならない。

つぎにシュタインは、イギリスとフランスとドイツにおける自治のあり方を検討する。シュタインによれば、「通常われわれはイギリスを自治の本来の故郷と見なすことに慣れているが、それは正しい」（VI2:1-2-159）。イギリスには自治固有のシステムがなく、地方とゲマインデとコルポラツィオーンといった区別もない。すべての自治に対する一箇同一の根本形式であるコーポレーションがあるにすぎない。イギリスのコーポレーションは、議会で承認され独自の権利と独自の憲政を持つ自由な行政体を意味し、それが都市か地方か、本来のコーポレーションか協会かといったことはまったく同じでどうでもよい（VI2:1-2-160）。これに対してフランスは、革命前には自治があったが、革命後はまったく変わり、自治は一つの権利ではなく、合目的な一制度でしかない（VI2:1-2-166）。「イギリスの自治がいかなる官治からも自由であり、自分自身に責任を負うものであるのに対して、フランスの自治は本来の行政に至らず、たんなる協議会にとどまる。他方、ドイツの自治は、つねにあらゆる点で官治と関わり、あらゆる点で自己本来の原理を官治と関わらせたり対立させたりする。したがってドイツは、こうした行政の二つのあり方の違いを深く感じる故郷である。イギリスの自治とフランスの自治の両者は高次の本質で調和的に統一すべきであり、事実統一しているという意識にドイツは貫かれている。」（VI2:1-2-172）

伊藤博文の聴講記録にあるように、自治に三種類あるとのシュタインの考えは本書でも確認できる。財産所有権を核とするジョン・ロックの社会契約論と、人民国家の実現を求めるルソーの社会契約論との違いを見るだけでも、自治に対する彼我の違いが推察されるが、シュタインはいずれの国の自治も否定的に評価しているのではない。イギリスでは自治がそのまま国政レベルにまで成長し、自治でなしえないことのみが国会で議論されるのに対して、フランスでは大革命以来自治の精神が国法となったがゆえに個別の自治が不要になったのであって、いずれもドイツより先進的であることは認めている。その上でシュタインはドイツ固有の自治のあり方を探っているのである。

最後に、『行政理論』第二版での、統治と自治の違いについてのシュタインの説明を聞いておこう。執行権力の組織に二つの根本形式があり、一つはその人格的で統一的な組織であり、もう一つは自由な組織である。これに従って定義すると、「統治は国家の執行権力の人格的で統一的な組織であり、自治と協会組織は国家理念と国家意志の実現のための自由な公民の自主活動」（VI2:1-2-133f）だということになる。統治は「統合された統一的国家権力の代表」（VI2:1-2-134）である。統治は本質的に異なる二つの要素を持つ、一つは国家元首（Staatsoberhaupt）であり、もう一つは本来の統治である（VI2:1-2-135）。後者は公務組織（Organisation des Amtswesens）であり、省庁（Ministerium mit seinen Behörden）である（VI2:1-1-136）。要するに、統治（Regierung）は国家の執行権力機関ないし行政機関そのものであり、いわゆる政府のことである。統治と自治が異なるのはいわば当然のことであり、問題は両者の関係にある。その点に注目して、つぎに『行政理論と行政法ハンドブック』初版を読むことにしたい。

（三）『行政理論と行政法ハンドブック』初版（一八七〇年）と第二版（一八七六年）

自治は、内務行政の三つの特殊部門の一つである。三つとは統治と自治と協会組織である。ここでもまず、「自立的自己意識的自発的な人格態に高まった共同態が国家である」という認識から始まる（HV1:4）。国家は人格的定在であり、身心から成り立つ。身は土地であり、心は人民である。それはまた、自我と意志と行為という三つの要素からなる。国家の第一機関は国家の自我であり国家元首である。第二機関は国家意志であり憲政である。第三機関は国家の行為であり行政である（HV1:5）。「国家という統一態の内部で諸個人の自己規定を承認することを自由と言う」（HV1:6）がゆえに、この国家意志は自由なものでなければならない。そうした自由な「人格的国家意志が所定の機関の行為によって国家の自然的ならびに人格的生活諸要素において実現される領域が行政」（HV1:7）である。立法は意志する国家であり、行政は活動する国家である。そして、「人格的で統一的な執行権力が統治」である。言い換えれば、「統治は執行権力の人格的形態である」（HV1:15）。つまり、統治は国家意志の執行機関である。他方、自治は、「一般には執行機能に、特殊には行政機能に、公民が組織的かつ正当に参加するという自由な行政が実現される最初の形式」（HV1:25）である。自治は、利害関心と土地所有という二つの根本形式を持ち、前者は協会を形成し、後者は地方とゲマインデとコルポラツィオーンの三つに分かれる。地方は「歴史的な国家形成に基づき、特殊な土地と出自を包括する自治」（HV1:26）であり、ゲマインデは「地域的自治の発展した組織であり、限定された領域で限定された仕方で設立された国家機関」である。コルポラツィオーンは「独自の能力に基づく一定の個別的目的のための自治体」（HV1:27）である。このように統治と自治を定義したあと、シュタインはつぎのように述べていることに注目したい。

自治の機能は、その概念からして、統治の機能を引き受ける。ただしそれは、統治が、限定された利害関心や地域的諸関係によって変容されうる限りにおいてのことである（HV1:28）。

自治と統治は相互補完的な関係にあり、国家行政においてどちらも欠かすことができず、同等に機能するものと理解されている。協会組織は、「手段と能力が自由に結合してなんらかの行政課題を遂行することを目的とする結合」（HV1:32）であり、国家との関係が自治よりも薄い。これには、集会、会社、同業組合、その他がある。『ハンドブック』の第二版は本文八九八ページの大冊であり、初版の四五八ページの二倍弱の増補版である。シュタインは改訂版の序文でほとんどいつも「これはまったく新しい著作だ」と書いているが、本書第二版の序文では増補した箇所の指示があるだけで、新著同然という言葉がめずらしく書かれていない。

個体的人格態としての国家が法律として与えられたその意志を執行する統一態には、統治と自治という二つの根本形式がある。自由な公民が登場することで創造される執行形式を自治と言う（HI2:23）。統治は、「国家がその内容をなすあらゆる現実的な生活諸関係の総体を引き受けると同時にそこで法律という国家意志を実現するという二重の機能を指す」（HV2:25）。統治は国家の人格的自立態という理念の担い手であり、法律を知るだけではなくそれを実現する諸条件を学ばなければならない。したがって、統治はたんに活動的というだけではなく決して休らうことのない国家であり、「労働する国家理念」（HV2:26）である。他方、自治は特殊な利害関心にその妥当性と管理を付与する機能（HV2:34）であり、自治は統治の代わりを務めることはできない（ibid.）。国家は、行政の個々の領域に関して自治体にそれを管理する権利を与えることができるが、その正当性を変える立法権を付与することは決してない。もしそんなことをしたら、自治体はもはや自治体ではなく国家となるであろう（HV2:35）。したがって、自治はすべてまさに執行権力を包括するのみである。それは、地域的なものと事象的なものに分けられ、前者は自治体であり、後者は協会組織である（ibid.）。統治と自治との区別は初版よりも厳密である。第二版では、「統治は自治の決議と執行を一時停止させる権利を有する」し、「統治は自治に対して強制力を持たなければならない」（HV2:41）とされる。もちろんそれは平常時ではなく両者が対立する場合においてである[4]。

（四）『行政理論と行政法ハンドブック』第三版（一八八八年）

最後に、『行政理論と行政法ハンドブック』第三版を見ておきたい。初版は本文四五八ページ、第二版は八九八ページ、そして第三版はなんと全三巻総計一五二七ページに脹らんだ。ここで特に注目に値するのは、行政組織の配列が変わり、官治、自治、統治というように、統治が自治のうしろにまわされたことである。

人格態としての国家は、自分の自我やその意志と行為を持つだけではなく、自分の外部にあり外部から自分を規定するものの中心にあって、自らの活動力によって自分自身を実現する人格的生活そのものである（HV3:1-22f）。したがって国家は「労働する国家（der arbeitende Staat）」（HV3:1-25）でなければならず、それが行政である。

国家の行政組織にあって、自由な個体がより高次の自然本性によって自主的に国家労働に参加し、自分の自発性を統一的国家行政の有機的一分肢とするならば、そうした行政組織は、自立的国家人格態の行政組織と区別して、自治組織と呼ばれる（HV3:1-37）。国家的行政（官治）と自治とは、究極目的として統一的全体性を持つが、その意志と行為では自主的である二つの互いに対立する組織である。統治は国家生活の中でのみ自発的に現象する機関にすぎない（ibid.）。官治の内容は公務（Amt）と公務体制と国家公務（Staatsdienst）である。自治は、憲政や学問のなかに固定的な形態を有するものではなく、あらゆる時代に萌芽として存在し、ゆっくりとその本来的に自立的な本質を展開して現在に至っている。絶対君主政では、いかなる自立態も人格的な国家権力の意志に絶対的に解消されているがゆえに自治は存在しない。純粋に共和的な国政でも自治は存在しない。というのも、法律の専制的意志が他のいかなる自己規定権をも否定するからである（HV3:1-61）。自治は、自由なゲマインデ秩序の法原理となって初めて自治の本質の新たな観念が始まる（HV3:1-64）。他方、統治は、官治や自治のような独自の機関ではなく、むしろその概念からして、両者の生活全体を統合する共同態の原理である（HV3:1-96）。国家組織と自治との行政上の調和を人民の自己統治（Selbstregierung）と言う（HV3:1-72）。こうした統治概念は、『行政理論』第二版で述べられたアウトノミーと同類であるように思える。

自治や統治のこうした概念展開の変更は、「行政と憲政の交互作用」（HV3:1-27）という認識と密接な関係があると思われる。それは、「労働する国家」という行政の理解とも関係するが、国家体制（憲政）をどんなに立派に整えても、それは日々実現されるのでなければ無意味である。シュタインはここで「労働」を、従来の著作のように、「行為によって意志を実現する」という意味での執行としてのみ理解するのではなく、労働に「歴史的展開」という意味を加えている。「自治体の体系」という章でシュタインは、「歴史的自治体」「協会」「官治と自治との結合」を論じ、このうち「歴史的自治体（die historischen Selbstverwaltungskörper）」という項目で地方とゲマインデと団体（Körperschaften）を挙げ、団体の例としてツンフトとインヌングを引き合いに出しているが、これは決してたんに過去のことを述べているのではなく、自治が、あるいは行政も国家も、つねにさまざまな状況のなかで自らを形成し活動していることを意味しているのである。自治体は、地方における統治の下請け機関ではないし、決して「各地方ノ施治ニ止ル」ものでもない。自治は、その概念からして、必要とあればいつでも地方から中央へと展開しうるものである。これが、イギリスとフランスの自治のありようを比較検討するなかでシュタインが学びとった確信である。それを傍証する文言をシュタインは『行政理論』第二版に残している。

自由な国家が国民の自主活動を受け入れるのは、その意志決定すなわち立法においてだけではなく、その行為すなわち行政においてもである。〔中略〕諸個人が国家生活に参加することに自由の本質があるがゆえに、立法のための自由があるだけではなく、自由な行政も存在する。そして、執行権力に対する自由の機関は、自治と協会組織という二つのカテゴリーで現れる。（VI2:1-1-123）

小括

グナイストがイギリスの憲政から学んで提示した思想、すなわち、人民は自治のなかで国権に関わる知識と経験を積むという思想は、シュタインも共有しうるであろう。最後にこの点をヘーゲルの国家論を参照しつつ確認しておきたい。

ズーアカンプ社版『ヘーゲル全集』全二〇巻に「自治（Selbstverwaltung）」という言葉は一つも見あたらない。[5] ただし、一八一七／一八年にハイデルベルク大学で行われたヘーゲルの「自然法と国家学」に関する講義録[6]の第一四一節すなわちその統治理論にこの言葉を見出すことができる。ここでヘーゲルは、諸個人の最も身近で特殊な利害関心を、あるいは、個々の地域団体やツンフト、身分、職業団体が自ら管理する特殊な所有物や目的や利害関心を、普遍的なことがらに転換する人倫的な側面が自治にはある、と指摘している。職業団体には、諸個人が自ら財産を管理する権利を持つという法的な側面と同時に、市民が共同統治しつつ自らの特殊態を普遍的なものに転換する場としての国家が含まれるという人倫的側面がある、とヘーゲルは言う。

普遍的なものの形式を持つ地域団体や職業団体やツンフトのなかで諸個人が共同統治することは民主主義の原理である。(7)

完全な民主主義ではすべての個人があらゆる統治権力と行政権力に参加するが、大きな国家ではこうした民主主義体制を維持することはできないから、「諸々のコルポラツィオーンのなかで、各人は自らの具体的な本質に則って活動できる国家を手にする」(8)。ただしこう述べたからといって、ヘーゲルは国家のなかに別の国家が独立して存在することを認めているわけではない。各人が自ら特殊な領域で特殊な利害関心を保持し、自らの位置を確保することで、かえって普遍的なもののために働くという機能がここで期待されている。

組合員は自らの意志で自分の諸事を配慮しなければならない。そうすることで、職業団体のために働こうという意識が市民に生まれ、こうした活動によって初めて共同の精神（Gemeingeist）が培われる。(9)

ヘーゲルにとって、市民社会が持つ特殊態を普遍的なものに転換する仕事を外的秩序としていわば上から行うのはポリツァイであって、(10)職業団体ではない。「職業団体の精神には、特殊的なものを普遍的なものに直接根づかせるものが含まれている。(11)」職業団体は、諸個人が自らの利害関心を追求する市民社会から出て人倫的な国家へと至る通路である。通路にすぎないと言えば通路にちがいないが、通路を経なければ人倫的国家に至ることはできない。国家は職業団体を監督するとしても、(12)同時に職業団体は官庁とその官吏の権力乱用を防止したり、(13)下院の代議士を選出したりする。(14)

上妻精はヘーゲルの国家論におけるコルポラツィオーンほかの中間団体の意義を強調してつぎのように述べている。長くなるが引用したい[15]。

ヘーゲルは個人の特殊的権利や特殊的福祉を犠牲にして国家全体の安寧福祉をはかるような極端な全体主義的な国家観に反対するとともに、逆に国家をもっぱら個人の特殊的権利を承認し、個人の特殊的福祉をはかる機関としてのみとらえるような極端な個人主義的な国家観にも反対した。前者は独裁国家を、後者は国家の解体を招来するものだからである。ヘーゲルが個人と国家とを媒介するものとして職業団体や地方自治団体など仲間集団の役割を重視し、国民代議制度に関しても、個人による自由選挙でなく団体主義的な選挙制度を説いたのも、その趣旨は、軍事、外交、財政など国家存立に直接関係する領域を除いては、教育、宗教、商工業活動など可能なかぎりの分野を国民の間の自治にゆだねて、国家による一元的支配を排すると同時に、そこでの活動を通じて公共的精神を身につけた国民各層の代表によって議会が構成されることによって、議会が一部のひとびとによる自分の利益をはかる道具に堕することのないようにはかることにあったのである。

シュタインは、ヘーゲルの国家論やサヴィニーの歴史法学を学んだのち、フランス留学中に「社会」の概念とその力に目覚め、社会問題の解決なしに国家は成り立ちえないと考えて独自の国家学体系の構築を目ざした。ウィーンへ移ってからのシュタインは、もっぱらその具体的な展開形態である行政や財政の研究に専念したが、伊藤博文や黒田清隆ほか日本の官僚や政治家、学者らが理解したような国家学者とは異なる面を多く持っていた。シュタインは、自治を地方に押し止めたり、ひたすら国家統治の下請け機関に貶めたりはしていない。ヘーゲルと同様にシュタインにおいても、自治は、人民が国権に関わる拠点としての役割を保持しており、国家は人民の自治ぬきには成り立たない。そのことはつぎの言葉からも確認することができるであろう。

国家元首と統治は国家生活全体を統一する組織であるのに対して、自治と協会組織はその自由の組織である。（VI2:1-1-122）

このどれを欠いても国家は成り立たない。自由は人格態の本質（VI:5）だからである。

註

（1）『大博士斯丁氏講義筆記』伊東巳代治筆記。清水伸『独墺に於ける伊藤博文の憲法取調と日本憲法』所収。国立国会図書館憲政資料室所蔵「伊東巳代治関係文書四三」。

（2）黒田清隆『環游日記』下巻。なお、黒田の前に陸奥宗光が一八八五年六月二〇日から八月一五日までシュタインから私的講義を受けているが、そこでも明確な自治理論は見あたらない。瀧井一博編『シュタイン国家学ノート』参照。

（3）『須多因氏講義筆記』。

（4）話がそれるが、拙著『シュタインの社会と国家　ローレンツ・フォン・シュタインの思想形成過程』の末尾で今後の展望として述べた「国際行政」について、シュタインはこの『行政法ハンドブック』第二版ですでに論じていた。シュタインによれば「国際行政はまだ非常に未発展」であるが、「個々の国家の内務行政と異なり、国際行政は事象的に限界を持たない」（HV2:91）。他の諸国諸民族との交通が盛んになり、交通の進歩は個々人の営業活動を活発にする。郵便や通貨、鉄道、電信といった大規模な国際的コミュニケーション制度も発達しつつある（HV2:97）。「永遠平和」という抽象的かつ否定的な内容は肯定的なものに変わるであろうし、平和法（Friedensrecht）は外務についての国際的行政法となり、戦時法（Kriegsrecht）は国際的軍制法となるであろう。また、国家経済の国際システムも発展するであろう（HV2:95）。等々といったシュタイン見解は、二一世紀のグローバル化世界を予知したものと言える。

（5）検索に際して、千葉大学文学部加藤尚武研究室（一九九三年当時）作成のヘーゲル・データベースと、石川伊織管理・神山伸弘開発による検索ソフトEasy Checkerを利用させていただいた。記して一言御礼申し上げる。

（6）G. W. Fr. Hegel, Vorlesungen über Naturrecht und Staatswissenschaft. Heidelberg 1817/18 mit Nachträgen aus der Vorlesung 1818/19. Nachgeschrieben von P.Wannemann, in: *Vorlesungen. Ausgewählte Nachschriften und Manuskripte*, Band 1, Hamburg 1983.

（7）ibid. §141.

（8）ibid.

（9）ibid. §142.

（10）G. W. Fr. Hegel, Grundlinien der Philosophie des Rechts, in: *Werke in zwanzig Bänden*. Redaktion Eva Moldenhauer und Karl Markus Michel, Frankfurt a.M., 1970, Bd.7, § 249.

（11）ibid. §289.

（12）ibid. §255 Zusatz.

（13）ibid. §295.

（14）ibid. §308.

（15）上妻精・小林靖昌・高柳良治『ヘーゲル法の哲学』有斐閣、一九八〇年、二九五頁。

（補）河島醇は、一八八〇年、一八八二年、一八八六年の三回シュタインのもとで学んでいるが、憲法ならびに行政法に関する聴講ノートを一八八八年から八九年にかけてシュタイン自身に点検してもらい（一八八九年二月一日付ならびに同年三月二八日付の河島からシュタイン宛書簡二通参照）、一八八九年にウィーンで独英二カ国語版を、同年集成社より日本語版（『憲法及行政法要義』）を出版している。*Betrachtung über Verfassungen*, hrsg. von Kawashima Siun, Wien 1889. ならびに*Einige Bemerkungen über die Grundsätze für die Organisation der Verwaltung*, hrsg. von Kawashima Siun, Wien 1889.（独仏版はのちに*Lorenz von Steins "Bemerkungen über Verfassung und Verwaltung" von 1889 zu den Verfassungsarbeiten in Japan*, hrsg. von Wilhelm Brauneder und Kaname Nishiyama. Frankfurt a.M., Bern, NY, Paris 1992.で解説付きで復刻された。）日本語版一五〇頁に行政官職の図が載っている。それによると、行政官は大政府（内閣）と自治政府に分けられ、大政府のもとに外務部、軍務部、財政部、司法部、内務部が属する。内務部はさらに警察・高等監察・保安事務を統括する内務大臣、文部大臣、商務、農務、逓信に分けられる。自治政府は府県と組合協会に分けられている。これをドイツ語版で見ると興味深いことがわかる。すなわち、行政官と邦訳されたのはVerwaltung（Amt）であり、大政府がRegierung（Ministerien）、自治はもちろんSelbsverwaltungである。ここでは、行政が統治と自治に二分され、統治が主で自治は添え物といった風情である（*Lorenz von Steins "Bemerkungen über Verfassung und Verwaltung" von 1889*, S.191）。統治と自治の関係に関するシュタインの説明は複雑だが、河島の聴講ノートはその点これを極めて単純に描いている。この単純な区別でシュタインの所説が正しく理解できるかは、しかし、別問題であると思われる。

第三章　シュタイン自治理論の評価

第一節　ヘフターによる評価

ヘフターの自治理論史においてシュタインの自治理論がどのように評価されているかをわれわれはつぎに見ることにしよう。ヘフターは一八四八年革命後の自治理論史をつぎのように捉える。

ドイツ自由主義の急進化を促す要素として、法治国家確立という政治目標や国民的統一と並んで、経済的社会的な問題があった。産業革命による高度資本主義経済を新たな舞台として市民が自らの力を強化し、また、人民が政治的な自由を求めるよりも経済的社会的窮乏の除去を求めて起ち上がった（HH:268）。こうして、労働運動は、民主主義を越えて市民社会の秩序全体の変革を求める革命的社会主義に向かった。市民社会は国家に対して自ら独自の権利を求めることになり、国家と社会の二元論が自由思想の根本要素となった（HH:269）。市民社会が拠って立つ原理は、形式的な権利の平等を基にした個人の自己決定であった（HH:270）。「社会」に対する特殊理論すなわち社会学をドイツで最初に展開したのはローレンツ・フォン・シュタインとモールであり、彼らは結社を市民的自由の本質的要素として位置づけ、結社の自由と集会の自由に基づいてのみ古い議会の貴族仲間や名誉クラブに代わる堅固な党派を築きうると説いた（ibid.）。自由な自立態ならびに同業者互助の精神が市民社会で支配的となり、それが自由な自治理念を強化した。だが、市民社会はさらに「第四身分」であるプロレタリアートを生み出し階級対立を激化させたが、ドイツの初期自由主義者は、新たな社会問題をまったく理解できずに立ちつくすだけだった（HH:273）。このような状況のなかで、国家援助による社会改革を掲げて登場したのがローレンツ・フォン・シュタインである（HH:276）。

シュタインは、歴史法学派とヘーゲル哲学の影響下で法学を学び、一八四一年から四二年のパリ留学でフランス法史を学んだ。しかし、フランス滞在中は、のちに重要な位置を占める行政理論や自治に対する学問的な関心は示さず、フランスの社会主義や社会問題に関心を寄せ、一八四二年にその知見を著作にまとめて公刊した。これはフランスの理論を紹介したものにすぎないが、その第三版である一八五〇年公刊の三巻本で初めて近代の階級社会への洞察が深められた。シュタインがフランス人から学んだことは、革命的な社会主義ではなく、実証的な社会学であり、社会学的な分析と批判の急進的リアリズム、歴史的現実をその経済的・社会的根源から把握する学問的な根本思想であった（HH:277）。「これまで立憲主義者や共和主義者の思考を完全に規定していた政治的体制という表層の下に、有産ブルジョアに対するプロレタリアートの階級闘争が発展の駆動力となっていることをシュタインは明らかにした」（ibid.）。ただし、シュタインがほんらい求めたことは社会革命の危険を回避することにあった。シュタインの社会学体系は、穏健自由主義者のあいだではかなりの役割を演じたが、生じつつあった労働運動には疎遠なままであった。立憲法治国家とか議会主義、自治とかといった問題は、急進的な自由主義者には政治的目標となりえたが、マルクス主義はこれを完全に退けた。自治の理念は、マルクス主義の革命的目標や表象においていかなる場も占めなかった。自治理念は自由主義者に委ねられ、彼らが一九世紀の自治の歴史を本質的に規定することになった（HH:281）。

このあとヘフターは三月革命期およびその後の反動期の自治理論に入るが、ここでは省略する。三月革命後に古典的自由主義者のあいだで経済理論と社会理論の代表となったのはローレンツ・フォン・シュタインである、とヘフターは言う。四八年革命と労働運動の敗北後、シュタインは中立的立場から右へ重心をずらし、フランスの実証主義に背を向け、社会の階級闘争よりも国家の権威を重視した。キール大学追放後、一時期ミュンヒェンに立ち寄り、そこでロマン派的保守主義の影響を受け、役人国家に対するゲマインデの自立性や貴族を擁護したが、そのあとに公刊した『国家学体系』ではふたたび君主的官僚的国家権力が強調された。ウィーン大学に招聘されてからのシュタインは、一八五八年に『国民経済学教本』、一八六〇年には『財政学教本』を著し、彼の主著になる厖大な『行政理論』への新たな道を切り開いた。シュタインは、学派のボスにはならなかったが、ドイツの経済学と法学に多くの刺激を与えた。とくに国家と社会の関係に関する彼の弁証法的理論は、グナイストの自治理論の哲学的な基礎となった（HH:363）。

こうしてヘフターの自治理論史は、本論三七二ページ目にしてようやく自治理論そのものに迫ることになる。まずはグナイストの自治理論からそれは始まる。

グナイストは、とヘフターは言う、反動の時代の政治的な闘いと古典的自由主義の世界観からその自治理論を展開した（HH:372）。国法や行政法の体系家として見れば、グナイストはモールやローレンツ・フォン・シュタイン、ラーバント、オットー・マイアーらの後景に位置するが、グナイストの長所はごくわずかな原則に自らを制限し、それを徹底させることにあり、そうして彼は、自由主義的な法曹改革や、イギリスのSelfgovernmentをモデルにした自治や法治国家の理念に関するスペシャリストになった（HH:373）。彼は古い絶対主義的役人国家に対しても急進的左派に対しても中立的な穏健自由主義の代表である。グナイストによれば、プロイセンでは町や統合ゲマインデではなくクライス〔郡〕が自治の主たる担い手となるべきである。クライスの議会は選挙団体ではなく、ゲマインデの幹事によって構成されるべきであり、真の自治は上層身分の名誉職に拠るのでなければならない。

ところで、グナイストが官僚主義に対する極端な批判家から自由主義の君主制役人国家の擁護者へと政治的に転向した際の理論的な背景は、シュタインによる国家と社会の弁証法的二元論を彼が受容したことにある、とヘフターは指摘する。シュタインが国家を人間の共同生活のより高度で人倫的な課題の執行者と捉え、利己主義的な階級利害の解決不能な矛盾に陥った社会を超えるものとするのに対して、グナイストは国家的権威こそが決定的な契機だとし、君主制的官僚主義的当局を国家理念の活きた具現と捉えた（HH:376）。グナイストは、社会を国家の有機的一分肢とし、Selfgovernmentを国家行政の一部と捉えた。グナイストの現実認識の基礎にはシュタインの社会学があるが、社会問題はグナイストの政治的思考の背景に退いている。グナイストの自治理論は自由民主主義的ではなく、一八世紀の古い貴族主義にすぎない。彼は地方自治を国家行政の一部としか見なさず、プロイセン官僚の義務感をも治安判事のなげやりなディレッタンティズムと考えた（HH:387）。

グナイストがシュタイン理論を基礎に据えているというヘフターの見解に着目して、グナイストへの言及が長くなりすぎたが、本来の課題であるヘフターのシュタイン評価に戻ろう。

穏健自由主義の精神から行政の改革を唱えた理論家として、グナイストやオットー・ベーア、ブルンチュリと並んで、ローレンツ・フォン・シュタインがいる（HH:445f.）。「学問的には彼の業績が最も重要である。」（ibid.）シュタインは、行政理論が国家学のパンデクテン〔学説彙纂〕として認められる時代を準備した（HH:450）。王制と官僚制を国家理念の担い手と捉える視点は、若きシュタインの著作『フランスにおける社会運動の歴史』にすでに見られるが、この本はその後、グナイストがイギリスの行政法を素材として発展させた国家論に社会学的な基礎を与える手本となった。シュタインは彼の新著『行政理論』をグナイストに捧げ、「グナイストはイギリスの生活とその法を学問的に修得した」と讃えた（ibid.）。シュタイン自身はこの著作で、グナイストがとった道をさらに進み、古いポリツァイ学の素材をただ積み上げるのではなく、近代行政理論の包括的体系を創造すべく努めた。すなわち、シュタインは行政理論を独立した学問分野に築き上げたのである。とは言え、それは、法理論と経済理論と社会理論を包括する一連の国家学の内部に位置づけられるものであった（HH:451）。フランスの現代史に精通していたシュタインは、社会学的な認識に基づき自らの自治理論をより高次な立場で形づくることができた。彼は自由主義の主流にとどまり、近代的な行政改革の具体的な展開に対してグナイストよりもはるかに近いところにいた。たしかにシュタインは君主と役人による指導を肯定したが、国家主権は社会の自由な生活を決して抑圧してはならないと主張した。グナイストとは異なり、シュタインは共同態や結社の自主性を重んじたのである。

彼は自治を広義と狭義に分け、広義の自治は、陪審裁判所や商工会議所のような代理機関を国家の補助機関として含み、グナイストが前面に押し出した名誉職的要素を国家行政に認めるが、本来の自治である狭義の自治は、市町村（Gemeinde）や地方（Landschaft）、団体（Korporation）といった自治体と、国会に対するその法的かつ歴史的な自立性を含むものであるとした（ibid.）。だが、シュタインが自治の可能性を見出すのは一九世紀の立憲国家と市民社会においてのみであり、その最善の発展は都市共同体にのみ求めた。シュタインは、イギリスのSelfgovernmentとともに、フランスの市議会（Munizipalrat）や県会（Generalrat）を自治一般の第二の基本形態として認めるなど、当時のドイツの自治に、イギリスモデルとフランスモデルとの総合を求めた（HH:452）。すなわち、国家の自由を自治の自立性で計るという傾向をイギリスのSelfgovernmentの観念から引き出し、フランスからはその組織形態のあり方を求めた。行政の純粋に法的な問題はイギリスを模範とし、行政上の苦情処理はフランスを模範とした。シュタインは古典的自由主義との結びつきを大切にし、彼の著作は『プロイセン年報』でも賞讃されたが、トライチュケはシュタインの社会学的な傾向や、ヘーゲル主義的な構成法、大ドイツ主義的な考えに懐疑的で、ヴェーレンプフェニヒが彼の雑誌でシュタインの『行政理論』を絶賛したことに腹を立てたが、この記事は若きシュモラーの筆によるものだった(ibid.)。シュモラーはのちに指導的な経済学者にして社会政治家になった人物で、プロイセンの行政史の熱心な研究者であった。シュモラーは、シュタインの普遍的で体系的な学問スタイルをドイツ観念論の遺産と感じたが、現代の国法論の狭隘な水準をはるかに超えているとも感じていた。シュタインのこの包括的な学問体系はしかしそれに見合った後継者を見出せずに終わった(ibid.)。

本論七九一ページに及ぶヘフターのこの著作の要約を全体にわたって試みたらさらに数十ページを要するので、ここではシュタインの自治理論をヘフターが詳述している箇所を中心に関連する事項を引用紹介するにとどめた。ヘフターは一九世紀のドイツ自治理論史を、中世後期の身分制から始め、フランス革命とドイツ絶対主義体制、シュタイン・ハルデンベルク改革、三月前期の自由主義、四八年革命、反動期の自由主義、新時代、ビスマルクの帝国建設、七〇年代プロイセンの行政改革、保守的結末、二〇世紀民主主義時代の自治という構成で展開している。ローレンツ・フォン・シュタインは「新時代」に位置づけられている。それにしても、これだけではやはりきわめて概略的であり、しかも内容に関しても事典項目レベルと言わざるをえず、シュタインの自治理論が具体的にどのようなものであり、それが他の学説とどのように同じか異なるかといった分析が十分にはなされておらず、ヘフターのシュタイン評価の独自性をこれだけで見極めることは困難である。それでもなおあえて一言でまとめるならば、ローレンツ・フォン・シュタインの自治理論はグナイストのそれよりも理論的にも実証的にもはるかに優れており、一九世紀ドイツ自治理論の基礎となっている、ということではないか。シュタインはイギリスから自治の理念を学び、それをフランスの社会問題とその解決にあてはめて捉え直そうとした——これがヘフターの言う「社会学的な基礎」となる——と言えるからである。

第二節　最近の自治理論

加藤房雄は、先に言及したその都市近郊農村史の註で、ヘフターが「粘り強くも反抗的な真の自治精神を都市のみに見」てプロイセンの「『ゲマインデ自由』の未発達・未成熟の根本的原因を、保守的プロイセンの官僚主義的狭量に帰し」ていると批判する。他方、ウンルーは「地方自治の発展に大きく寄与した一九世紀後半以降のプロイセン立法の意義を高く評価して、プロイセン的『ゲマインデ自由』の見直しを求め」た、と高く評価する。(1)さらに、ウンルーが、一八七二年の「『郡条例』によって実現された新しいクライス制が初めて、国家全体の存立を危うくしかねない都市・農村間格差を極限にまで行き着かせることなく、時宜を得た公共的諸課題を成し遂げうる現実的可能性をクライスに与えた点」を指摘し、当時のクライスが「こと地方自治の内実に関するかぎり、間違いなく、進歩的な発展を示した自治体にほかならなかった」と述べたことを取り挙げ、(2)こうしたウンルーの見解は「ローレンツ・フォン・シュタインのクライス・シュテンデ論ならびにグナイスト国家・社会の基礎組織としての自治体説を、新たな照明を当ててドイツ史から掘り起こし、現代にまで蘇らせようとするすぐれて現実的かつプラクティカルな学問的意図に出る立論であったように思われる」(3)と位置づけている。つまり、地方自治の意義をきちんと把握した人としてシュタインを位置づけていると解釈できるであろう。

加藤の要約的紹介に即してドイツの自治理論史を概観してみると、自治は地域の人びとの生活諸条件を整えるものとして登場し、都市のみならず地方農村でも発展したが、一九世紀以降それは国家に収斂されるようになったと見てとれる。その際、ドイツではつねに〈国家と社会の関係〉という問題がその根底にあったことに注目しなければならない。加藤は前掲書でウンルーの所説を紹介するなかで「国家と社会の二元論」に言及していたが、この問題はヘフターも、グナイストとシュタインに触れて語っていた。これはドイツの行政理論や自治理論を語る際には避けて通れない問題である。つぎにこの問題について諸氏の語るところに耳を傾けよう。

薄井一成『分権時代の地方自治』[4]によると、フォルストホッフは、一九世紀のドイツが「国家と社会の政治的な対立」の上に成り立ったことは、「君主をはじめとする『支配者層』が、絶対主義時代にひきつづき、市民に後見的な介入を試みたのに対して、経済的な実力をつけはじめた『市民層』が、闘いを挑み実体を伴う『社会』勢力として『国家』と対立した」ことを意味するという。[5]ただし、市民層の発達した西南ドイツと異なり、それが遅れたプロイセンではシュタイン男爵による改革で「市民を公務の遂行に参加させ、彼等の公共精神を喚起して国力を強化するとともに、市民を政治的に解放することを目的」とした独自の地方自治制度が創設された。こうした流れのなかで、グナイストは「自治行政制度を、君主により任命された名誉職官吏に、社会から超越する『人倫』を具体化させる制度と捉え、有産市民層にその担い手を見出した」が、これに対して、西南ドイツのロテックは「自由で平等な市民から積み上げられた秩序づくりの方法を理想とし、市町村をはじめとする自然発生的な団体に、前国家的な自由権の享有を認めていた」[6]。しかし、その後はもっぱら市町村を「国家の中でのみ存在する、法的に承認された制度」とするカール・シュミットの考えが支配的となる。[7]第二次世界大戦後バイエルン州を筆頭に、市町村の自治行政に独自の権限が認められ、さらに一九六〇年代後半には「多元的な政治主体」[8]として市町村が位置づけられた。最近はシュミット=アスマンによる「自治行政は、まず法治国家原理により『個人の法治国的自由を侵害することのないよう』、国家の中に組みこまれ『国家により形を整えられたこと』を義務づけられる」というような解釈が一般化しつつある。[9]すなわち、「国民代表に所与の軌範を具体化させ、団体から解放された孤立した個人を創出しよう」とするカール・

シュミットのような統一国家論者に対して、「連帯精神に基づく団体に公共性の創出を担当させて、開かれた個人を創出しよう」とするプロイスをはじめとする団体法論者が台頭し、さらにシュミット＝アスマンのような両者を折衷する立場が出てきている。このように薄井はドイツの地方自治理論の流れを概括している。(10)

つぎに藤田宙靖によるベッケンフェルデの所説の紹介について。(11)「公法」「私法」という区別はいまでも一般に見られるが、この区別は国家と社会の二元論的理論構造に由来する。第二次世界大戦後の西ドイツ公法学では、「伝統的な『国家』の概念を否定し、〝公的なるもの〟の理論的再編をはかる」徹底的な一元的方向が求められる一方で、公的なものと私的なものとの「二元的峻別の必要を強く主張する」立場も現れ、激しい論争が展開された。ベッケンフェルデは、国家と社会の区別・対立という観念を維持する側に立つが、この区別は古くから存在する普遍的なものではなく、「ある国制史上の過程の産物」にほかならないとする。ローレンツ・フォン・シュタインが指摘するように、「国家と社会の組織的・制度的な区別を基盤とする、相互の交換関係」をここに見なければならず、「個々人の自由の確保の為には、合理主義的な基準設定を行うことが不可欠である」。こうしたベッケンフェルデの考えに対してエームケは批判的で、つぎのように主張する。すなわち、社会と国家の二元論を唱える人たちの「国家」は一つの理念にすぎないが、本来の国家は政治的共同態であり、「一つの、同一の、人間の結合体」であって、中世の法思想よりの連続的発展としてのコモンロウ思想をモデルとする、と。ベッケンフェルデは国家を「組織化された機能統一体」として捉えるいわば静態的国家観の持ち主であるが、エームケが支持するスメントの国家論は、すべての国家現象を動態的なプロセスとして捉えるものである。

薄井や藤田の著作から学びうることは、こうした国家観の違いやその現代的な意義づけの違いを理解しなければ、国家と社会の関係について的確な判断を下すことは困難だろうということである。

では、ドイツの自治理論史のなかにローレンツ・フォン・シュタインの自治理論を置いて見た場合どのような特徴が浮かび上がるだろうか。シュタインにとってはほんらい国家も社会も人格態の自己実現の場であり、したがって、それはまた人間の自由実現の道程であった[12]。たしかに、国家の原理が万民の平等を目指す普遍的な理念であるのに対して、社会は万民の個人的利害関心の追求を原理とし、自由という個別的なものの実現をはかるものである、という違いはあるものの、両者の対立の克服をこそめざすシュタインは、国家か社会かという二者択一的な立論をせず、むしろ両者を相互貫通的なものと捉え[13]、現在ドイツの基本的な立場である「社会国家」の実現をめざしたのである[14]。行政法や自治理論が左右に振れるなかで、シュタインの自治理論は一貫していたと筆者には思える。シュタインの自治理論をきちんと評価するためには、フーバーが指摘するように[15]、国家と社会を対立的に捉えようと統合的に捉えようといずれにせよ、それらをばらばらに理解し研究するのではなく、「哲学的、歴史的、政治的、社会学的、法的、経済学的」といったさまざまな分析を加えたうえでさらにそれを総合的に捉えることが大切であり、そのことをまさにローレンツ・フォン・シュタイン自身は遂行したのである。われわれはふたたびシュタインのテキストに戻り、彼の自治理論の意義を具体的に明らかにして行かねばならない。

註

（1）加藤房雄『ドイツ都市近郊農村史研究』二四一頁。
（2）同右、二八〇頁。
（3）同右、二八一頁。
（4）薄井一成『分権時代の地方自治』。
（5）同右、六頁。
（6）同右、一五頁。

（7）同右、二六～二七頁。
（8）同右、四二頁。
（9）同右、四四～四五頁。
（10）シュミット＝アスマンの言説については、大橋洋一訳「ドイツ地方自治法の新たな発展——行政現代化の要請に直面した市町村行政」、『自治研究』第七四巻第一二号、一九九八年、参照。ドイツの自治行政史については *Deutsche Verwaltungsgeschichte*, hrsg. von Kurt G.A.Jeserich, Hans Pohl u. Georg-Christoph von Unruh, 6 Bde., Stuttgart 1983-88. を参照。
（11）藤田宙靖「E・W・ベッケンフェルデの国家と社会の二元的対立論―現代西ドイツ公法学研究ノート」（一）（二）『法学』（東北大学法学会）第四〇巻第三号、一九七六年、第四一巻第二号、一九七七年。
（12）Ernst-Wolfgang Böckenförde, Lorenz von Stein als Theoretiker der Bewegung von Staat und Gesellschaft zum Soialstaat, in: Lorenz von Stein, *Gesellschaft-Staat-Recht*, hrsg. und eingeleitet von Ernst Forsthoff, Frankfurt a.M. 1972, S.546.（Orig.: *Alteuropa und die moderne Gesellschaft. Festschrift für Otto Brunner*, hrsg. vom Historischen Seminar der Universität Köln, Göttingen 1963.）
（13）Ernst Forsthoff, *Lehrbuch des Verwaltungsrechts*. Band 1, Allgemeiner Teil. 10., neubearbeitete Auflage, München 1973, S.45.
（14）ibid., S.542. Vgl. Eckart Pankoke, *Sociale Bewegung - Sociale Frage - Sociale Poltik*, Stuttgart 1970. Georg-Christoph von Unruh, Der Kreis im 19. Jahrhundert zwischen Staat und Gesellschaft, in: *Kommunale Selbstverwaltung im Zeitalter der Industrialisierung*, Stuttgart 1971. Peter H. Krämer, *Die bürgerschaftliche Selbstverwaltung unter den Notwendigkeiten des egalitären Sozialstaats*, Berlin 1970. Gerhard A.Ritter, *Der Sozialstaat. Entstehung und Entwicklung im internationalen Vergleich*, München 1989. リッターはその緒論一一ページで「社会国家の概念をドイツで遡ると明らかにローレンツ・フォン・シュタインに行き着く」と述べ、シュタインの*Gegenwart und Zukunft der Rechts- und Staatswissenschaft Deutschlands*, Stuttgart 1876の二一五ページの一節をそのまま引用している。そこにつぎのように書かれている。国家は、「個々の自己規定的人格態にとってのあらゆる区別に対置して法の絶対的平等を維持しなければならない」という意味で言えば「法治国家」であるが、「個人の発展がつねに他者の発展の条件と帰結であるがゆえに成員全体の経済的かつ社会的な進歩を促進しなければならない」という意味では「社会国家（der gesellschaftliche oder sociale Staat）」である、と。
（15）Vgl. Ernst Rudolf Huber, Lorenz von Stein und die Grundlegung der Idee des Sozialstaats, in: Lorenz von Stein, *Gesellschaft-Staat-Recht*, S.495.（Orig.: *Nationalstaat und Verfassungsstaat. Studien zur Geschichte der modernen Staatsidee*, Stuttgart 1965.）

第四章　自治団体論

第一節　国家学における自治

一八五二年に公刊された『国家学体系』は、シュタインのキール時代とウィーン時代を架橋する著作である。シュタインは比較法学徒として研究生活を始めたが、ベルリン滞在中に〝三月前期〟の思想家と触れあい、フランス留学中には社会主義者や共産主義者と接触してフランス革命後に重要な位置を占めるようになった「社会」という概念を現場で学んだ。それは、一八四二年刊の『今日のフランスにおける社会主義と共産主義　現代史への寄与』で詳細に分析されたが、その後、自らも積極的に関わった一八四八年の三月革命の敗北を機に、人間をばらばらに解体する「社会」よりも、社会的な問題を統一的な視点で解決すると期待される「国家」が大切だとの考えに至った。そこで執筆されたのがこの『国家学体系』第一巻である。(1)ウィーン大学に職を得たのちその第二巻が公刊されたが、その後続編は書かれずに終わった。公刊されたこの二冊に盛られた内容は、「国家学」体系とは言うものの、第一巻は統計学、人口学、国民経済理論であり、第二巻は社会理論であって、国家は登場しない。シュタインは、たしかに一八四八年革命挫折後、社会よりも国家を重視したように見えるが、国家は社会なしには存在しえないとの認識は生涯変えなかった。(2)だからこそ、彼は国家学を論じるにあたってまず先に社会理論を展開したのであり、ウィーン時代にシュタインが最も熱心に取り組んだ行政理論はまさに国家と社会をつなぐ要として捉えられた。シュタインの国家学は、憲政と行政によって成り立つと言うことができる。[3] 憲政は国家の意志であり、行政はその意志の実現である。そして、シュタインにとって行政は、なによりも自治でなければならなかった。[4]

自治は統治ではない。統治はシュタインによって官治と言い換えられて、当然ながら、自治と区別される。それにもかかわらず、とりわけ日本では、シュタインやグナイストの行政理論を誤解ないしは曲解して、自治体と言えば地方自治体を指し、地方自治体は国の出先機関としての役割を果たすものと考えられた時代が長く続いた。シュタインの自治は国家をも視野におさめる基本的な概念であり、シュタインにとって究極の自治体は国家そのものであった。しかしそれではむしろ自治体が国家に吸収され解消されてしまう恐れがあるがゆえに、社会と国家との関係のありようがふたたび問題となる。そこで重要な役割を演じると思われるのが、両者をつなぐ中間団体である。それは、シュタインの場合、自治団体である。[5] ゆえに、本章では、シュタインの国家学において自治団体がどのような役割を果たすのかを検討しよう。

第二節　自治団体

シュタインにとって国家は「人格態に、すなわち人格的な意識や人格的な意志と行為に高められた人間共同態」（VI1:1-2）、「個体的な人格態に高められた、人間の生活共同態」（VI1:1-227）である。ここで言う「人格態（Persönlichkeit）」とは、個人としての「人格（Person）」ではなく、自由で自律的な存在を意味し、したがって、「人格的（persönlich）」という形容詞は、「自然的（natürlich）」と対概念をなす。[6] 人格態は、自らの能力を自由に無限に発展させようとする活動態である。「個体的（individuell）」は、「個別的（einzeln）」と異なり、自立性と自律性を前提とする。したがって「個体的な人格態に高められた人間共同態」としての国家は、自由で自律的な活動的存在でなければならない。国家の意志は憲政（Verfassung）によって決められるが、国家の意志を実現するのは行政である。したがって、行政は自由で自立的な活動態であると言うことができる。

（二）統治と自治

シュタインによれば、執行権力はその基本形態からして三つに分けられる。官治と自治と協会組織である（Vl1:1-226）。

官治というのはわかりにくい概念であるが、要するに法律を執行する統治（政府 Regierung）のことである。「執行権の人格的で統一的な形態としての国家が統治である」（HV1:15）という表現もあるが、ここで大切なのは「統一的」という点である。

国家における憲政に適う自由は、個人が一般意志の形成に参与する際に従う秩序である。一般意志が法律として定在する場合、法則を執行しなければならない統治にも自由があるか。否である。統治の本質は、統一的で人格的な自らの権力によって法律を執行することだからである。国家は統治というかたちで自立的で、それゆえに必然的に統一的な組織化された人格態として現れる。統一的な行為という概念は、諸個人の自由な参加を排除する。人格的な統一として登場しなければ、いかなる行為も可能ではない。統治は有責的であるが、自由でもなければ不自由でもない。（HV1:6）

統治では個人の自由な参加がありえないという点は注目に値する。

これに対して、自治は「自由な行政」である（Ⅵ2:1-2-22）。この自由は、ここでは自立的（selbständig）という意味である（Ⅵ2:1-2-128）。官治すなわち統治は統一的な管理を柱とし、自治は独立を柱とすると要約することができる。統治は、国家意志をあらゆる点で平等に統一的に執行する機関であるが、それが一定の地域的特殊態を帯びる場合には、官庁体制（Behördensystem）と呼ばれる。それは、各地方において官治をスムースに展開する機関としての公務組織であって、これはいわば国の出先機関である。これに対して、自治は、個々の公民がこうした地域的な行政に自由に参加する「自由な行政」である。自治は、独自の内容、独自の機能、独自の権利を備えた自立的な行政組織を言う（Ⅵ1:1-364）。したがって、地方自治体は国の出先機関では決してない。なお、第三の、協会組織というのは、個人が国家活動に参加する最高形態であり、自らの自由な決断で諸課題を解決できる場である（Ⅵ1:1-228）。『行政理論』第二版の叙述によれば、自治と協会組織のシステムはともに「自由な行政」のシステムである（Ⅵ2:1-2-16）。この場合の「自由」とは、個体的自己決定が通用することを意味し、諸個人が自らの意志決定に従ってのみ組織の構成員となることの自由、なにごとかを決定する際の参加の自由、そして選挙・被選挙の自由を意味する（Ⅵ2:1-2-20）。国家的な課題を遂行するために掲げられた目的を自由な自己規定によって実現しようとする共同態を協会組織と名づける（Ⅵ2:1-2-22）とあるから、協会組織も自治とともに「自由な行政」である。その際、自治は構成員の主体性を重視し、協会組織はその目的遂行を重視するという、視点と重点の違いがある。いずれにせよ、シュタインは官治すなわち統治を「自由な行政」から区別する。

(二) 地方

自治団体（Selbstverwaltungskörper）は、その形式からして三つに分けられる（VI2:1-2-130）。一つは州（Land）ないし地方（Landschaft）であり、これは、社会的ならびに経済的な生活の歴史的かつ自然的に同等な諸条件や秩序に基づく共同態である。二つ目はゲマインデであり、構成員の利害関心に基づく共同態が一定の場所的限定を有する場合に成り立つ。三つ目はコルポラツィオーンであり、一定の公共の目的のために一定の資産を得てこれを管理する機関である（VI1:1-378）。地方は小さな国家には存在しない、というのも、そのような国家はそれ自身が地方にすぎないからである、とシュタインは言うが（VI1:1-405）、そういう問題であろうか。ゲマインデは自治本来の組織である。コルポラツィオーンはたいていは国家機関となったとシュタインは言うが、この点については疑問が残る。その検討はあとですることにして、シュタインの説明をさらに聞くことにしよう。

> われわれが地方と名づけるものは、最も包括的ではあるが最も無規定的なものであり、組織の変遷の影響を最も強く受ける官治団体である。（VI1:1-406f）

この説明の末尾は目を疑わせる。というのも、シュタインは先に官治と自治とを区別し、自治団体として地方を位置づけたにもかかわらず、ここで地方を「官治団体」だとしているからである。これでは、地方が統治のたんなる出先機関に堕するように読める。『行政理論』第二版では、地方は自治団体の純粋に歴史的で比較的大きな形態であるが、国家的な性格を持ち、行政のみならず立法にもそれなりの意味を担って関与するとあり（VI2:1-2-25）、地方は官治の一団体という位置づけではなく、むしろ自治団体として国家と関わるというように自治に重心が置かれている。

あえて言うまでもなく、地方はそれ自体が独立国家ではありえず、国家内部の一地方であるから、それが国家的な課題を担うからと言って、すぐに統治の出先機関だとは言えないであろう。問題は地方がどこに軸足を置くかにかかっている。その点で、初版よりも第二版のほうが地方の自治性をいっそう明確に示しているように思われる。もっとも、初版でのLandは、Landschaftすなわち地方というやや漠然とした概念であるのに対して、第二版のLandは「州」と訳すべき、一定の権力を持つ自治団体を意味すると解釈することが可能である。また、ゲマインデについて、初版ではこれを「地域的な官治団体」として理解する世間一般の通常の見方を取り上げて批判しているので、「地方は官治団体だ」という表現も、もしかしたらシュタインの主張ではなく、世間一般の理解を提示したものと読めないこともない。いずれにせよ、概して初版では統治と自治団体との区別が曖昧な点が多いように思われる。だが、いわゆる「地方案件（Landesangelegenheiten）」が国家に直接関わる場合は、自立的な地方と言えども「州（Provinz）」とか「県（Department）」とかとして官治に組み込まれると晩年のシュタインは述べている（Vgl. HV3:1-75）ことから察するに、このLandは「州」として独立していながら国家と密接な関係にあると見ることもできるであろう。もっとも、一八八八年著作でのLandがすべて「州」として訳しうるとは言えない。たとえば「Landは、まずは地質的地理的限界によって与えられ、さらに出自という人格的要素によって与えられる。これら両者が自然的な共同態を作り出す」（HV3:1-74）という場合のLandは、他の著作の場合と同様に「地方」を指すと思われる。

地方に話を戻すが、いま一八八八年著作で見たように、地方は自然的な要素と人格的な要素を持つ。前者は土地（Land）、後者は出自（Stamm）である（VI2:1-2-180）。土地は、一定の自然的な境界内部の自然的生活諸条件の同等態であり、出自は、その土地の住民内部の個体性の同等態である（ibid.）。要するに、土地とそこに住む一族の人間が共同生活を営むところで地方という枠組が生まれるわけであり、この共同生活のなかで精神的な教養形成や経済的な同等態や共通の法的生活がそれなりに一定した形式をなし、それによって個体的な発展の諸条件が整うことになる。だが、そのような個体性ゆえに、地方は歴史的な産物であり、それぞれの時代や国によって非常に相異なる運命をたどった。たとえばイギリスでは、自由な行政の基礎がすでに議会に与えられているがゆえに、地方という行政組織は消滅している（VI2:1-2-190）、とシュタインは言う。フランスやイタリアでも同様に地方は消滅しているが、それは、フランスやイタリアでは統治の力が強力で、自治団体の代わりに役所の行政区域（Bezirk）や管理施設（administrative Institute）が設けられているからである（ibid.）。こうした認識が正しいかどうかは別途検討を要するが、シュタインが、イギリスを自治の生誕地としつつ、自治がイギリスのすべての領域に行き渡っているがゆえに自治はすでにそれ自体としては消滅しており、他方、フランスでは自治の精神を国家が体現しているがゆえに自治は存在しないという認識を持っていることはすでに確認した。シュタインは、ヨーロッパの国家形成史において地方が重要な役割を果たしたことを認めており、とくにドイツでは地方がドイツ統一の進展の一つのファクターであったと述べている（VI2:1-2-179）ことは記憶に留めておきたい。

(三) ゲマインデ

つぎにゲマインデであるが、ゲマインデは自治の主要団体として位置づけられており（VI2:1-2-220）、構成員のあらゆる利害関心の共通性と地域的な形態に基づくものと規定されている（VI1:1-378）。ゲマインデは、地域ゲマインデ（Ortsgemeinde）と行政ゲマインデ（Verwaltungsgemeinde）と郡ゲマインデ（Kreisgemeinde）に分けられる（VI1:1-436）が[7]、シュタインは地域ゲマインデが本来のゲマインデであると言う（ibid.）。また、一八七〇年の『行政理論と行政法ハンドブック』初版では、ゲマインデは「教養形成された地域的自治組織であり、したがって、国家の根本形式と機関を、限定された領域のために限定された仕方で作り出し、またそれによって自らのもとにある憲政に適合した統治権の偉大な諸原理を適用することができるし、そうするよう規定されている。この意味で、ゲマインデは、個人を公民的生活へ向かわせる教師である」（HV1:27）と述べられている。自治体での活動経験が国家的活動の入口と訓練の場となるというグナイストと共通の考えがここに見られる。

『行政理論』初版では、地方と同様にゲマインデも、国家との関係で説明され、「ゲマインデは、地域的な限定を受けた国家的課題の総体が自治組織によって遂行されるところで生まれる」（VI1:1-432）とされる。そして、前述のように、ゲマインデを地域的な官治団体として理解する世間一般の見方が取り上げられているが、シュタインはこうした見方に対して、「この地域的な自治」すなわちゲマインデは、「その物質的な基礎と同様に、国家に対して自立的である」（VI1:1-433）とし、この自立態が国家によって承認されると「法的な人格態」となると言う（ibid.）。ここで言う「法的な人格態」は、現在いわゆる税法上の「法人」ではなく、「国家は一つの人格態である」というのと同等の法的位置をゲマインデが占めることを意味する。『行政理論』第二版に、「法的な人格態は執行権力の一機関であり、「執行権の決定は、実施の強制を伴う指令（Verordnung und Verfügung）である」（VI2:1-2-61）とあるように、ゲマインデは、国家によって認められれば、強力な執行権力となりうる。それだけではない。「ゲマインデは、執行権力の機関として、執行権力のなかに自由の要素を引き入れる」（VI2:1-2-225）とも述べられる。もっとも、欧米人にとっては常識に属することだが、自由とは独断的な自己規定を意味するのではない。「自由は、行政の機能や国家行為に有機的に参加することを意味する」（ibid.）から、地方と同様にやはりゲマインデも国家と無縁ではない。ただし、シュタインは、ゲマインデを地域ゲマインデと行政ゲマインデと郡ゲマインデに分けており、地域ゲマインデが市民の自然的な要素に基づくゲマインデであるのに対して、その人格的要素に基づくゲマインデは行政ゲマインデとして区別する。行政ゲマインデは、地域的な自治が一定の国家的課題を一定の地域的境界内部で遂行する機関を言う（VI1:1-436）。したがって、国家と密接な関係にあるゲマインデは行政ゲマインデだと言うことができるだろう。

この行政ゲマインデが、諸々の地域ゲマインデに共通の案件を扱い、しかもそれが地域ゲマインデと特殊な行政ゲマインデとの関係を仲介しなければならないとき、郡ゲマインデないし郡（Kreis）と呼ばれる組織が機能する（ibid.）。クライスは、ドイツ連邦共和国の行政組織として現在も存在し、州（Land）とゲマインデとの中間に位置する。ただし、ベルリン、ハンブルク、ブレーメンのような都市州はクライスを設けていない。シュタインの行政理論ではクライスについての詳述はない。

(四)　コルポラツィオーン

自治団体の最後はコルポラツィオーンである。コルポラツィオーンは、前にも引用したが、「一定の公共的目的のために一定の資産を設置し管理する場合に生じる」（VI1:1-378）。ゲマインデと異なってここで重要なのは「目的」であり、この目的は「個人の自由な意志によって設定される」のでなければならない（VI1:1-509）。その意味で、のちに述べる協会組織に近く、シュタインは「コルポラツィオーンと財団（Stiftung）は、ゲマインデでの本来の自治から協会組織への移行を形成する」（ibid.）と述べる。

目的設定は「個人の自由な意志による」と言っても、あえて言うまでもなく「意志」は「恣意」ではなく、「個人の恣意を超えて客観的に規定される組織」を前提として持つ（VI1:1-510）。しかし、目的を持って諸個人が集まるのはなにもコルポラツィオーンに限ったことではなく、地方もゲマインデも同じではないだろうか。一般に共同態は一定の目的を持ち、この目的を実現することが共同態のいのちである（VI1:1-19）とシュタインも言う。自治の共同態が一定の公共の目的を持ち、それを実現しようとすることは一般的なことであり、地域的な限定があるとしても、地方もゲマインデも、コルポラツィオーンと同様に、一定の目的を持った団体であるはずである。コルポラツィオーンは前二者とどこが根本的に異なるのであろうか。

「コルポラツィオーンは、もともと同業者の承認された統一体であり、その職業のために独自の体制と管理を持っている」（VI1:1-139）とある。きわめて常識的な話ではあるが、コルポラツィオーンの目的は、同じ職業の統一的な運営と管理にある。シュタインは、「イギリスには地方とゲマインデと協会組織という一貫した区別は存在せず、あらゆる自治に対して一箇同一の根本形式があるだけである。それがコルポラツィオーンである。〔中略〕イギリスではコルポラツィオーンは、議会で承認され独自の権利と独自の体制をもって成り立つ自由な行政団体すべてを意味し、それが、都市であるか地方であるか、本来のコルポラツィオーンであるか、協会であるかといったことはまったくどうでもよい」（VI2:1-2-160）と述べており、この文脈ではたんなる職業団体だけを指しているわけではないように読める。そうでなければ、ドイツには強固な職業団体としてのツンフトやインヌングが存在し、それらについて詳しい叙述があってしかるべきであろうのに、そのことの叙述がほとんどないのはむしろ奇妙である。だが、シュタイン自身はおそらくそのようには受け止めない。というのは、『行政理論』第二版の第三編目次を見れば明らかなように、「同業組合は、身分的なコルポラツィオーンから協会組織への移行的なもの」として位置づけられているからであり、また、一八八八年の『ハンドブック』第三版では歴史上の自治団体として地方とゲマインデと協会組織すなわちツンフトとインヌングが挙げられている——この三対形式からするとツンフトとインヌングを具体例とする団体はコルポラツィオーンに該当するように読める——が、この三者のつぎが協会組織であり、そして自治組織システムの三番目に、官治と自治との結合体として、行政ゲマインデと同業組合が挙げられており、シュタインにとってツンフトやインヌングは過去の遺物にすぎず、いま重要な役割を果たしているのはそれらとは異なる同業組合であって、それはコルポラツィオーンや協会のさらに先に位置づけられるべきものとされているからである。そうであれば、話を戻して、コルポラツィオーンとは何か。

コルポラツィオーンは、身分的な社会秩序に属する。だが、コルポラツィオーンは、個別的にはあらゆる偶然性や差異性があってもヨーロッパ全体では同一の究極的根拠を示すものの一つの規定された現象として考察されなければならない。コルポラツィオーンは、つねに一つの共通の職業に基づいて生じるが、その職業は、同業者がばらばらに仕事に就いたりばらばらに仕事を行ったりしたら、外的な生活諸関係によって長く危険にさらされたりいっそう大きな発展ができなかったりするように見える。（VI2:1-2-346）

『行政理論』初版に「騎士ないし貴族のコルポラツィオーン」という言葉があるから（VI1:1-513）、コルポラツィオーンはたんに職業団体だとは言えず、身分に関わる団体と理解すべきであろう。「職業のコルポラツィオーン」（VI1:1-514）という言葉も、「職業」身分に属する団体ということになるだろう。ヘーゲルの『法哲学綱要』の身分論には王侯・貴族や聖職者は出てこず、実体的身分としての農民と、反省的身分としての商工業身分、そして普遍的身分としての役人が挙げられていることから推察して、職業従事者を一定の身分として位置づけること自体は無理のない議論であろう。

なお、コルポラツィオーンと区別されて財団という組織もある。コルポラツィオーンは、「独自の資産が当てられているまったく規定された社会的目的に基づ」き、「構成員の権利と利害関心がこの資産の管理の本来の課題となって」いるのに対して、財団は「資産を第三者のために利用することが問題となる」組織であり、「本来のコルポラツィオーンが本質的に身分的な時代に属するのに対して、財団は社会的な形式との結びつきをいっさい持たない」（VI2:1-2-26）とシュタインは説明する。「財団」という訳語が適切かどうかわからないが、現在でも財団は一般に資産を第三者向けに使用しているのに対して、同業組合は構成員の福利厚生を主たる目的として結成されるものと考えられているから、シュタインのこの区別はそれなりに納得が行く。難しいのはつぎの「協会組織」である。

第三節　協会組織

（一）協会

協会も自治団体の一つであるように思えるが、先に述べたように、シュタインは執行権力を官治と自治と協会組織に分けているから、協会組織に属する協会は自治団体とは別のものと考えられていると見るしかない。シュタインは『行政理論』初版でつぎのように述べる。

国家活動に参加する最高の形態は、諸個人が、国家やその本質にある諸課題を自由な決定によって自ら設定し、自由に組織した機関でそれを実現するところに存在する。そうした最後の形式が協会である。（VI1:1-228）

『行政理論』第二版の叙述はこうである。

結集した人たちの自由な自己規定によって共同態の根拠や目的が国家的課題を遂行することになる時、われわれは協会組織について語っていることになる。協会組織の管理団体は協会である。したがって、自治と協会組織で、自由な行政の領域は尽くされると同時に体系化されている。自治にも協会組織にも属さないような自由な行政という現象は存在しない。（VI2:1-2-22）

『ハンドブック』第三版の叙述も見ておこう。

その〔自治の〕第一グループは、個々の構成員の利害関心が個体的力を結集する目的であるところに存在し、第二グループが始まるのは、この結集がもやは個体的な利害関心ではなく一定の行政課題となり、したがって、一定の普遍的な利害関心が構成員の課題として承認されるときである。われわれは第一グループを会社と名づけ、第二グループを本来の協会と名づける。両者が一緒になって協会組織が形成される。両者のうちで個体は、官治とともに、普遍的な目的のために活動する。（HV3:1-83）

シュタインの行政理論によれば、国家意志を実現する組織、すなわち国家意志の執行機関が官治ないし統治であり、地域的特性に応じて人びとが集まり国家的な課題なりそれぞれの地域的な課題なりを解決する機関が地方やゲマインデであり、結集の目的が自然的な要素から離れて構成員の利益実現に置かれる機関がコルポラツィオーンであり、これら三者すなわち地方とゲマインデとコルポラツィオーンが自治団体であった。これに対してさらに自由度を高めながら国家的な活動や課題に関わるのが協会組織だと概略理解することができるだろう。

協会[8]を大きく分けたときの第一部門は教育協会（Bildungsvereine）である（VI1:1-545f）。その一つは授業に関わるものであり、そこには学校協会（Schulvereine）と教員組合（Lehrervereine）が含まれる。もう一つは専門教育に関わり、三つめは一般教育に関わる。第二部門は国民経済学的協会（volkswirthschaftliche Vereine）であり（VI1:1-547）、そこには職業教育協会や職業組合（Gewerbevereine）、労働組合（Arbeitervereine）、営利組合（Erwerbsvereine）などがある。第三部門は社会的な協会（gesellschaftliche Vereine）である（VI1:1-557）。これには職人組合（gesellige Vereine）と本来の社会協会が含まれる。狭義の社会協会でとくに問題になるのが占有関係であり、「公民社会全体を貫徹している大きな区別は、占有者と非占有者との区別である。この区別に、平等という抽象的な原理に基づく社会秩序の本来的な矛盾がある」（VI1:1-559）。こうして社会協会は、経済状態に応じて二つのグループに分かれる。すなわち、救貧協会（Armenvereine）と援護協会（Hülfsvereine）である（VI1:1-560）。後者はさらに細分化され、孤児協会（Waisenvereine）、託児協会（Krippenvereine）、保育協会（Warteschulenvereine）、患者組合（Krankenvereine）、扶養協会（Unterhaltsvereine）、消費組合（Consumvereine）、貯蓄協会（Sparvereine）、募金協会（Sammlungsvereine）、社会的信用組合（Kreditvereine）等がある（VI1:1-562ff）。『ハンドブック』第三版では、行政協会（Verwaltugnsvereine）という概念が使われ、それが行政法の遂行や変容や障害を対象とするときは利益組合（Interessenvereine）であり、精神生活に関わる場合は教育協会となる。教育協会はさらに学校協会、学術協会、芸術協会、一般文化協会に分かれる。さらに三番目のグループとしてあらゆる種類の社会的な協会（sociale Vereine）があり、これは救貧協会と援助協会に分かれると書かれている（HV3:1-87）。

(二) 協会組織

「協会組織」という訳語が良いかどうか迷うが、Vereinswesenのことである。『行政理論ハンドブック』第三版の叙述によれば、会社（Gesellschaft）と協会（Verein）が一緒になってVereinswesenを形成するとあるので、Vereinswesenを「協会」と訳すわけには行かず、かと言って「協会組織」というのも紛らわしい。『行政理論』第二版では、VereinswesenVereinswesenで家族や結社や組合や集会なども論じられているので、総称して「団体」と訳したいところだが、団体はKörperないしKörperschaftの訳語としてこれとは区別したい。したがって、いちおう文字通りに「協会組織」と訳しておく。

シュタインは、『行政理論』第二版の第一部第三編の冒頭部分でつぎのように自問している。

ひとは統一（Einheit）とか一致（Einigung）、統合（Vereinigung）、共同態（Gemeinschaft）、同業組合（Genossenschaft）、会社（Gesellschaft）、連盟（Verband）、協会（Verein）、アソシエーション（Association）、連合（Coalition）、その他について語り、ほとんど誰もが疑いもなくこれらすべては何らかの仕方で協会組織（Vereinswesen）に属すると思っているが、それぞれがそれ自身でもそれだけで独立しても何であるか、何を意味するかを実際には誰も知らない。これらは同じことを表す言葉だろうか。（HV3:1-7）

たしかに、似たような概念がいまでも多いが、「項目羅列主義者」と言われるシュタインの著作でさえ、こうした多様な概念の整理がきちんとできているとは言えず、この問いに対するシュタインの答えは曖昧である。協会ならびに協会組織については『行政理論』第二版の第一部第三編で詳述されているので、それを参照しよう。

そこではまず、繰り返しになるが、あらゆる人格態の究極最高の本質は自己規定にあり、活動的な自己規定とは自由のことであるから、協会と協会組織は人間社会における自由の主要形式であると同時に自由の担い手であることが確認される（VI2:1-2-4f）。そして、人間の統合が人格態の本質によって与えられる人間の絶対条件であるならば、狭義の協会こそまさに自由で自己規定的な統合の最高形式である。ただし——とシュタインは続ける——、この統合はこうした形式に留まるのではなく、生成するものである（VI2:1-3-23）。この生成過程を見るならば、まず第一種の協会は、性別という自然的なモメントや偶然に基づく。これは婚姻と家族であり、またわれわれがコムニオ（Communio）と名づけるものである（VI2:1-3-24）。コムニオとは「個体的な意志を加えずにさまざまな所有者の財産を融合させた」（VI2:1-3-27）状態を言う。財産共同態だという規定もある（VI2:1-3-36）。これらは自然的な結合体である。つぎに第二種の協会は、経済生活から生じるもので、ゾキエタス（Societas）と言う。個人の欲求から生じる交通が持続して財産関係を統一させるところで生じるのがゾキエタスであるが、これは持続的な交通関係にほかならず（VI2:1-3-32）、したがって統一的な組織化はできない（VI2:1-3-31）とシュタインは言う。第三種の協会は、所与の共同態の持続的な関係に基づき、偶然や恣意ではなくおのずから生じるものであり、これを共同態（Gemeinschaften）と言う。共同態は、社会的歴史的事実から生み出される諸人格態の結合である（VI2:1-3-37）。これには村落共同態（Dorfgemeinschaft）と一族共同態（Geschlechtsgemeinschaft）と職業共同態（Berufsgemeinschaft）がある（VI2:1-3-37f）が、さらに分ければ、教会共同態、学術共同態、商工業共同態などもある（VI2:1-3-39）。協会の第四段階は、個人の自由意志によって生じる共同態であり、これを集会（Versammlung）と言う（VI2:1-3-41ff）。

個人が自分自身しか協会の目的として求めず、個人が自己目的化している状態を利害関心と言うが、こうした個人的な利害関心が同時に合同の起源と目的であるような協会を会社（Gesellschaft）と言う。そこでは、統一的な組織化と法体系が整えられている（Ⅵ2:1-3-25）。会社は、個々の構成員の個別的利益を究極目的とし、それを共通の手段で実現する結合体である（Ⅵ2:1-3-65）。個人が個別的な利益を実現しようとして結合する組織を会社と言い、普遍的な利益を実現する組織を協会と言う。つまり、会社の目的はその構成員の内部にあり、協会の目的はその外部にある。したがって、会社は経済的団体であり、協会は国家的団体である（Ⅵ2:1-3-66）。

以上はしかし協会の説明であって、本節の主題であるべきVereinswesenの定義ではない。シュタインによれば、協会の第一種である自然的人間結合としての家族等では参加の自由がなく、第二種の協会は目的の自立性に欠け、第三種では経済的団体の自立性や統一の持続性が欠けている。これらのエレメントをすべて包括し、自由で自立的な統合という理念を掲げるのが協会組織である（Ⅵ2:1-3-63）。形式的には協会組織は会社にも協会にも似ているように見えるが、それらと決定的に違うのは精神であり、つまりは結合の目的である（Ⅵ2:1-3-65）、とシュタインは強調する。では、協会組織の精神とはどのようなものか。

――前置きばかりが長くてなかなか本題に入らないのがシュタインの一般的叙述スタイルであり、上記のような説明はさらにまだ続くが省略する。要するに自治団体を超えるのだという「協会組織」が何なのかは明確にならないまま、その具体的な事例説明に移る。すなわち、協会組織には国民経済学的なものと社会的なものがあり、前者に属するものとして、企業組合（Unternehmungsvereine）と経済的利益組合（wirthschaftliche Interessen-Vereine）がある。企業組合は三つのグループに分けられ、一つは株式ないし資本組合（Das Aktien- oder Kapitalsvereinswesen）、もう一つは互助組合（Gegenseitigkeitsvereine）や保険会社Versicherungsgesellschaften）、そして三つ目はこれら両者の結合体であり、たとえば信用組合（Kreditvereine）である（Ⅵ2:1-3-139）。社会的協会組織も三つのグループに分けられ、支援協会（Unterstützungsvereine）と援助協会（Hülfsvereine）と自助組合（Vereinswesen der Selbsthülfe）がそれである。最後の自助組合には労働者協会（Arbeitervereine）と労働者集団（Arbeiterverbindungen）と労働者代表団（Arbeitervertretung）すなわち連合（Coalitionen）が入る。――これを見ると、「協会組織」と言ってもその実態・実体は、別のものとして説明されてきた「協会」そのものであるように見える。

説明が混濁していると思えるが、そのためか、ここで協会組織の図表が登場する（VI2:1-3-198）。それによると、協会組織には自然的結合体（婚姻と家族、コムニオ）と経済的結合体（契約、ゾキエタス）と本来の協会組織があり、協会組織のエレメントとして共同態と集会が挙げられる。協会組織には会社と協会があり、前者には匿名会社と合名会社と合資会社がある。協会には連盟と同業組合があり、そこに協会組織も含まれるような表記になっている。この協会組織は政治的な協会ならびに結社と、管理組合とに分けられ、後者には、精神生活のための団体と国民経済学的団体と社会的団体が含まれる。国民経済学的団体は、企業組合と利益組合に分かれ、前者には株式組合と信用組合と、その両者の結合体とがある。社会的団体には、支援協会と援助協会と自助組合とがあり、自助組合は労働者協会と労働者集団に分かれ、労働協会には労働組合（Arbeitsgenossenschaft）と経済組合（Wirthschaftsgenossen）が入る。この図表でも、VereinとVereinswesenとがまぜこぜになっていて、概念的な区別ができておらず、現状で使われている名称の団体をただ図表に書き込んだだけ、自分の行政理論に組み入れただけであるとしか思えない。したがって、われわれはシュタインの協会組織論をわれわれが理解できるかぎりで自由に整理したほうが良いとの結論に達する。

小括

シュタインの項目羅列主義に振りまわされた感があるが、要点を整理すれば数行でおさまるのではないだろうか。

シュタインの国家学の根本にあるのは、初期の社会主義・共産主義論から一貫して見られる「人格態」概念であり、人格態はその本質からして自らを実現しようとする。人格態のこの自己実現を「自由」と言うが、この自由はしかし共同態において初めて真に現実的となる。逆に言えば、共同態は自由なものでなければならない。自由な共同態が実現するには、それが自らを管理できることを条件とするから、この共同態は自治団体でなければならない。自治団体には、地域特性でできた組織（地方、ゲマインデ、クライス等）と目的を共有することでできた組織（コルポラツィオーン）とがある。これら自治団体よりもさらに自由度を強めつつ、しかも構成員の個別利害関心から出発しながら組織の普遍的な利益追求という目的を明確に定める組織があり、これが協会である。つまり、協会は自由な目的結合である。これにはさまざまな種類の組織が含まれる。そこで、これらの組織を総称してVereinswesenつまり協会組織と言う。

ところで、シュタインは協会組織を自治団体と区別しているが、なぜだろうか。それは、第一節の冒頭で確認したように、自治団体の要である自由はとりわけ「自立的」を意味し、それは国家からの一定の独立を意味した。これに対して協会組織は、自治団体よりもさらに自由度を深めたようなかたちをとりながら、構成員がそこで徐々に普遍的な利益の追求を自覚するような仕組みになっており、こうして協会組織を通して人びとが最終的には普遍的な人格態すなわち国家の必要性を再認識することが期待される。すでに引用した『行政理論』初版の表現を借りれば、「協会組織は、個人が国家活動に参加する最高形態」（VI1:1-228）である。

このように要約してみると、シュタインの団体論は、ヘーゲルの法哲学における人倫論での家族・市民社会・国家という展開、とりわけ市民社会におけるコルポラツィオーンの役割と共通するものを多く持つと思われる。ヘーゲルの国家論に市民社会論とりわけコルポラツィオーン論が不可欠であるのと同様に、シュタインの国家学体系において社会理論とりわけ団体理論は不可欠である。そこで、つぎにわれわれは、シュタインの国家学において、諸個人がこれら団体のなかでどのように国家へと自己形成して行くかをみなければならない。

註

（1）もっとも、それ以前の一八四三年冬学期からシュタインはキール大学法学部で「一般ドイツ国法」を、四六年からは哲学部の員外教授として「国家学」の講義を行っている。また、ヴェルナー・シュミットは、シュタインのキール時代とウィーン時代に政治的ないし学問的変節があるとする説に反対し、シュタインの行政理論はすでにシュレスヴィヒ・ホルシュタイン時代の「一八四八年前（Vormärz）」に見られると述べている。「シュタインにとってすでに一八四八年時点で、階級社会の救済手段として社会的行政が存在した。〔中略〕シュタインは一貫して自由主義者である。ただし、本来の自由な根本命題は、法治国家という抽象的な命題では展開できないと考えた。」（Werner Schmidt, Lorenz von Stein 1815-1890, in: *Männer der deutschen Verwaltung. 23 biographische Essays*, Köln und Berlin 1963, S.126f.というのも、とシュミットは続ける、「法治国家は憲政に尽きるが、社会国家は本質的に行政に属する」（ibid., S.129）からである。のちにシュタインが詳論するように、憲政は国家意志であるとしても、それを実現するのは行政である。

（2）前掲拙著『シュタインの社会と国家』第四部を参照。

（3）森田勉『ローレンツ・フォン・シュタイン研究　憲法 - 憲政論・国家 - 社会学説・法哲学』参照。

（4）本書第二章参照。

（5）後述するが、シュタインは自由な目的結合である協会（Verein）を自治団体から区別しているが、協会も「自由な自治」に含めて論じているところもあり、ここでは協会も広義の自治体としておく。

（6）一八五〇年刊の『フランスにおける社会運動の歴史』では、国家は人格態であるが、社会は自然的なものであるがゆえにばらばらで利己的であって自由を持たないものとされた。

（7）いまさら断ることもないが、このゲマインデ区分はシュタインによる区分であり、ゲマインデにしろ協会にしろ、それぞれの国や時代、学者によってその理解や区分の仕方が異なる。たとえば、政治ゲマインデ、市民ゲマインデ、学校ゲマインデ、団体ゲマインデ、教会ゲマインデ、防火ゲマインデ、等々とさまざまで、また、二〇一三年にドイツには一万一千一九七の、オーストリアには二千三五四の、スイスには二千四九五のゲマインデがあるが、ゲマインデの概念が同一ではないので、数的に比較しても無意味である。

（8）Vereinは「協会」よりも「組合」と訳したほうがぴったりする場合があるが、それで通せない場合もある。これまでいちおうすべて「協会」という訳語で通して来たが、以下で従来の日本語の慣習に従って「組合」と訳した場合もある。

第五章　教養形成論

第一節　自治と教育

「人倫的自由の現実態」とヘーゲルによって定義された「国家」は、その後の世界史状況において、その理論的前段階である「社会」の圧倒的な力に凌駕される。そしてさまざまな曲折を経て、国家はいまや社会国家へと内実を変えた。[1] 一九世紀の国家学者ローレンツ・フォン・シュタインは、国家と社会の媒介項として自治に着目し、自治体を国家のたんなる出先機関としてではなく、逆に、国家そのものが自治体となるような国家構造を模索した。だが、「自治国家」はじっさいにはナチズムに足下をすくわれた。問題は、自治の精神を活かす社会教育のあり方にかかる。本章では、教育制度ではなく、人格態の問題として教育を国家学に位置づけるシュタインの教育思想を解明し、それによって自治国家を担う主体形成のあり方を探る。

近代において、個を主体とした「社会」が登場し、従来の公共構造であった「国家」のあり方が根本から問い直された。思想史的には、ヘーゲルの「市民社会と国家」の関係にそれは見られる。ヘーゲルの国家論を継承しつつフランス留学中に「政治革命の時代は終わった、これからは社会革命の時代だ」と理解したシュタインは、マルクスのように一挙に国家解体論には向かわず、プロレタリアートを生み出さざるをえない階級的諸関係の根本は何であるかを解明すべく、「社会」の概念について考察を深めた。そして、その根底に、人格態の自由な自己実現と、それを制約する諸条件（とりわけ占有の問題）との対立・矛盾があることを突き止め、これを克服すべき学問的な方法として、「社会の学を基礎にした国家学」の確立を目指した。シュタインを国家学者と定義することは正しいが、彼の国家学を「国家万能主義」とか国家を最優先する「国家主義」と捉えるのは間違いである。というのも、シュタインが『国家学体系』で強調していることは、「国家」は「社会」なしには成り立ちえないし、そもそも「国家」は「社会」問題解決の機関である、ということだからである。(2)

シュタインによれば、社会と国家との対立を克服する国家形態を構築するには、まず、国家機能を憲政と行政に分けて考える必要がある。そのなかでも重要なのは行政であり、しかも行政をたんに国家意志の執行機関として位置づける（統治や官治）のではなく、自治として位置づけなければならない。同時代のドイツの法学者グナイストも、「国家と社会の対立」を解決する手段として「自治」の重要性を唱えたが、地域の無給名誉職による自治運営という彼の方法は、グナイスト自身の意思に反して、結局は地域のボス支配と「上からの」国家行政の処理機関に行き着かざるをえなかった。グナイストの自治理論を日本に導入した山縣有朋も、最近の研究によると、「彼の意思に反して」天皇制国家体制の末端機関としての自治制度を整備して終わったとされる。グナイストや山縣有朋らに欠けているのは、「哲学的」とか「衒学的」とかと非難されることの多いシュタインの「人格態」概念ではなかったかと筆者は考える。シュタインの「人格態」を一言で解説すれば、「自己実現を目指す個人としての意志主体」である。

個人の主体的意志は、動物的生存本能とは異なり、人間に生得的なものではない。これをどのようにして形成し活かすかは、哲学史的に見ても、ソクラテス以来の根本問題であるが、ここでは焦点を絞り、シュタインの社会教育思想を解明する。ただし、ここで言う「社会教育」とは、いわゆる社会人教育ではなく、社会ないし国家の一員としての自覚を促し、積極的に社会国家に関わる主体となるべき個人を育成することを指す。

第二節　国家と教育

シュタインにとって教育はすべて国家学のなかに位置づけられる。そのことを一八五〇年公刊の『一七八九年から今日までのフランスにおける社会運動の歴史』で確認しておこう。シュタインによれば、「地上の諸事物のなかで最大の矛盾は、諸個人とその使命とのあいだにある矛盾」（GsBF:1-13）である。各人は一個の人格態としてみな自分の使命を果たそうとするが、さまざまな制約によってそれを十全に果たすことはできない。だが、人間は世界で一人で孤立して生きているわけではない。この多数態が諸個人のこうした矛盾を解決する手段となりうる。諸個人にとって現前するこの多数態が人間の共同態である。

この共同態は、諸々の人格態のために現前し、諸々の人格態を包摂するという、人格態の概念から理解されるかぎり、その自立的定在において、人格態にとって不平等なものではありえない。（GsBF:1-14）

だが、人間は人格的生活主体であるだけではなく非人格的自然的生活主体でもある。そこに、共同態が社会（Gesellschaft）となる根源がある。

人間共同態には国家と社会がある。[3]国家は「意志と行為として人格態というかたちで登場する人間共同態」（GsBF:1-16）であり、「人格的な統一態へと高まった、すべての個人の意志の共同態」（GsBF:1-35）である。諸々の個人は国家公民として国家意志の形成に関与する。それが憲政（Verfassung）であり、これに関与する個人の権利は彼の国家的自由である（GsBF:1-37）。国家は人間の使命の達成を統一態（Einheit）によって求めるが、社会はそれを諸々の個人によって求める（GsBF:1-40）。したがって、「社会では、あらゆる発展の根拠は個人と他の個人との関係にある」（ibid.）。国家の原理は、あらゆる個人を完全な自由に、完全な人格的発展に高めることであるが、社会の原理は、諸々の個人を他の諸々の個人に従属させること、他の個人の帰属による個人の完成である。それゆえ、国家の原理と社会の原理は直接的に矛盾する（GsBF:1-45）。矛盾するだけではなく、前述のように、人間諸個人は非人格的自然的存在でもあるから、国家公民は同時に社会的市民であり、国家の原理は社会の原理に浸食される。「支配的社会階級が国家権力を掌握し、国家行政（官治）を支配し、官職を自らに服従させる」（GsBF:1-54）ことになる。社会からの国家の浸食が社会的階級対立を激化させ、社会問題を増大させる。国家はこうした流れに対抗し、社会問題を解決しなければならない。そのとき効力を発揮するのは憲政である以上に行政である（ibid.）[4]。

ところで、ある階級が他の階級を支配したり他の階級に従属したりする根拠は、財の占有如何による（GsBF:1-57）。だが、財には物質的なものだけではなく精神的なものもある。

> 諸々の個人が精神的な財を占有することを教養形成（Bildung）という[5]。精神的なものが物質的なものを支配するように、教養形成は、社会的一階級の支配の最初の絶対的前提である。したがって、従属階級向上の第一条件は、教養形成の取得から始まる。また他面では、現実に取得された教養は、不自由者が社会的自由を得るために最初に必要なものである。（GsBF:1-85）

この一文は多くの興味深い論点を提示している。精神的な財は、限界を持たず（ibid.）、物質的な財のような占有性を持たないから、精神的な財を占有することは複数の個人において同時に可能である。だが、そうした普遍性を持つ精神的なものが物質的なものを「支配する」とは限らない。ヘーゲルは、精神は自然に絶対的に優先すると説いたが、唯物論によれば、精神は物質的なものに規定される。シュタインもそのことをすぐあとで認めているし、のちの『行政理論』第二版で、教養形成が物質的な財の占有の有無に左右されることについて詳論している。その点は追って見ることにして、もう一点、シュタインの国家学ないしは社会理論の特徴を良く示している論点として注目すべき一文は、教養形成が従属階級の向上の条件であり、彼らを社会的に解放する手段となりうるという箇所である。この考えは、彼の行政理論の基底となっており、『行政理論』で詳論される彼の教育思想の中心的論点である。(6)

知識や能力といった精神的財の占有としての教養は、純粋に個体的事実であるが、個人は所与の社会的秩序のもとに生きており、それに制約される。だが、教養形成はそれ自体内的なものであるから、そうした社会的諸関係から独立し、社会秩序に矛盾しない。したがって、教養形成の発展は必然的に、社会を越えて立つ自由の発展となる。「平等の教養力の原理は人間の平等である。」（GsBF:1-86）これはしかし、支配と服従、つまり不平等の現れにほかならない社会秩序と直ちに矛盾する。

　この社会秩序がどのような種類のものであるかはどうでもよい。だが、この原理の設定によって初めて自由な運動が本来的かつ意識的に開始されたことは明らかである。（GsBF:1-87）

それでどうなるか。

教養形成は、精神的な財の占有であるだけではなく、物質的な財の獲得のために必要な条件である。（GsBF:1-88）

人間の使命は、一般に、外的な自然を精神的諸力によって従属させることであるから、教養形成は物質的な財の獲得のために適用されねばならない。したがって、教養が高ければ高いほど、物質的な財の獲得も増えることになる。教養形成された人がそれだけ多くの物質的財を獲得するから、教養形成と社会的秩序は矛盾しなくなり、むしろ対応するようになる（GsBF:1-90）。そうであるならば、原理として当初掲げられていた、教養形成が従属階級を解放し社会的平等を実現する唯一の手段であるという教育理念はどのようにして回復しうるのか。一八五〇年の『フランスにおける社会運動の歴史』では、その解決は教育自身に求められず、政治的な運動や改革、革命の推移のなかで探られた。

一八五六年、ウィーンで職を得た翌年にシュタインが公刊した『国家学体系』第二巻は「社会理論」と題されている。これにより、彼の国家学における社会教育の位置がある程度明確になる。

シュタインによれば、人類が自らの目標を、精神的かつ物質的な最高の発展と見なすとしても、それが可能なのは、各個人が自分の精神的かつ経済的な発展を最高段階に高めることによってである（SSw2:3）。また、ひとびとが社会を必要とするのは、そこでは個体が自らの完全に個体的な発展を自分自身で見出せるからである（SSw2:30）。

こうした言説を読むと、シュタインは個人主義者であるように見える。すでにわれわれが他の章で確認したように、彼の「社会」概念自体はたしかに個体主義的なものとして位置づけられている。シュタインにとって社会は、諸個人が自らの発展を第一目的として実現するための共同態である。個体がこうした共同態によって自らを発展させて行き着くところは、しかし、もはや個体そのものではなく、自立的な人格態としての国家である。なぜか。

これまでも繰り返し見てきたように、シュタインにとって国家は「自立的かつ自主的な人格態へと高められた人間共同態」（SSw2:32）である。諸個人の利害関心から生まれた社会は、占有の有無を介して階級社会とならざるをえないが、国家は、諸個人の意志や利害関心に依らない自立的な人格態であり、相互的な利益と要求を持つ多数の人間を包摂する普遍的な人格態（ibid.）である。問題は、いかにして諸個人を社会から国家のレベルに引き揚げるかにある。言い換えれば、いかにして階級社会から自由で平等な共同態としての国家を形成するかにある。この問題の解決の道を探るのが『国家学体系』であったが、これは第二巻の社会理論の途中で論述が打ち切られた。とは言え、シュタインがこの問題の解決を断念したわけではないし、解決できないと彼が考えたわけでもない。さらに詳しく論じるために場を改めたにすぎない。その場とは彼の『行政理論』である。だが、そこへ移る前にわれわれはもう少し『国家学体系』の論述を追っておきたい。

『国家学体系』第二巻「社会理論」の本論第一部は「社会における精神世界」が論じられ、その第二部は「社会の物質的基礎としての占有」が論じられている。第二部第三節の主題は「精神的労働と占有との結合――教育と訓練」である。そこでシュタインは、「精神的人格態そのものを活動対象とする労働」を教育（Erziehung）と訓練（Unterricht）と位置づけたうえで、「最近ようやく教育と訓練が物質的な諸関係に制約されることが認識されるようになった」（SSw2:196）と述べている。教育と訓練は占有と密接な関係にあり、精神的な労働と経済的な諸関係とは総合的に捉えられなければならない（ibid.）。つまりは、教育が個人的な教養形成の問題であるだけではなく、社会的なことがらとして認知されなければならない、とシュタインは述べているわけである。ただし、シュタインによれば、訓練は経済的な力と徳に関係するのに対して、教育は人格的な力と徳に関係し、社会秩序に無関心である傾向があるという（SSw2:197）。しかしながら、「社会的な自由は、諸個人が自らの社会的に低い立場から高い立場へと労働によって上昇する可能性があること」（SSw2:237）であるから、「社会的労働」はおのずから「社会的自由の概念の実現」（SSw2:245）とならざるをえない。また、社会の課題は、下層階級を、精神的に生き生きとし経済的に安定した中間階級にすること（SSw2:344）にある、とシュタインは述べており、広義の教育すなわち教養形成（Bildung）は社会理論のなかにきちんと位置づけて捉えられなければならない。そのことをシュタインなりに詳細に論じたのが彼の『行政理論』であった。

第三節　教養形成

シュタインの教養形成論は『行政理論』第五部に見出せる。一八六八年の初版では、まず一般部門で、教養形成の三つの根本形式として、基礎教育（Elementarbildung）と職業教育（Berufsbildung）と一般教育（allgemeine Bildung）の概観が述べられる。特殊部門では、基礎訓練を行う国民学校制度（Volksschulwesen）と職業教育制度（Berufsbildungswesen）が、それぞれ詳しく論じられている。ただし、初版ではそれらの概論と諸外国との比較とに重点が置かれ、のちの版ないしは『行政理論ハンドブック』と比べると具体性に欠けるきらいがある。それはともかくとして、シュタインはここで、「精神的財貨生活の生産過程」が教養形成である（VI1:5-XIX）と定義したあと、それは「静止した事実ではなく、つねに働く生きた過程であり、それによって人間共同態が各個人のために精神的な財を、組織的かつ意識的な活動によって生み出すこと」（VI1:5-2）であるとし、こうした状態を文明（Gesittung oder

Civilisation）と言う、と述べている。[7] したがって、精神的な占有物である個人の教養は、万人の精神世界と繋がる大きな鎖の中心となる（VI1:5-3）。

ところで、教養形成には心理的法則を契機とするものと、精神的財を必要とする所定の個別的生活目的を契機とするもの、そして人格態の自由で無限な本質を契機とするものの三種類があり、最初のものは基礎教育を、二番目のものは職業教育を、最後は一般教育を制度として求める（VI1:5-4）。シュタインはこのうち職業教育をとくに重視する。職業は「個人の所定の生活課題」であり「高度な倫理的生活要素」（VI1:5-149）であるが、各個人のこうした特殊な課題を果たすと同時に「他のすべての個人とのより高度な精神的共同態の意識」や「人間生活全体の内的統一という感情」を育み、そうして個人から全体への高揚を意識させるもの（ibid.）だからである。

『行政理論』第五部の改訂版は一八八三年に公刊されるが、その間に『行政理論と行政法ハンドブック』初版（一八七〇年）、同第二版（一八七六年）が出ている。ハンドブックの初版は教育制度の扱いが薄く、特筆すべき言説がない。それに比べてハンドブック第二版にはある程度まとまった論述がなされている。

教養形成は、「個人によって獲得された精神的な財の総体であり、個人の精神的発展の一定の状態」であって、「個人にとって最高の意味を持つと同時にあらゆる進歩の条件と帰結である」（HV2:212f）。この規定はシュタインの他の著作とほぼ同じである。また、教養形成が、個別的人格態から始まって国家行政において最高の表現を見出す生きた過程である（HV2:213）という規定も同様である。新しいところは、一八五〇年の『フランスにおける社会運動の歴史』と同様に、教養形成を社会運動として位置づけ論じている点である。

シュタインによれば、教養形成は、知識や学問の形式上の前提であるとか理想的な帰結であるとかではなく、「自由な社会運動のなかで、個人にとっても全体にとっても最強の資本形成力となる」ものであり、自由の理念はこの力によって実現される（HV2:214f）。これに続く表現 die sociale Kapitalbildung des Geistes は、「精神が行う社会的な資本形成」ではなく「精神という社会的資本の形成」ではないだろうか。他の著作での言説ないしはここでの文脈から推理するに、社会的な資本形成を精神が行うとシュタインは述べているのではなく、精神的な教養形成が社会資本になるということだからである。だからこそ、教養形成は「全体生活の部分であると同時に条件」（HV2:215）となり、「個体的なものの領域から出て全体のファクター」（ibid.）となるのであって、ヘーゲルのように精神が主体なのではない。したがって、シュタインは、基礎教育ないしは国民教育は「精神的な財に客観的な定在を与え、これを維持し伝達する能力」（ibid.）の開発だと言うのである。この能力は具体的には読み書き算術である。

ところで、公教育は、精神的な財の獲得が個人の個体的行為によってなされるのではなく、それが他の諸個人の労働課題となるようにするものであり、この課題は、国民教育の場合は訓練（Unterricht）であり、職業教育の場合は修業（Lehre）、そして一般教育の場合は啓発（Belehrung）と呼ばれる、とシュタインは述べる（HV2:219）。国民教育ないし基礎教育は国民学校と職能向上教育（Fortbildung）の二つの制度で行われる。これについて一般に理解されているのは基礎的な知識と能力を取得するための訓練であるが、職能向上教育は、それ以上に、自立的な人格態とはまだ見なせない人たちのために一般教育の要素を準備するためにある（HV2:243）。具体的には、「人びとの一般教育の要素を発展させるだけではなく、資本形成力の要素を発展させ、それによって非占有者階級の大衆に、国民学校では与えられない自由な階級運動の基礎を与えること」（HV2:244）を本質とする。

つぎの職業教育では、個人が自らの生活課題を自覚するだけではなく、それが共同態の発展となる仕組みを理解させる。一般教育は、「もはや所定の目的ではなく個人の精神的な発展全体を内容とする、すべての個人の精神的な発展」（HV2:263）である。一般教育は自由な教育と言い換えることができる。なぜなら、ここで言う自由とは「各人が一般教育を自主的に自分のものとし、各人がそのために自分のやり方で労働すること」を意味するからである(ibid.)。

なお、一八八八年に公刊されたシュタイン最晩年の大作『行政理論と行政法ハンドブック』第三版では、一般教育が「国民の自己教育（Selbstbildung）」と言い換えられている。この表現は初出である。その意味は、基礎教育が国民にあらゆる教養形成の基礎条件を提供するもの、職業教育が共同態における所定の生活課題をこなせるようにするものであるのに対して、一般教育は、個人の精神的な発展の全体が万人の精神的な発展であるようにすること、言い換えれば、「共同態の精神的生活であると同時に個々の特殊な教養の成果と基礎」（HV3:2-201）であるようにすることである、という点にある。だが、この説明に新しさはなく、国民がいかにして自己を教育するかの具体的かつ詳細な説明が加えられているわけではない。

個体のいかなる自己教育もまさに、最高の精神的な生活において各個人が同時に他のすべての個人のあらゆる発展の成果と条件であることを意識することである。（HV3:2-202）

ハンドブック第三版でのこの説明は、第二版のそれと変わりはない。執筆年代は少し遡るが、シュタインの教養形成理論が最も詳細に論じられているのは、一八八三年公刊の『行政理論』第二版である。教養形成論は全三巻で、理論編が一四三ページ、歴史編はなんと一三八〇ページに及ぶ。最後にこれ（ただし理論編のみ）を読むことにしよう。

ここでも、「個体的な教養形成に、精神的な世界全体の精神的な仕事が反映している」（VI2:5-2）とか、「創造力を備え、個人においてあらゆる人格態の目的を実現し、そこからあらゆる精神的な財の統一的総和からなる人間精神が教養」（VI2:5-16）であるとかといった、他の著作や版でなされた説明と類似の説明が見られる。興味深いのはその先である。

シュタインによれば、人間社会は不平等な共同態（VI2:5-17）であり、共同態のさまざまな階級や秩序に応じて現実の教養形成もさまざまに制約される。現実の教養形成は、人間社会のさまざまな発展段階と密接に結びついているがゆえに、それはおのずから「社会的な教養形成」（ibid.）である。現実生活で力を発揮するのは自由であり、また、人格態が生得的に持つ力は「自分自身を自分自身に据え自分から自分自身であろうとするもの」（VI2:5-21）である。そうした力を発揮して自らの使命を実現しようとする人格態としての諸個人がそのために結成する共同態が社会であるから[8]、その力の差異やそれによる占有の差異に応じて社会は本質的に不平等たらざるをえない。

> 平等原理は、それが自由として活動的となることで、不平等をまさにこの活動的な自由そのものによって生み出すことにある。あらゆる自由な不平等は、個人の自由が生み出したものである。（VI2:5-23）

こうした現実の社会にあって教養形成の役割は、まず第一には基礎教育の充実であり、とりわけ精神的な財を交互に伝達しうる能力の開発である。そのうえで最も重要な任務を担うのが職業教育である。職業（Beruf）というと、一般に、「神性や未来に繋がる内的職業（天職）[9]」と「人間的なものや現在秩序に繋がる生活職業（Lebensberuf）」とに分けられるが、ここで重要なのは後者であり、これは「共同態の発展段階と要求とが調和することによって成り立つ」（VI2:5-42f）。そのために諸個人をどのようにして、自らの自主的な活動が万人に共通の活動となるような知識と能力の持ち主にするかが職業教育の課題である。そのためのシュタインの計画はじつに緻密である。それを、彼が示した図（VI2:5-87, 105）で概観しよう。

職業教育体系
一　経済的な職業教育制度
a、工業高等学校（労働としての自然力）
本来の高等学校（高等工業高校）
化学高等学校（公的試験所）
b、一次産品高等学校（自然力と人格的労働力。材料の補完）
農業教育制度
林業
水利制度
鉱業制度
c、営業労働高等学校（商品と価値）
営業システム
商業システム
産業システム
二　公的職業教育制度
社会的職業制度

礼拝と教会職
法生活と法職（法学）
健康と医業（医学）
教育制度と教職（文献学）
国家的職業制度
国家公職
官職とその職業システム
軍制と軍事職
経済世界における公職
三　芸術業

ここでこれらの項目を一つ一つ詳しく検討することはできないが、シュタインのこうした試みが、一八四〇年代初めのフランス留学中に学び知った「社会」という新しい人間共同態が抱える問題、すなわち「社会問題」を解決するためのものであったことは、晩年に至るまで変わることはなかった。シュタインは一八五〇年の『フランスにおける社会運動の歴史』でこう述べていた。

従属階級向上の最初の条件は、教養の取得から始まる。また他面では、現実に取得された教養は、不自由者が社会的自由を得るために最初に必要なものである。（GsBF:1-85）

註

（1）たとえばドイツ基本法第二〇条「ドイツ連邦共和国は民主的かつ社会的連邦国家である。」を参照。なお、「社会的」という形容詞の意味について市野川容孝『社会』（岩波書店二〇〇六年）がたいへん興味深い議論を展開している。

（2）シュタインの「国家と社会」に関しては前掲拙著『シュタインの社会と国家』を参照されたい。

（3）ヘーゲルでは、人倫的共同態に家族と市民社会と国家があるが、シュタインでは家族はここに位置づけられてはいない。

（4）国家と社会の矛盾対立を解消する中間機構としてグナイストは自治を挙げたが、グナイストのこの考えは、彼自身が認めているように、シュタインの本書の記述に基づいている。

（5）Bildungという、ドイツ観念論以来多用されるこの概念を翻訳することは難しい。「教育」は一般にErziehungの訳として定着しており、Bildungはこれと区別して「陶冶」とか「教養」とかと邦訳される。だが、「陶冶」はいまや教育学界以外ではほとんど使用されず、他方、「教養」は幅が広すぎるだけでなく、「陶冶」よりも静的で結果を意味すると理解されがちであるが、ドイツ語のBildungは結果よりも形成過程の含意が強い。そこから「教養形成」という訳語も使われるが、これですべて通せるかというとしっくりこない場合も少なくない。昨今はカタカナ表記全盛だが、ビルドゥングというのは広まりそうもない。本書では、原則的に「教養形成」ないし「教養」という訳語を使用するが、たとえばBerufsbildungを「職業教養形成」と訳すのはいかにも拙く、従来使われてきた「職業陶冶」を使わないとしたら、「職業教育」と訳すしかないだろう。

（6）ニチュケ（Heinz Nitzschke, *Die Geschichtsphilosophie Lorenz von Steins. Ein Beitrag zur Geistesgeschichte des neunzehnten Jahrhunderts*, München und Berlin 1932）によれば、シュタインにとって社会改革の責任はもっぱら占有階級にあり、その課題は、下層階級を社会的に解放することなしに国家的自由を与えるとか、社会的差別をなくすとか、貧民を救済するとかといったことにあるのではなく（S.97）、非占有者に精神的な財を斡旋し、占有取得の可能性を与えることにある（S.98）。教養形成制度は社会的進歩の大きなファクターであり、社会問題は教育問題の大きな部分である（S.103）。シュヴァープ（Martin Schwab, *Lorenz von Steins bildungspolitische Konzeption unter besonderer Berücksichtigung seiner Lehre von der Volksschule.* Diss. Universität Hamburg, 1966, S.45）は、こうした考えは当時、シュタインに限らず、たとえばオーストリアの学校制度改革に取り組んだフォイヒタースレーベンとエクスナーによる「オーストリアの公教育制度の根本特徴草案」（Entwurf der Grundzüge des öffentlichen Unterrichtswesens in Österreich, in: *Wiener Zeitung*, 18.-21.Juli 1848）にも見ることができると言う。「誰にでも、最貧民にも、教養形成の道を開くことは国家の義務である。」また、学校を社会的上昇の道具と捉える一九世紀初頭以来の動きについてはつぎの文献を参照。Hans-Heinrich Plickat, *Die Schule als Instrument des sozialen Aufstiegs*, Weinheim 1959.

（7）文明について、シュタインは一八四二年の著作で詳論している。シュタインによれば、「文明とは何かについて確固たる見解が得られなかったら、まさにゲルマン的プロレタリアートの本質を完全に理解することは決してできない」（SuC:16）。文明とは、とシュタインは述べる、教養だけではなく、国法上の自由、さらには人格上の自由をも含む。これらは個人の排他的な財ではなく、万人に共有される普遍的な財であるが、そこには占有の概念も含まれる。そこから占有者と非占有者の対立が生じるが、これを解決するために普遍的な財が万人の占有物となりうる文明段階が求められる。等々。詳細は、拙著『シュタインの社会と国家』第一部第四章第四節「文明と人格態」および同第二部第一章「ギゾー　文明論の展開」を参照願いたい。

（8）「われわれは社会を、占有物の分配の違いによって成り立つ人間共同態の形態として示した。」（VI2:5-97）

（9）あえて言うまでもなく、職業を天職・召命という意味で提示したのはルターであり、シュタインがここで挙げている「内的職業」もおそらくその意味での天職であろう。

第六章　シュタインとグナイスト――往復書簡を通して

はじめに

シュタインとグナイスト。ともに日本の近代史、とりわけその政治史において忘れることのできない人物である。二人とも明治期に日本が憲政と行政の基礎を確立するうえで多大な影響を与えた。日本へのそうした影響関係が具体的にどのようなものであったかについてはすでに数多くの研究実績があるが、この二人を絡ませた研究はごくわずかである。とりわけ、両者が交わした書簡を通してのシュタインとグナイストの理論的な関係性については、ポープによるオックスフォード大学への学位論文(1)以外には見あたらない。本章ではこの点を、日本との関係を踏まえて、さらに深め解明する。シュタインとグナイストという、同時期に日本の憲政と行政に影響を与えた両名の、書簡を通しての相互交流の実態を明らかにすることは、もっぱら両者を別々に扱って日本との関係を探ってきた従来のわが国の憲政史研究の欠を補いうるであろう。彼らの理論的な接点は、国家と社会を媒介する自治理論である。その意味で、彼らの理論的な交流を知ることは、一九世紀の自治理論一般、とりわけ日本における自治理論の研究を深めるうえでも重要な示唆が得られると思われる。

本章では、導入節ののち、まず彼らの往復書簡を紹介・検討する。そして、彼らの異同について、思想的側面から考察し、さらに次章でその歴史的社会的背景を考究する。

第一節　明治期日本人との関係

「シュタイン詣で」という言葉に象徴されるように、ウィーンのシュタインのもとへ日本の政治家や官僚、学者、教育者、学生等々八〇名近くが馳せ参じ憲法理論や行政理論等を学んだ時期がかつてあった。シュタインのもとで最初に学んだのは、一八七九（明治一二）年三月からオーストリア公使館に勤務した河島醇である。(2) 一八八〇年から八三年にかけて同じくオーストリア公使館に勤めた渡邊廉吉もウィーン大学でシュタイン講義を聴いている。渡邊は妻に宛てた書簡でつぎのように報告している。

此程ハ大学ニ通勤シ、有名ナル大博士スタイン氏之講釈ヲ聴キ大ニ見識ヲ増シ候（一八八〇年一二月一七日付）

毎日大学へ通勤シ一日モ欠席致シ候事ナク勉強致シ候（一八八一年一月一九日付）

毎日大学へ通学、聴講勉強致シ居候、博士「スタイン」ト申人ハ六十余ノ老先生ニ而、世界屈指ノ碩学ナリ、克ク日本人ヲ愛顧サレ、休日ニハ屡々先生ノ許ニ至リ学問上ノ質問ヲ致シ居候、誠ニ不可得ノ良師ヲ得、無此上幸福ト悦居候（同二月一七日付）

渡邊はシュタインの『行政理論ハンドブック』を抄訳し日本に紹介するなど、行政理論に関してシュタインを日本に伝える重要な役割を演じた。伊藤博文といえば、シュタインのもとで憲法理論を学んだことで知られるが、瀧井一博の詳細な研究によっていまでは憲法理論よりもむしろ行政理論を学んだというべきではないかという見方が強まっている。「シュタイン詣で」となるほどに昂じた明治期日本におけるシュタイン熱のキッカケを作ったのは言うまでもなく伊藤博文であり、伊藤はとりわけシュタインの行政理論に注目したというのである。

伊藤博文は、一八八二年三月一四日に横浜港から欧米へ向け憲法調査のために出発、欧州ではまずプロイセンの首都ベルリンに向かい、そこでベルリン大学公法学教授グナイストの門を叩いた。伊藤がウィーンのシュタインを訪ねたのは同年八月八日が最初で、その後、同年九月一八日から一〇月三一日まで一七回の私的講義をシュタインから受けている。その後ふたたびベルリンに戻り、グナイストとその弟子のモッセの講義を翌年春まで受けている。そこで問題になるのは、伊藤とシュタインとの関係というよりも、伊藤とグナイストとの関係である。

伊藤博文がベルリンのグナイストのもとを一時期離れ、その間にウィーンのシュタインのもとへ赴いた理由は何か。その点について、これまでにいろいろな解釈がなされている。最初は吉野作造が一九三三年に『改造』第一五巻二号に掲載した「スタイン・グナイストと伊藤博文」である。吉野がこのことを調べるきっかけとなったのは、伊藤らが秘密会談で憲法草案をまとめた際のいわばタネ本と目される文献が『西哲夢物語』として海賊出版されたことによる。このタネ本の筆者は誰であるかを探るなかで、伊藤博文のヨーロッパにおける憲法調査の実態解明が吉野によって進められた。その後、鈴木安蔵『日本憲法史研究』（一九三五年）、清水伸『独墺に於ける伊藤博文の憲法取調と日本憲法』（一九三九年）、尾佐竹猛『日本憲政史の研究』（一九四三年）、稲田正次『明治憲法成立史　上下』（一九六〇～六二年）等々、伊藤の随行員の証言や伊藤書簡等を詳細に調査した本格的な研究が相次いだ。そのなかでいわば「定説」となったのがつぎのような理解である。伊藤博文とシュタインとの関係について詳細に研究している瀧井一博の一連の著作のうち、すぐあとで述べる微妙な問題があるがゆえに、ここでは氏の最新作である『伊藤博文』から引用し、これまでのいわば定説を確認しておきたい。ただし、瀧井自身は、従来の定説に見られた、グナイストが伊藤を冷遇したからシュタインのもとに向かったというような一面的な見方を退け、伊藤の書簡等を精読したうえで、伊藤とシュタインとの密接な結びつきを主張している。また、瀧井はベルリンにあるプロイセン文化財団機密公文書館所蔵のグナイスト文書から、伊藤博文がグナイストに宛てた書簡を調査するなどして、伊藤とグナイストとの親交はもっと深いものであったという見解を述べていることも予め指摘しておきたい。(3)(4)

しかし、ここでの調査〔ベルリン大学でのグナイスト聴講〕は円滑に進まなかった。当初、グナイストは調査に対してきわめて消極的だったらしい。調査団の一員によれば、グナイストは最初の会見で、憲法は民族精神の発露であり、民族の歴史に立脚している。日本の歴史に無知な自分が、お役に立てるか甚だ自信がない旨述べたという。

〔中略〕(5)

だが、伊藤としてはそのような学理の修得のためにはるばる海を渡ってきたのではなかった。気を取り直し、グナイストとの談話を重ねて調査の足がかりを得ようと欲し、また彼の弟子アルバート・モッセからプロイセン憲法の逐条解釈的講義を受けた。しかし、それらは伊藤にとって満足できるものではなかったらしい。この頃ベルリンから日本に宛てて送られた手紙では、言葉の不通を歎き（伊藤は英語は堪能だったが、ドイツ語はできなかった）、調査の進行に大きな不安の念を表明し、滞在期間の延長を願い出ている。伊藤はこのままでは、渡欧は完全な失敗に終わるかもしれないと危惧していた。

伊藤の様子が変化するのは、八月にウィーンを訪れてからである。ウィーン大学の国家学教授ローレンツ・フォン・シュタインと面会した伊藤は、国家の行動原理としての行政の意義を説くシュタインの国家学（Staatswissenschaft）から大きな啓示を得た。それは、ベルリンでグナイストや彼の弟子アルバート・モッセから受けていた憲法の釈義的な講義からは期待できないものだった。

〔中略〕

伊藤が求めていたのは、憲法に書かれるべき具体的な条文の理解ではなく、立憲国家の全体像と憲法施行後の国家運営の指針だったのである。その問題意識にとっては、シュタインの国家学のほうが親和的だった。

つまり、「定説」とは、伊藤がグナイストのもとで憲法調査をしようと試みたが、グナイストの極めて学理的な態度が伊藤の求めていたものと異なっていた一方、シュタイン講義は極めて彼らに好意的であり、伊藤の求めていたものとマッチしていた、というものである。こうした「定説」は、伊藤書簡だけでなく、とりわけ伊藤に随行してヨーロッパに向かった人たちの証言に支えられている。

瀧井の見解も含め上述のこれまでの定説を強く批判するのが野崎敏郎である。野崎は、科研費研究成果報告書『カール・ラートゲンの日本社会論と日独の近代化構造に関する研究』（二〇〇五年五月）のなかに「伊藤博文にたいするグナイストとシュタインの対応の正当な評価のために」という一章を設け、これまでの定説を厳しく批判する。野崎によれば、こうした定説が生まれる根拠として、グナイスト講義から締め出された随員たちによる歪められた情報という問題がある一方で、流麗な語り口のサーヴィス精神旺盛なシュタインと厳密な学問性を維持するグナイストとの違いという単純な側面の無視、そしてなによりも伊藤が熱心にグナイスト講義を聴いたという事実の忘却があるという。そして野崎は、要するに伊藤にとって主はグナイストであり、シュタインは従にすぎないと述べる。（同九三頁）

そもそも、伊藤が、国内の政務から離れてベルリンにやってきて、かくも長期間グナイストのもとで学んでいたのはなぜであろうか。伊藤がヴィーンのシュタインの許に赴いたのは、グナイストが夏季に湯治に出かけたからである（「井上馨宛伊藤書簡」四）。伊藤はグナイストが不在なのでシュタインの意見を聴きに出かけたのであり、極言するならば、先生が休養中で手持ち無沙汰なので別の講師に会ったにすぎない。夏季休暇が終わると、伊藤もヴィーンからベルリンに戻り、ふたたびグナイストに師事している。グナイストが主でシュタインが従であることは誰の目にも明らかではないか。そのグナイストに失望してシュタインの許に赴いたかのように偽装したのが清水〔伸〕の致命的な失敗であったことは明らかであり、それをじつに六十年以上にもわたって無批判に受けいれてきたこれまでの研究者たちの不見識と怠慢もまた明らかである。

こうした野崎の説に仮に賛同するならば、その際、逆に再解釈を迫られるのは、伊藤がシュタイン聴講後に山田顕義に宛て書いた書簡の一節「心私〔ひそか〕に死処を得るの心地」に象徴される、多くの書簡等に読める伊藤の感慨についてである。シュタインの学説がいかにすばらしいかと書いた書簡が複数存在するのに対して、グナイスト講義について伊藤はほとんど言及していない。このことをどのように理解すべきだろうか。

そこで気になるのが、先に触れた『西哲夢物語』で浮き彫りにされた、憲法起草における伊藤ら関係者の秘密主義である。すなわち、グナイスト講義について伊藤が詳しく紹介せず、また、シュタイン講義聴講録のようなものを随員を通して公刊することが、グナイストに関しては行わなかったことについて、何かきわどい政治的な意図があったのかどうかという問題である。すなわち、野崎の言うように、伊藤博文がシュタインよりもむしろグナイストの講義を主としたとするならば、伊藤の一連のシュタイン賞讃はむしろ政治的策略の結果ということになるのかどうか。いろいろな参考文献を並べておきながら最も強く影響を受けた先行研究を隠す、という盗作まがいのやり口はわれわれ研究者のあいだでもささやかれることではあるが、実際はどうなのだろうか。政治的策略とまでは言えなくても、少なくともシュタイン講義に比べてグナイスト講義の実態が不明であることは確かである。(6)

このグナイスト講義(7)の第一回は一〇月二五日に行われ、要旨は「外交・兵制・経済ハ決シテ議員ノ吻ヲ入レサセヌコト」と記されている。一一月二二日の第五回講義では「日本ハ仏国ノ県ヲ取ルベキコト」という注目すべき内容が記録されている。一一月一四日の第四回講義でグナイストは「仏国ニハ県令郡アリ此制度ハ殊ニ日本ニ適当スベシ英国ノ郡政ハ適当ス可カラズト思考ス」と述べ、第五回講義でもつぎのように述べている。

日本ノ政治ニ独乙ノ制度ヲ適当スベシト説ク者アレドモ元来独乙ノ制度ハ錯雑セルヲ以テ却テ日本ニハ適用スベカラザル者ト考ヘラル官省ノ組織ハ我々モ成ルベク之ヲ省略シテ簡単ニセント務ムル折柄ナレバ之ヲ其侭日本ニ移転シテ実行スルハ甚ダ不可ナリ。日本ノ県制ニハ仏国ノ県制ヲ取ルヲ以テ尤モ可ナリト信ズ

もっとも、いわば当然ながら「仏国ノ県制ハ悉ク之ヲ取ルベシトハ云ハズ」と付け加えることをグナイストは忘れていない。こうしたグナイストの見解について、日本の自治制度史の第一人者と目される山田公平は、「明治地方自

治の国際的性格——比較史的観点から」でつぎのように解説している。(8)

明治憲法制定の過程で地方自治がプロシア制度をモデルとして制度化されていきますと、立憲政治と地方自治の関係が、プロシア的な国家主義的な観点からとらえられ、国家行政の一部として、国家の基礎を強固にする意義において性格づけられていきます。〔中略〕その際、従来のフランス的な府県制度とあらたにプロシア的に編成される地方自治制度とが、制度上どういう関係をもつかという問題が発生致します。この点、特徴的なことでは、日本のプロシア制度の輸入をすすめたグナイストが、ドイツの制度に即してみても、府県制度というものは、中央政府による地方把握という点で、ドイツの制度よりもフランスの制度の方が適しているといって、フランス制度の採用をすすめていることです。プロシアドイツでは、郡より上には、県と州がありますが、州が自治体であるのにたいして、県は、全く国家行政機構であって、自治体ではありません。それは、プロシア絶対主義以来の家産制な官僚行政機構に由来するもので、近代的な体制として十分よく機能していないのです。そういうことを念頭において、グナイストはフランス制度の方をすすめるのです。

グナイスト自身の自治理論はイギリスをモデルとしており、彼はそれをプロイセンに導入しようとし、中央集権的なフランスの自治制度を批判しているが、日本に関してはむしろこの中央集権的なフランスモデルが適しているとグナイストは言うのである。ただし、グナイストの弟子で、日本の自治制度確立において種々助言を繰り返したモッセは、もちろんフランス式の中央集権的自治制度を徹底的に批判している。

一二月二三日の第一〇回講義では「自治政治ノ必要ナルコト」というグナイストらしい主張が見られる。最終回つまり第二〇回は翌年三月三〇日に行われ、「日本ハ普国憲法ヲ取捨シテ作ルコト」と述べている。この最後の見解は、伊藤博文が初めてグナイストを訪ねたとき、「憲法は民族精神の発露であり、民族の歴史に立脚している」(9)から安直に他国の憲法を接ぎ木するようなやり方では駄目だとした見解とあまりに対照的ではないだろうか。

第二節　シュタインとグナイストの往復書簡

（一）現存確認できる書簡

まえがきが長くなったが、ここでまずシュタインとグナイストの書簡の現存確認状況について記しておく。

シュタインがグナイストに宛てた書簡は、現在わかっているかぎりで、ベルリンにあるプロイセン文化財団機密公文書館所蔵の「グナイスト文書」（Das Geheime Staatsarchiv Preußischer Kulturbesitz. VI. HA NI. Gneist）に一五点ある（分類番号は以下に№を付した数字で記す）。他方、グナイストがシュタインに宛てた書簡は、同じくわかっているかぎりで、キールにあるシュレスヴィヒ・ホルシュタイン州立図書館所蔵の「シュタイン文書」（Die Schleswig-Holsteinische Landesbibliothek. Der Nachlaß Lorenz von Steins. 4.2:05 Briefe, alphabetisch. "Gneist, Rudolf von"）に一三点ある。これら両者を執筆年代順に並べるとつぎのようになる。

シュタイン↓グナイスト「キール、一八四九年一二月七日」（Nr.60. 28-29）
グナイスト↓シュタイン「ベルリン、一八五九年一一月六日」（4.2:05, 1）
グナイスト↓シュタイン「ベルリン、一八六〇年五月三〇日」（4.2:05, 2）

シュタイン→グナイスト「ウィーン、一八六〇年一一月五日」（Nr.63. 6-7）

シュタイン→グナイスト「ウィーン、一八六一年一二月一二日」（Nr.64. 9-10）

グナイスト→シュタイン「ベルリン、一八六三年二月二五日」（4.2:05, 3）

グナイスト→シュタイン「ベルリン、一八六三年四月一二日」（4.2:05, 4）

シュタイン→グナイスト「ウィーン、一八六三年四月二二日」（Nr.66. 41-41a）

シュタイン→グナイスト「ウィーン、一八六四年八月四日」（Nr.67. 95-96）

シュタイン→グナイスト「ウィーン、一八六五年一月一一日」（Nr.68. 71-72）

グナイスト→シュタイン「ベルリン、一八六五年三月二五日」（4.2:05, 5）

シュタイン→グナイスト「ウィーン、一八六五年五月一四日」（Nr.68. 25-26）

グナイスト→シュタイン〔発信地、発信日なし。文書分類者による推定配列に準じる。〕（4.2:05, 6）

シュタイン→グナイスト「ウィーン、一八六七年一月九日」（Nr.70. 98-99）

グナイスト→シュタイン「ベルリン、一八六七年六月二日」（4.2:05, 7）

シュタイン→グナイスト「ウィーン、一八六七年六月二〇日」（Nr.70. 74-75）

グナイスト→シュタイン「ベルリン、一八六九年六月二七日」（4.2:05, 8）

シュタイン→グナイスト「シュタイアーマーク州テュッファー温泉、一八七〇年五月一九日付」（Nr.73. 1-2）

シュタイン→グナイスト「ウィーン、一八七〇年七月二六日」（Nr.73. 30-31）

グナイスト→シュタイン「ベルリン、一八七〇年八月五日」（4.2:05, 9）

グナイスト→シュタイン「ベルリン、一八七〇年九月七日」（4.2:05, 10）

シュタイン➡グナイスト「ウィーン、一八七一年六月一二日」（Nr.75. 72-73）
シュタイン➡グナイスト〔発信地、発信日なし。同右処置。一八七七年と推定されている。〕（Nr.79. 10-11）
グナイスト➡シュタイン「ベルリン、一八七七年一一月八日」（4.2:05, 11）
シュタイン➡グナイスト「ウィーン、一八七七年一二月二七日」（Nr.80 7-8）
グナイスト➡シュタイン「ベルリン、一八八五年一一月一五日」（4.2:05, 12）
グナイスト➡シュタイン「ベルリン、七月八日」〔年表記なし。同右処置。〕（4.2:05, 13）
シュタイン➡グナイスト〔発信地、発信日なし。同上〕（Nr.71. 2-3）

これらの書簡の内容が交互に関連性を持っているならば、名目通り「往復書簡」と言えるが、必ずしもそうはなっていない。双方が返信を怠ったのか、書簡が紛失ないし未発見であるかは、わからない。もちろん、届いた書簡への返信として書かれているものもある。[10]

シュタインは一八三五年五月にキール大学法学部に入学し、ヘーゲル学派のクリスティアンゼン、ゲルマニストのファルクらに学び、三七年四月にイエナ大学に移って歴史学者のルーデンに学んだ。三八年四月キールに戻り、司法試験合格後コペンハーゲンで半年間実習に就いた。四〇年に学位を取得、同年夏、デンマーク政府より二年間の奨学金を授与されベルリンへ向かったが、四一年一〇月中旬にはパリへ移っている。そして四三年三月にキールに戻り、以後四八年のシュレスヴィヒ・ホルシュタインのデンマーク王国連合からの独立運動に加担、五二年六月そのために解雇されるまで、キール大学に勤務した。五四年秋にウィーン大学に就職するまでのあいだ、およびウィーン大学就職後死没するまで、シュタインがベルリンへ行ったという記録は残されていない。他方、グナイストは、一八三三年にベルリン大学法学部に入学し、歴史法学派の指導者サヴィニーと、ヘーゲルの後継者ガンスのもとで学ぶ。三九年に教授資格を取得、四五年にベルリン大学法学部の員外教授となり、晩年までベルリン大学に留まった。したがって、シュタインとグナイストが面識を得る機会があったとしたら、一八四〇年夏から四一年秋までのシュタインのベルリン滞在中ということになる。だが、そのことを証明する資料はいまのところ発見されていない。(11)

(二) シュタインがグナイストに宛てた最初の書簡

右の通り、現在わかっているかぎりでのシュタインとグナイストの往復書簡中最初のものは、一八四九年一二月七日にシュタインがキールからグナイストに宛てた書簡である。これには、グナイストが同年に公刊した『ドイツにおける陪審裁判の形成（*Die Bildung der Geschworenengerichte in Deutschland.* Berlin 1849）』をシュタインがグナイストから受贈した礼文が記されているから、この書簡で見るかぎり、彼らの往復書簡のきっかけはグナイストによって切りひらかれたことがわかる。シュタインはグナイストのこの著作の意義を認めつつ、同時に自分の新著、おそらく『今日のフランスにおける社会主義と共産主義』の改訂第二版をグナイストに送り、その感想を求めている。ちなみに、シュタインのこの著作は、一八四二年に公刊した同名の著作を大幅に改訂したもので、一八四八年に公刊された。これをさらに徹底的に書き改めて一八五〇年に公刊したのが『一七八九年から現代までのフランスにおける社会運動の歴史』全三巻である。そこでは、改訂第二版からしてすでに初版の立場とはかなり異なり、一八四二年版のような「社会」という視点の重要さの強調とプロレタリアート発生の学問的究明という立場が薄れ、逆に、私的利益の追求から貧富の差の激化と収拾のつかない階級闘争を招く「社会」に対して、普遍的利益を代表する「国家」、とりわけ「社会問題」を解決する「社会的王制」を提案するものになっている。

グナイストがイギリスの自治行政を積極的に学び取り入れ、これをプロイセンに活かそうとするようになったきっかけが、シュタインのこうした「国家と社会の軋轢とその解決方法」という視点にあることは、いまや定説となっている。ヘフターによれば、自由主義的な法曹改革や、イギリスのSelfgovernmentをモデルにした自治や法治国家の理念に関するスペシャリストとなったグナイスト（HH:373）が自由主義の君主制役人国家の擁護者となった理論的背景に、シュタインによる国家と社会の弁証法的二元論があった。グナイストは、社会を国家の有機的一分肢とし、自治を官治の一部と捉えたが、こうしたグナイストの現実認識の基礎にシュタインの社会学があったとヘフターは指摘する。もっとも、ヘフターはグナイストに対して批判的で、グナイストの自治理論は自由民主主義的ではなく、一八世紀の古い貴族主義にすぎない、と述べている（HH:387）。

エーリヒ・ハーンは、グナイストの自治理論にシュタインの「国家と社会の軋轢」理論の強い影響があったと強調する。

グナイストが〔国家と社会の軋轢という〕シュタインの理論に注目したとき、自由・平等・憲政に合致する行政という一八四八年の自由主義の理念は、プロイセンの反動に脅かされていた。シュタインの理論を、政治的現実を理解する鍵と見たグナイストには、こうした反動は、国家権力を社会的利害関心によって誤用する新たな党派的時代と見えた。彼がイギリスに目を向けたのは、そこでは国家と社会の軋轢が平和的に統制されていると思われたからである。〔中略〕〔グナイストの新書〕『貴族と騎士』でグナイストは、国家と社会との軋轢というシュタイン理論を所与のものとして前提としていた。[12]

こうした見解がグナイストの多くの著作で繰り返し語られており、彼のこうした思想の背景には、「こんにちわれわれが『国家』と名づけるものは社会の外部にはまったく現存しえない」[13]という、グナイスト自身の『法治国家』（一八七二年）で明記された考えがあった。だが、これは、シュタインの一八四二年著作『今日のフランスにおける社会主義と共産主義』で繰り返されたテーゼである。シュタインはここで、革命後のフランスの実状を見て、これからは社会革命の時代であり、社会問題の解決なくして国家は存立しえないと強調していた。一八四八年革命挫折後、シュタインは国家学の構築を目ざすが、彼の国家学には社会理論が不可欠の要素として組み込まれている。グナイストの自治理論や法治国家論にこうしたシュタインの考えが強く反映していると見るハーンの解釈は、グナイスト自身の言葉から裏づけることができる。だが、シュタインとグナイストとの関係は、ハーンの著作に見られるこうした「国家と社会の軋轢」理論に留まらない。両者の差異も相応に存在する。[14]

先に列挙した彼らの往復書簡の書誌情報に見られるように、現在わかっているかぎりでという条件つきだが、シュタインからグナイストに宛てたこの一八四九年一二月の書簡のつぎはグナイストがシュタインに宛てた一八五九年一一月六日付書簡であり、この間に一〇年のブランクがある。

前述したように、シュタインは一八四八年革命にシュレスヴィヒ・ホルシュタイン臨時政府の一員として活動するほか、四九年から五〇年にかけて地方議会議員となるが、シュレスヴィヒ・ホルシュタイン独立運動の完全な敗北後、一八五二年六月にキール大学を解雇された。しばらくあちこちで就職活動をしたのち、五五年三月にようやくウィーン大学教授に任命された。シュタインは、五二年に『国家学体系第一巻　統計学、人口学、および国民経済学の体系』を、そして五六年に同第二巻社会論第一篇を著すが、この続刊は書かれなかった。五八年に『国民経済学教本』を著し、以降『財政学教本』（一八六〇年）、『行政理論』（一八六五年）、およびその改訂版を次々と公刊した。シュタインとグナイストが書簡を交互に送ってそれぞれの著作を交換し合うようになるのは、現存の書簡を見るかぎりでは一八五九年以降である。シュタインにとっては試練の時代であった一八五〇年代について、またそもそも四八年革命とその敗北に関して、シュタインもグナイストも書簡では一言も触れていない。彼らは過去の――あとで見るように、書簡執筆時に起きている政治的な諸問題については多々言及がある――政治的な諸活動については意図的に言及を避けたのかもしれない。

(三) グナイストからシュタインへ

シュタインとグナイストの往復書簡の二通目は、一八五九年一一月六日付のグナイストからシュタイン宛の書簡である。そこにつぎのように書かれている。

高く尊敬する同志。

ここに添付してあなたに献呈する私のイギリス国法の第二巻〔*Die heutige englische Verfassungs- und Verwaltungsrecht.* 1.T. Berlin 1857, 2.T. Berlin 1860〕は、オーストリアにとっての焦眉の問題を含んでいます。あなたの素晴らしいお仕事に私がどれほどおかげを蒙っているか、あなたもご存知でしょうが、あなたがフランスの状態に関し鋭くかつ精神豊かに問題としたことがらを、私はイギリスの状態に関して積極的に解決しようとすることで、私の感謝の気持ちを一部でもお返しできたらという希望をあなたが私に与えて下さったら、私の最大の喜びとなるでしょう。

私の見るところ、プロイセンの差し迫った関心は、ドイツの他の大国の国内形態であり、両者の最も完全な同一性は、ヨーロッパの関心のなかにすでに現存しています。内的な国家形成の同質性は、ヨーロッパ諸国ではまずは相互に依存し合っている両国の統一性をも打ち立てることができます。この点で私は、北部〔北ドイツつまりはベルリン〕で支配的な見解とかなり離れており、ホーエンツォルレン家とハプスブルク家との王朝的嫉妬心に火をつけることは罪が重いし、ロシアの裾持ちになるという私たちにとってかなり差し迫った決定的危機における外交政治の最も重い欠陥と見なします。

まさにそれゆえ、私は、ここに登場する根本原則があなたの〔国の〕帝政への入り口で持続的に発揮されることについに成功するかもしれないということほどに切実な願望を他に持つことができません。もしかしたらあなたが最初の入り口を伝えるのに寄与できるかもしれません。たとえば、あなたが私の名前で、あなたの大臣の一人に著作を献呈するのが適切だと思えば、私はあなたの判断に完全に委ねますし、直ちにあなたに〔私の新著を〕二部追ってお送りします。ウィーンの書店ではこの本は八日か一四日後にようやく手にしうるでしょうから。

私の手紙が性急で短くて、失礼します。私は一二ヶ月間（毎週二二時間の講義と四つの別の公務）働いてぐったりし、おまけにいま風邪で床に伏しています。

誠実な尊敬のもとにあなに感謝して服従する、ルドルフ・グナイスト

ここでも自著の献呈があったことがわかる。そして、その新本をまとめるにあたり、シュタインの著作が参考になったと謝辞を述べているが、これが社交辞令にすぎないわけではないことは、前述のハーンの研究からも明らかである。また、これも前述したことだが、献本する自著の内容が、グナイストのいるプロイセンとシュタインがいるオーストリア（ともに国内政治に関与）にとって目下重要な政治的問題となっていることに絡むことが暗示されてい

る。つぎの、一八六〇年五月三〇日付の、グナイストからシュタイン宛の書簡は、長文だが、こうした傾向をいっそう強めている。これによると、先にシュタインからグナイストに宛て二通の書簡が送られているようである。内容はすでに、知人に自著を献本するといった儀礼的な次元を遥かに越え、両者がまさに友人であり同志という関係にあるであろうことがうかがえる。長いが全文引用する。

敬愛する同志

あなたの手による二通のとても思いやりがあり好意的な書簡を私がこれほど長いあいだ返事もせずにいられた罪を負えるとしたら、それはもっぱら、今回の活発な領邦議会の会議で働き疲労困憊したことだけです。議会は四ヶ月もの長いあいだ、水車小屋の水車のような運動量でした。その中身はめったに語りたくないものがほとんどですが、そのために委員会や会派ではせっせと大いに働きました。

あなたのブルックの悲劇的結末[15]は、ここ〔ベルリン〕では、オーストリア自身におけるよりもはるかに一致した同情を呼び起こしました。オーストリアでは、党派的情熱と、それ以上に、親密で偉大な人物に対し人間的あら探しをしたいという願望が、短時間で判断を誤らせました。私はこれを見てすぐにつぎのような見解を持ちました。すなわち、ひとはいわゆる世論に対していくつかの犠牲が欲しいと願い、そのためにたくさんの粗悪品からまさにそうした犠牲を選び出し、そこから間接的に、さらに別の紳士たちと嫌われている人物とが出会うよう希望したのです。とりわけそれはまた、侮辱されたプライドでしたが、それはこの文書に対するもともと疑わしい噂で駆り立てられたものでした。その調査結果については、私たちの新聞にはほとんど何も書かれていません。私が想像するに、あなたも人格的に非常に才能のある人物を失い、非常に困難な状況に陥っていることでしょう。

一般にあなたの状況はここから見ても非常に陰鬱に色づけされているように見えますが、そのことは、ねたみ・そねみがつねに非常に目に見えるかたちで支配している私の周囲以上に私には差し迫ったことのように感じられます。あなたもご存知のように、オーストリアとプロイセンの同盟に、西からと東からの差し迫った危険に対する統一的支柱があると私は思います。こうした見方はもちろん過去数ヶ月の最高に政治的なグループに若干の根拠を持っていますが、そのことに関し少なくとも私は身近な高官に、それどころか個人的に親しい君主に好意的な聞き手を見出しています。外務省もかなりオープンにその道を開いてきました。しかしここから最初の一歩を踏み出すのは道徳的に不可能と見なされています。いわれなき深い侮辱感が抑えられないからです。私見では、何かを無駄にすることなく話の緒は十分容易に見出せます。しかしすでに長いあいだ私たちのもとでは近衛兵の名誉観念が外交政治でも通用し、そのために王朝の嫉妬心がともに働くところでは、この障害は乗り越えられないように見えます。あなたのところでもおそらく同様でしょう。しかしながら、その必要に駆られてそこから接近の一歩が踏み出せれば、いまや成功が見込まれるでしょう。

オーストリアの経済的政治的な進歩に対する私の活発な関心は、正しく理解すれば、もともとプロイセンのものにすぎません。私の理解するところでは、オーストリアはシュタイン・ハルデンベルクの自由主義をこんにち、議会主義が非常に鋭い足で立っているプロイセンよりいっそう良く持ち堪えることができます。オーストリアの自由な政治は（だが、選挙で選ばれた議会や陪審裁判所がないことに注意）、提携の体系的前提条件であるように思えます。両者のささいな嫉妬心がいまや信じられる傾向にありますが、それ以上に提携のほうがじっさい容易になるでしょう。

あなたの側にもあるとてつもない困難を私は決して過小評価するわけではありませんが、私があと一五歳若ければ、あなたは私のためにそうした仕事に参加する刺激となりえたでしょう。しかしいまの私は、不惑に達したあとではもはや、そうした渦に介入するほど十分な柔軟性を身に感じられません。そのうえ、私は、私のよく知っておりいくつか確実な影響を及ぼしうる状態で快適な家族関係のもとで生活していますが、半分未知で不確実な分野を踏むのは旅してまわるようなものです。そのうえ、私の外的状態に変更を求めることはとても考えられません。しかし、こちらの状況ゆえに心から喜ばしいのは、何らかの接点を得て、私が直接ないし間接に、ことウィーンとの友好関係の復活のためにささやかな貢献ができたらということです。当地の役人や宮廷での私の個人的なつき合いからいつかそういう関係になるかもしれません。

あなたが私の〔著作の〕第二部を感情をこめて賞讃して下さったことに対し、非常に驚きかつ恐縮しています。私は〔公刊後〕七ヶ月経ったいまこれをもう一度読み直し、これが非常に重い筆致で書かれていると思っています。そのうえ、この版がほぼ品切れ状態なので、急いで決断して、第二版を出す代わりにポピュラーでごく短く、要するに読みやすく改訂し、できれば今年の一〇月には公刊したいと思っています(16)。私の主たる目的はおそらく、私たちの新たなクライスとゲマインデの規則になんらかの影響を及ぼしうることです。というのも、これらの規則も人気のある市町村の型への不幸な攻撃となっているからです。固定資産税の支払いも自治もなしにはあらゆるこうした法律も空虚な図式に留まり、議会制度を根底から崩壊させる、ということを人びとに納得させることは絶望的に難しいです。これに対して私は額に汗してこの地域のためにもう長いあいだ働いてきましたし、個々人についてはなしうるかぎり話を聞いてもらえる状態にあります。しかし、とくに議会の委員会や会派が問題になると、こうした仕事のすべてが無駄になります。そうなると、一般的な自由主義は封建主義よりかなり頑固であることが明らかとなります。しかし最悪なのはわが自由主義的役人根性であり、彼らには、流行している機械的図式がもっぱら〝実用的〟だと見なされているのです。

最後に、私にふたたびその栄を賜ったすばらしい贈り物につきあなたに心から御礼を申し述べる段になりました。行儀よくそこから始めるべきでしたが。私はこれまでに固定資産税に関する章だけ読みましたが、私はこれをイギリスの地方公共団体の固定資産税から〔情報を〕取ってくるつもりです。私の国民および国家経済学の研究はディレッタンティズムを越えるものでは決してありませんが、これを脱出するためにも過去一〇年間かかり、関連する文献をほとんどすべて読みました。このことによってあなたは、私がしばしば国家についての国民経済学的な見方に対し疑い深く防御の姿勢でいることを納得されることでしょう。あなたがとても流暢かつきれいに書くことができることは、フランスの文献に対するあなたの長年の習熟からして、私にはたしかにつねに納得のゆくものでした。しかし、あなたがどこから、大都市の活況と放心のなかで、そうした多産を得る時間が持てるのかが、私には理解できません。私にわかっていることは、私のようにたくさん仕事ができても形式にとらわれいざ書くとなると書き損じるのに、あなたの場合は、芸術性豊かに形を整え、体系化し、文章を練り上げているということです。

私の長いお喋りをお許しください。こんなにたくさん書いたのは、手紙を書く時間が依然として見出せず、また依然として地方議会で心身ともに消耗したという感じを拭えないからです。この消耗感が消えるのはおそらく数週間後になるでしょう。

誠実な尊敬のもとにいるあなたの忠実な服従者、ルドルフ・グナイスト
グナイストのこの書簡に「あなたからの二通の好意的な書簡」とあるが、ベルリンの機密公文書館には同年一一月

五日付書簡一通しか残されていない。この書簡でシュタインは、同年公刊の自著『財政学教本』を献本し、「あなたがこの内容を一瞥する時間があるかどうかわかりません。〔中略〕あなたは闘いのまっただなかにいるので」と書いていた。先に紹介した一八五九年一一月のグナイスト書簡で見たように、「新時代」と言われる新たな状況のなかでグナイストは一八五九年にプロイセン下院議員に選出され、大学の講義と議員活動の両方に追われていた(17)。

シュタインは続ける。「あなたはイギリスに関して私たちの代表です。」グナイストは一八四四年からしばしばイギリスに滞在しその法制や自治を研究、一八五三年に『イギリスの貴族と騎士』、一八五七～六〇年には二巻本の大著『今日のイギリスの憲政と行政法』を公刊した。グナイストからの返信冒頭で後者の第二巻を寄贈する旨書かれているので、この時点でシュタインの念頭にあったグナイスト著作は一八五七年刊の後者第一巻を指すと思われる。シュタインは、一八六〇年にこの本の第二巻を受け取ったのちすぐに書評を『オーストリア四季報』第五巻に寄せ、こう述べている。

ひとはイギリスを多くの公法上の問題を抱えつつも模範国と見ることに慣れて、その現状を研究する努力を怠った。イギリスは議会主義の故郷でありそこには自治があると言えばもう十分だと思っている。しかしじっさいのところ何もわかっていない。グナイストは個別的な考察を問題とせず領域全体を体系的に捉えた。グナイストのこうした仕事はドイツで最初のものである。従来自治について非常に曖昧な観念しか持たれておらず、イギリスの自治は地方自治であって、国家要件はそこから排除されると思われてきた。グナイストはこうした観念を根本から破壊した。彼は議会主義と自治とを真に関連づけた。われわれは議会主義と立憲主義を徹底的に分けなければならない。前者の故郷はイギリスであり、後者の故郷はフランスである。グナイストは本書で、イギリスの状態をフランスの立憲主義と対比して特徴づける道を示した。

このように述べてシュタインは、グナイストによるイギリスの憲政と行政法の研究が自治を核にして展開されることを見ぬくと同時に、憲政と行政と自治についてドイツ、フランス、イギリスの比較研究が必要であるとの自らの認識を深めている。

（四）憲法闘争の時代

つぎの書簡は一八六一年一二月一二日付でシュタインからグナイストに宛てたものである。前半は、シュタインが新たに年報を発行する計画を進めており、グナイストにも名義を借りたいという依頼文である。この年報（*Jahrbuch für Gesetzkunde und Statistik*）は、シュタインほか三名で編集し、一八六二年にその第一巻が公刊された。全三七六ページの大冊だが、第一巻だけで終わった。

書簡後半では、比較行政理論を学ぶ者はまずあなたとともに歩むことが必要であり、あなたぬきにはイギリスは極界の地であることでしょう、とグナイストを讃えている。さらに、「ここ〔ウィーン〕ではものごとがとても不透明であり、私は政治からまったく手を引きました。あなたといつかここでたくさんのことを話す時間が持てたらどんなに嬉しいことでしょう」と書いている。一八六〇年から六一年にかけてウィーンのシュタインのもとでは、ブルックが死んだこと以外に特筆すべき事件は起きていないように見える。激動の時代はむしろこの翌年から始まった。一八六二年三月一七日プロイセン王が自由主義閣僚を罷免し、いわゆる「新時代」内閣が退陣。同年九月二三日ビスマルクの鉄血演説、同二二日ビスマルク首相就任。他方でプロイセン下院では進歩党と中央左派が躍進、グナイストの「憲法闘争」が始まった。シュタインの故郷シュレスヴィヒ公国は一八六三年三月にデンマークにふたたび併合され、六四年二月一日プロイセンとオーストリア連合軍がシュレスヴィヒへ進軍、同年一〇月デンマークからシュレスヴィヒを奪い取る。その後さらに、一八六六年六月一五日プロイセンとオーストリアとの戦争という事態が訪れる。こうした激動の時代の開幕の年である一八六二年における彼らの書簡は見出されない。つぎの一八六三年二月二五日付シュタイン宛グナイスト書簡を見ると、この間の書簡が発見されていないのではなく、書かれていないことがわかる。

同封の著書をご覧いただければ、あなたの友情溢れるお便りに私がずっと返信せずにいることがどうしてありえたかをお察しいただけるでしょう。この間私は議会の委員会で七ヶ月も暗い日々を過ごさなければなりませんでした。〔中略〕議会での同志シュルツェ・デリーチュとともに、私は講和条約締結にかなり近いか、あるいは少なくともそれについての討議対象確定に近いところにいます。イギリスではたとえばスチュワート・ミルと少なくとも講和条約を結べると期待しています。あなたの新聞か雑誌に、私の現状について短文を載せる名誉をあなたが私に示して下さるとたいへん有り難い。この期間に私は第二版を印刷し、復活祭の市に大きいほうの半分を発行することができるでしょう。自治の歴史を書くことで、こんにちの状況についての叙述はごく短くなり理解しやすくなりました。

「議会での七ヶ月に及ぶ暗い日々」とは、前述のビスマルク登場による憲法闘争を指す。グナイストは「法治国家」を根拠にしてビスマルクの権力政治に断固反対した。シュルツェ・デリーチュはプロイセン下院議員で、一八六一年のドイツ進歩党創設者の一人。だが、グナイストもシュルツェ・デリーチュものちにビスマルクに徐々に取り込まれた。

「同封の著書」および「自治の歴史」というのは、前述の『今日のイギリスの憲政と行政法』第二部補巻すなわち

「イギリス自治史」（一八六三年）を指す。予告された「第二版の印刷」は同年に公刊された同書第二部第二版を指す。副題は「イギリスの地方憲政の歴史とその今日的形態すなわち自治」である。

間を置かずグナイストからシュタイン宛の書簡（同年四月一二日付）が発せられた。

この間あなたは、三月一日にお送りしたイギリス国法についての私の新しい巻と長期間の沈黙ゆえの私のお詫びとを受け取られたことでしょう。そこで、あなたの寛大さを前提にあえてあなたに新たなお願いをします。約三週間前に私はウンガー教授に手紙を書き、大臣責任制立法（Ministerverantwortlichkeits-Gesetz）について彼が帝国議会で行った議論〔の写し〕を送ってくれるようにと依頼しました。私は〔プロイセン議会での〕報告者としてまさにこの対象に従事していたからです。しかしウンガーは旅に出たらしい。私は今日まで返事をもらえず、オーストリアでの議論ぬきに報告を済ませました。しかし、数日内にこの対象は総会で議論になりますので、私は引き続きこれに関するあなた方の議論に興味があります。〔中略〕私たちの政治状況は、沈黙するのが最も良いといったところです。

ウンガーはオーストリアを代表する私法学者で政治家。当時はまだ議員になっていないが[18]、政治活動は行っていた。当時グナイストは議会中央左派に属し進歩党とともにビスマルクの政策に反対していた。上山安敏『憲法社会史』によれば、彼らは「大臣訴追の制度こそ政府攻撃の武器になると考え、憲法六十一条の実施に必要な大臣責任制立法を起草した。その内容は、あらゆる憲法違反の行為に対して、両院が訴追を行ない、司法部に裁定を委ねるものであったが、これに対して、ビスマルクは、憲法上の疑問の決定を裁判官に委ねることは、裁判官に立法者の権限を与えるものだ、と反対した。この状況のなかで、グナイストは、ビスマルクの見解に真向から反対し、裁判官の主観が決定するのではなく、憲法の客観的意味が、裁判所を通して政府の恣意に対して実現されるのだ[19]」と主張した。

シュタインはグナイストのこの依頼にすぐに応えて議事録をグナイストに送った。それに付した書簡にプロイセン憲法闘争についてのシュタインの言及はないが、この議事録を送りグナイストらの活動を支持することがオーストリアにとって利益になると述べている。この時シュタインは「非情なカタル」に苦しんでいた（同年四月二二日付グナイスト宛書簡）。当時彼は『行政理論』の執筆に専念していた。シュタインは一八五〇年代に憲政理論構築に向かったが、五五年にウィーン大学に就職し国家学ほか国民経済学、財政学、行政理論を講義するなかで憲政と行政をセットで考える国家学体系を固めた。講義のためまず五八年『国民経済学教本』、六〇年『財政学教本』を公刊。『行政理論』第一部は六五年にようやく公刊された。これは第八部まで続き、改訂版を含め後期シュタインの主著となった。シュタインはグナイスト宛のこの書簡で、

ここではフランスとイギリスについてできるだけたくさん引用したい。あなたは世界で最も良く〔このことを〕理解しており、まさにあなたの著作だけがこうした企てを可能にしてくれます。その価値について私があなたに言う必要は何もありません。

と、グナイストのイギリス研究の成果を讃えている。第一部の副題は「執行権力論。その法と組織。イギリス、フランス、ドイツの法状態の比較」である。詳細は後述するが、シュタインがここに付した一文に注目したい。

あなたの著作全体に支配的な傾向のなかで、憲政と行政の運動と発展に社会的要素を入れなければならないなどと声高に言う人はいない。

つまりそんなことはわかっているでしょう、とシュタインはグナイストを牽制しているのである。国家と社会との葛藤というシュタイン理論を下敷きにしてグナイストは行政理論や自治理論を構築するが、シュタインの場合、国家と社会の関係はたんなる二元論ではないし対立関係にあるのでもない。国家学の前提にはあくまでも社会学がなければならない。したがって、憲政と行政という国家体制の柱を考える際にも社会的要素がつねに自覚されていなければならない。これがシュタインの一貫した立場である。

往復書簡のつぎは一八六四年八月四日付グナイスト宛シュタイン書簡だが、これはオーストリアの財務大臣（Ignaz von Plener）の息子が短期間ベルリンに滞在する際にあなたに会いたいという紹介状である。そのついでとして、執筆中の行政理論に触れ、「ドイツとイギリスとフランスの比較を根底に据えており、あなたの仕事ぬきには私の努力は少なくとも第三部に関して無駄になるでしょう。あなたは至るところで繰り返しご自身を見出すことでしょう」と書き添えている。「いつかまたあなたの手による数行を受け取ることができたら非常な喜びとなるでしょう」という一節から、憲法闘争で苦闘しているグナイストからはシュタイン宛の書簡が書かれていないと推察される。これに続けるシュタインの言葉がおもしろい。

私は学問と政治の違いをつぎの点に見出しました。学問はそれがどのようにして始まったかがわかればどのようになるのかもわかるが、政治はそうではない、という点です。

当時の政治的混乱が瞥見できる。

現存するつぎの書簡もシュタインからグナイストに宛てたもので、一八六五年一月一一日付である。

あなたにお送りするこの著書は、精神的にはずっと以前にあなたに送っていたはずのものです。

すなわち『行政理論』第一部がいよいよ公刊の運びとなったわけだが、その予告をシュタインは何度かグナイストに告げていた。これに対して同年三月二五日付でグナイストからシュタイン宛にようやく返信が届く。ただし、「私にとってまったく予期せぬすばらしい贈り物と心のこもったお便りを昨日拝受しました。」とあり、その便りが一月一一日付書簡だとしたら郵送に二ヶ月とは長すぎる。

序文と内容目次を読み、半時間血を沸き立たせました。私はあなたにすでにこの讃歌を二行の礼文で書きたかったのですが、それは私があなたのこの二通の手紙を受け取ったからです。

とあるから、シュタインはこの間に二通の書簡を送ったようである。それにしてもグナイストの興奮ぶりは尋常でない。それはそのはずである。シュタインは『行政理論』第一部冒頭に寄せた八ページに及ぶ序文のタイトルを「ベルリンのルドルフ・グナイスト教授へ」としているからである。大いに感激しつつも当時グナイストはこれに十分応える余裕がなかった。国際情勢が逼迫するなかでプロイセン政府は軍備増強のため兵役法、予算法を下院に提出したが、グナイストの属する中央左派や進歩党がこれを否決。ビスマルク政権との闘いはまだ続いていたからである。

私はこの状況下、議会での論争に激しく加わりそれに全力を集中しなければなりません。毎日数百人と交渉しなければなりません。望むらくはしばらく一種の休戦が来ないだろうかということです。委員会の出口は疑いなく絶望的です。私たちにとって重要なのは将来における位置だけです。

とグナイストは書いている。

プロイセンの政治状況が変わり保守派が台頭するのは翌一八六六年九月の下院選挙においてであり、グナイストの予感は悪い方で当たってしまった。いずれにせよこうした状況下にグナイストはいるので、シュタインから自分への献辞とともに新著を寄贈されても「感謝しつつもこれを評価する状態ではなく」「来週には概観を得られる」にしてもこれを自分なりに「フル活用するのは数ヶ月後」になるでしょうと答えるしかなかった。自分は『今日のイギリスの憲政と行政法』第一部第二版を今年中に仕上げる予定であり、そこであなたの仕事が活かされるでしょうと書くが、それが実際に公刊されたのは一八六七年である。しかもシュタインへの言及はかろうじて一箇所あるのみであった。

（五） 理論的交流

ここで、シュタインが自らの主著となすべき『行政理論』の序文として書いたグナイストへの献辞を読んでおこう。

尊敬する友人であるあなたに本書をお届けします。これがあなたの心をとらえるかどうかはわかりません。ただ、私たちみながあなたの仕事に負っており感謝しています。あなたがイギリスの生活や法を学問的に私たちのものにして下さったからです。かつてはこれについて語ることが難しかったのですが、今やイギリスを理解する際にあなたのもとで学ばなければヨーロッパの公法について判断することはいっそう難しくなりました。しかし、感謝すると同時に一つの嘆きを述べる権利が得られるでしょうか。その嘆きは、私の確信するところですが、次世代に委ねます。

その「嘆き」とは当時のヨーロッパの法状態に向けられる。ローマ法がヨーロッパに浸透し生活全体を包括するようになったが、今やフランス民法典を筆頭にスペイン、イタリア、ベルギー、そしてオランダでさえ新たな法典編纂の虜になった。イギリスとスカンディナヴィアでもローマ法は後退した。ドイツだけがローマ法の牙城として残ったが、ドイツの法生活もこれを十分満たすことはもはやできなくなった。

フランス革命が、ドイツにおけるローマ法だけでなくドイツの民族性そのものを疑問に付しました。あらゆる民族のなかで最も有機的なドイツの民族意識が、その根から新たな芽を出すために過去に手をつけました。これまで法学の傍流であり純粋に地方的な性格からかろうじて身を守っていたドイツ私法が今や形を変えてドイツの国と法の歴史となりました。〔中略〕信仰と熱狂、精神的な活気と新鮮な空気に満ちたこのすばらしい時代がまだ私たちにも現存するでしょうか。ローマ法がその世界的位置を失った時、わが高貴な民族精神が私たちにドイツ法史を与え、これがドイツの学問生活にとって、かつてCorpus Jurisがローマ・ゲルマン世界全体にとってあったのと同じものになりました。つまり、諸個人が偉大な仕事のもとで協力したという意識の中心と源泉となったのです。それはドイツの法意識が生きる温かさであり、私たちの財産です。いかなる民族もこれと似たものを誇ることができず、ドイツにおける実践的な法の注意散漫を嘆く一方でその統一と偉大さに驚嘆しています。これが、私たちが法史でつかんだことでした。今でもそうでしょうか。〔中略〕現実の生命が、ヨーロッパの力強い生命が私たちの上を流れています。数千の方向で数千の力をもってそれは私たちをつかみました。諸々の民族が混合しています。諸々の企画が陸と海を越えて手を伸ばしています。新しい時代が私たちのところに来ています。この時代にあって私たちの課題は何でしょうか。

グナイストへの献辞を添えた序文の内容は、ヨーロッパの法状態の概括とオーストリア国制の特殊性の指摘にすぎないが、本論ではグナイストのイギリス法史研究の意義が繰り返し強調されている。この時期シュタインはせっせとグナイストに書簡を送っており、一八六五年五月一四日付書簡はかなり抽象的なグナイスト讃美に満ちている。末尾に「私は数ダースの仕事と数ダースの仕事の中間にいてしかもまだ途中です。私は八月にあなたとここでお目にかかれると見込んでいます」とある。グナイストがウィーンを訪問したかは不明である。

グナイストは一八六六年五月一三日付シュタイン宛書簡で、『イギリス行政法史』をシュタインに献本すると書いている。これは、『今日のイギリスの憲政と行政法』第一巻第二版のタイトルであり、一八六七年に公刊された。一八六五年から六六年にグナイストのイギリス行政法史に関する著作は公刊されていない。第二版の見本刷だろうか。それにしても、グナイストがシュタインに自著と書簡を送ったまさにこの日、普墺戦争が始まっている。この戦争は同年八月二三日のプラハ平和条約締結でいちおうの解決を見たが、それはオーストリア・ハプスブルク帝国崩壊の始まりであり、ドイツ帝国誕生の仕上げであった。同年九月三日ビスマルクは議会に事後承諾法案を提出、可決させた。この緊迫した政治情勢について、一八六七年一月九日付グナイスト宛のシュタイン書簡では何も触れられていない。グナイストの『イギリス行政法史』第二巻を受け取ったこと、自分の『行政理論』続刊の執筆の手を休めてグナイストの新著を熟読し利用できる所を探していることが書かれている。この書簡末尾にある「私がドイツから追放されるのは二度目です」という一文が気になる。これが何を意味するかはこれだけではわからないが、二年後の一八六九年六月二七日付シュタイン宛グナイスト書簡から推察するならば、シュタインが嘆くドイツからの「二度目の追放」とは、政治的な問題というよりも、もちろんそれと間接的に関係があるであろうが、シュタインがベルリン大学に職を得ようと画策して失敗したことを指すように思われる。

一八六七年六月二日付シュタイン宛グナイスト書簡によると、グナイストはシュタインからのこの書簡に半年間答えていなかったことがわかる。

一八六六年八月からわずかな中断があって今日まで続いている議会生活の混乱のなかで、私は一月九日付のあなたの親切なお便りに感謝しつつまだ答えていません。これに加えて悪い状態があることがわかったのですが、それは、私が請願委員会の議長として地味な仕事を膨大に背負い込んだことです。それがもちろん今日の状況では最も快適なものなのですが。あなたに対し非常に感謝しているのは、まずは、後見法についての細かな仕事に対してです。これは私にとって重要で新しい観点への旅を含むものであって、とくにドイツ法学者会議の議論にとって重要なものとなるでしょう。行政理論についてのあなたの著作、とくにその第一部を利用して、イギリスの行政と法的手続の関係について大陸の行政システムと比較しつつ行っている研究論文にとりかかったところです。私は、対立点をできるだけ鋭く強調することで、官治の構造を描き出し、プロイセンの法学者や行政官、政治家の混乱した表象にいくつかの支柱を送り込もうと試みています。混乱はこの分野では名状しがたいものであり、私たちの連邦議会の請願に関する議論でまさにそれが感じられます。私がとくに苦々しく思っている悪い状態とは、議院構成員がわずかながら仕事に慣れて物事に耐えられるようになると、委員会が変わったり新たな選任があったりしてまた新しい構成員が入ってきて、シシュフォスの仕事をつねに新たに始めることです。

〔中略〕

プロイセンの弁護士職（Adovokatur）についての執筆で私にとって重要なのは、オーストリアにおける法曹人（Justiz-Personal）の比較統計です。プロイセンには約四〇〇〇人の裁判人（Richterpersonal）がいますが、弁護士（Adovokat）と弁護人（Anwalt）と公証人はたったの一四〇〇人です。あなたはここから諸関係総体の不自然さを判断することができるでしょう。これに加えて、いわゆる裁判を移動陣情団や委員会に解消するフランス的システムによる合議体制解体があります。そうなると、わが民主主義的急進主義者でさえも、強力で数多い弁護士なしには公法でも私法でも官僚主義と真剣に戦うことはほとんどできないということを明らかにしえません。あなた方の場合も多くの類似物があるでしょう。いずれにせよ、私はオーストリアの法曹人についてできるだけ新しい数字が欲しいのです。しかも、一．弁護士、弁護人、公証人の数、二．裁判官と検事の数、できたら事務官（Bureau-Beamten）と公務員（dienende Beamten）の数も。

この書簡へのシュタインからの返信は同年六月二〇日に書かれている。グナイストが求めた統計学的数値は友人のブラドゥッティ伯爵が提供してくれると書いている。(20) 併せて、新著『行政理論』第三部を送る旨が書かれている。他方、グナイストから予算に関する著作を受け取り、それが自分の財政学執筆に大いに役立ったと謝辞を述べている。グナイストのこの著作は『予算と立法』（一八六七年）であろう。他方のシュタイン『財政学教本』第二版が公刊されるには一八七一年まで待たなければならなかった。

なお、シュタインの経済学に関する著作は他にもいくつかあるが、一番早いものは一八五八年刊の『国民経済学』であり、続いて一八六〇年刊の『財政学教本』である。前者にグナイストへの言及はないが、後者では一箇所言及がある。「イギリスに関しては最近グナイストが適切な表現で租税に関する混濁した状況に初めて光を差し込んだ。彼の著作『イギリスの地租制度』はイギリスと大陸の租税制度の違いを明確にした最高に有り難い労作である」と絶賛している。

つぎに彼らの書簡が残されるのは二年後である。この間、グナイストの政治活動は収まらず、一八六九年二月一〇日にはビスマルクとグナイストとの直談判にまで至る（Vgl. Eugen Schiffer, *Rudolf von Gneist*, Berlin 1929, S.43）。この会談以降のグナイストの行動について、政治的にビスマルクに妥協し保守化したとか、それに規定されて学問的にも御用学者に堕したとかと評判は極めて悪い。そのことはあとで検討することにして、まずは書簡の内容をさらに追うことにしよう。

一八六九年六月二七日付シュタイン宛グナイスト書簡によると、グナイストが長期間シュタインに返信を送らなかった理由は、先に言及した、シュタインのベルリン大学移籍希望の処置にあったようである。

私があなたに長期間私たちのここでの位置について何も告げなかった理由は状況が固まらなかったからです。わが哲学科は何度かの揺れののち、大臣に一人だけ推薦するという古い方式に戻りました。それはロッシャーに落ちたのですが、それははじめからわかっていました。だが誰もが前提としていたのは、ロッシャーがこの招聘を断るだろうということでした。

だが、彼はこれを拒否しなかった。(21) グナイストは続ける。

ロッシャー招聘が駄目になったとしても、今年の一一月以前に他の決定が期待できることはほぼないでしょう。私はこの時までに、私の尊敬する友人をリストに載せるよう試みましょう。しかしあなたに告白しますが、私はその成果についてはいかなる仕方でも確かなものを持っていません。

ここで言う「友人」とはシュタインのことであろう。日付のないシュタインからグナイスト宛の書簡が二通あるが、内容から推察するに、そのうち一通は一八六九年のものと思われる。

今しがた私はあなたの愛すべき手紙を受け取りました。そして直ちに、あなたが私をとても親しく思い出して下さることに対する私の熱い感謝の意を表明せざるをえません。私はもちろん、あなたがほのめかす関係をよくわかっています。

自分はここウィーンで大勢の人に支持され毎年六〇〇人の聴衆を得ている、云々と自己宣伝を忘れない。一八七〇年五月一九日付グナイスト宛シュタイン書簡は、パリ・コミューンに言及している。また、グナイストが酷い火傷をしたことを漏れ聞き心配し、自分が経営するシュタイアーマークのテュッファー温泉で療養するようにと薦めている。

同年七月二六日付グナイスト宛シュタイン書簡は新刊の『行政理論と行政法ハンドブック』（一八七〇年）の添え書きである。これに対するグナイストからの同年八月五日付返信は、グナイストの新著『プロイセンの軍制』（一八七〇年）の献呈挨拶と、ベルリン大学のポストについての短報その他が書かれている。後者については「詳細を伝えるにもまた個人的な諸関係のゆえもあって文書より口頭のほうが良いのですが、このポストはまだ完全には埋まっていません。国家学の教師団にとって必要なのは少なくとも意味ある教師力であり、そのことに有能な大臣は正規の手続きをすべく配慮するはずなのですが」と口を濁している。火傷と捻挫はまだ治っていないという。火傷についてシュタインがさらに心配して詳細を知らせるよう求めたようで、同年九月七日付でグナイストから詳報が届いた。

今は幸い回復した私の身体的な苦しみへのあなたの心からの同情が、このことについてあなたに簡単な報告をする義務を課しました。この報告が遅れたのは、戦場にあって長いあいだ不在だったからにすぎません。私はロンドンの友人宅で夜、復活祭の最初の日に火事で重傷を負いました。軍制についての著作の草稿を書いている時、狭い寝室のカーテンに火がつき、それは消すことに成功したのですが、その際服に火がついて両手や腕、足に大小の深い傷を負いました。この負傷は命に危険はありませんが数ヶ月にわたって血液循環の具合を悪くし、歩いたり座ったりするのが困難でした。大学の講義も担当しなければなりません。その後さらに左足の捻挫が加わってギプスで固定しなければなりませんでした。今でもなお右手の火傷した爪は完全には治っていません。しかし、その他は外的な傷跡だけ、それと二、三本のこわばった指が残っています。夏の終わりまでにはこの事故についての外的な記憶は消滅しているでしょうし、医者によって保証された男性機能の疾患も力強い身体で痕跡を残さず回復しました。この間、国内生活についての私たちの仕事は、外からの国家構造の暴力的変革によって瞬間的にまったく背後に押しやられました。しかし、力強く立ち上るドイツの国家権力によりすぐに回復する組織上の内的活動を私は期待しています。思うに、社会民主主義党派も封建的党派も、ドイツ国民が今国家思想に向けている力強い流れのうちでは、つぎの時代に衰退しているでしょう。ドイツ国民の偉大な仕事や行政法についての文献も正当な時を得るでしょう。私が幸福だと思うのは、一八二〇年以来のドイツ政府の混乱が、国家についてのドイツ的諸理念のうち取り残してきた深い不興が、一八七〇年の輝かしい成果によって根本から克服された、ということです。

先に言及したグナイストの保守化傾向をこの書簡に垣間見ることができる。一八七一年一月一日ドイツ帝国発足。同年四月一六日ドイツ帝国議会が開かれ、グナイストは帝国議会議員となった。

一八七一年六月一二日付グナイスト宛シュタイン書簡は人物紹介に留まる。

(私のパリ時代の)古い友人で学友である、デンマークの法務大臣クリーガーをあなたに紹介することをお許し下さい。彼はデンマークで最初の法学徒の一人であり、あなたとの個人的なつきあいを所望しています。私はあなたが、このまさに高い教養があると同時に偏見を持たない人物を喜んで受け入れて下されば有り難い。

「パリ時代からの私の友人」とシュタインは言うが、クリーガーはデンマークのナショナリスト・グループが堅持した「アイダー・デンマーク主義（ユトラント半島中央のアイダー川まで、つまりはシュレスヴィヒをデンマークとする思想）」の支持者であり、一八四八年の国民自由党の代表として活躍した経歴の持ち主である。他方、シュタインはシュレスヴィヒとホルシュタイン両公国をデンマーク王国連合から独立させる運動の活動家であり、シュレスヴィヒ・ホルシュタイン臨時政府代表としてパリに派遣された特使である。つまりシュタインからすれば彼は旧敵である。それが今や「古くからの友人」としてグナイストに紹介するとは寛大な話である。

一八七二年シュタイン『軍制論』、同年グナイスト『法治国家』、一八七三年五月ウィーン恐慌、一八七五年シュタイン『国民経済学の分野での女性』、一八七六年同『ドイツの法学・国家学の現在と未来』、一八七七年一月ドイツ帝国議会選挙で保守党躍進。この七年間の彼らの書簡は発見されていない。

つぎに一八七七年一一月八日付シュタイン宛グナイスト書簡を読もう。

わが領邦議会の疾風怒濤時代が再開し、私は今日ようやくあなたにこの数行を書くことができます。少なくとも二、三の言葉で心からの同情を表し、私と私の妻が、あなたの幸福な家族の結びつきが裂かれても、引き続き私たちの結びつきを維持することを申し添えます。理解力溢れる立派な女性の支えが、多忙で骨の折れる人生にとって何を意味するかを真に評価するすべを私は知っておりますし、私の人生経験から、責任のある重い仕事の日々の圧迫が私たちの人生の平衡力を女性がゆっくりと回復させることを一度ならず自ら試して知っています。あなたの学問的かつ経済的な活動の計り知れず豊かな領域で、この勤勉な方の悲しむべき恩典が私たちより少なくないようにお祈り申し上げます。

この一節は、一八七七年に亡くなったシュタイン夫人Dorotheaへの弔辞である。
同年一二月二七日付グナイスト宛シュタイン書簡。

クリスマスに租税形式に関する贈り物を下さりとても嬉しく、あなたが私のために斟酌して下さったことに篤く御礼申し上げます。私は今まさに財政学改訂第四版に専念しており、そこへゲマインデの租税制度に関するあなたの著作がまさに飛び込んで来ました。これはまさにぴったりで、私はあなたの諸々の著作のもとにある小さな真珠をうらやましく思いますし、それは私にとって高度に教えられるところが多かったし、今も多いです。私が財政学でゲマインデの租税制度を少なくともその根本特徴として必然的にともに受け入れなければならない時にはいっそうそう思われます。もちろん私は、ゲマインデが物税だけを高く維持するという見解にはまったく至りえず、物税とは何か、料金とは何かとの問いが議論のあと探求されるべきだと考えます。たとえばベルリンのような大きなゲマインデを物税のみで管理しうるかどうかはいささか疑問に思いますが、小さな地方ゲマインデの租税制度についてのあなたの叙述は見事ですし、私にまったく新たな領域を開いて下さいました。

「あなたにもう私の国民経済学の第二版が届きましたか」とシュタインは末尾に書いているが、本書の公刊は正式には一八七八年である。

グナイスト宛シュタイン書簡で日付のないものが二通あり、前述の一八六九年と思われるものと別のもう一通は一八七七年と思われる。「私はこの冬に財政学の第四版を作らなければならず、財務行政を強力に推し進めるため序論全体を書き換えることになるでしょう」と書かれているからである。彼の『財政学教本』改訂第四版は一八七八年に公刊されている。また、グナイストから便りと贈り物を受け取り、それで数日間楽しめた。「私はこの第一巻の研究を楽しみにしていた」と続くから、この贈り物は著書であることがわかる。さらに「行政司法についての最初の大きな産物」とあり、これは『法治国家』の第二版『法治国家とドイツの行政裁判』だと思われる。だが、この第二版は一八七九年の公刊であるので、一八七七年冬前の時点で本書を受け取ったとするのには無理がある。内容的に最も近いのはさらに一年後の『プロイセンの行政形式と行政司法』である。これ以外にはグナイストに行政裁判に関する著書がないので、あとは一八七六年の講義録ないしは一八七五年二月の鑑定書が考えられる。「印刷ミスが多い」ともあるので一八七九年刊の著書の見本刷りかもしれない。「当地の夏の負担と暑さに完全に消耗し病気になった」とあるので、季節は夏かその後半と思われる。

グナイストからシュタインに宛てた書簡で七月八日という日付はあるものの年が書かれていないものが一通ある。文中に「今年は法学者会議がある」と書かれており、また「あなたに最上級行政裁判の判決についての第一巻を同封して送ります」とあることから、一八七六年か七八年と思われる。「八月始めに私は妻とスイスへ出かける」とあり、法学者会議があるので「あなたとあなたの奥様に会える見込みはほとんどない」が「おそらく秋にウィーンであなたをお訪ねするでしょう」とも書かれている。

現存するシュタイン・グナイスト書簡で最も日付が遅いものは一八八五年一一月一五日付シュタイン宛グナイスト書簡である。この間、河島醇が一八七九年三月からシュタインの講義を大学で聴講、伊藤博文らが一八八二年五月から七月までグナイストを訪ね、同年九月一八日から一〇月三一日までウィーンでシュタインから私的講義を受けている。伊藤らはさらに同年一一月から翌年二月までふたたびグナイストから法学講義を受けた。一八八五年一〇月二五日から翌年三月三〇日まで伏見宮貞愛親王および土方久元と大森鐘一がグナイストの講義を受けた。一八八五年一一月一五日付グナイスト書簡にこれら日本人について何か一言でも書かれていたらと期待するが、残念ながら日本についてはいっさい触れられていない。

あなたはすでにまた、あなたの文献的お仕事の豊かな宝のなかから私に贈り物を下さったのに、恥ずかしながら私は小さなお返しでしか応えられません。しかし、私はあなたに議会主義についての著作のプログラムをあらかじめお送りできます。もっともあなたはそこに自分自身〔が引用されているの〕を見出されることでしょう。この著作そのものはすでに印刷されていますが、出版社がそれを来年になってから出したいと目論んでいます。

第三節　両者の思想的差異

日本の憲政と行政に大きな影響を与えたグナイストとシュタインとのあいだに、長期にわたる学問的ならびに私的な交流があったことが、現存が確認できる限りでの彼らの往復書簡によってわかった。残念ながら彼らの書簡に日本に関する言及は見出せない。だが、彼らの思想に差異があり、それが日本の憲政と行政に多少なりとも影響を及ぼしたと考えられる。最後にこの点を彼らの著作で確認しておきたい。

グナイストは一八五一年三月五日付ミッターマイアー宛書簡で、「イギリスの憲政の発展を実用的に把握する新たな関心が生じ、Francis Palgrave〔の『イギリス史』〕とHenry Hallam〔の『ノルマンディとイギリスの歴史』全四巻〕を詳細に研究しなければならなくなりましたが、それだけでなく、国民的性格と結びついたイギリス社会の発展から憲政諸形式の発生をシュタインの勝れた著作に真似て演繹するためかつての国民経済学的研究もふたたび掘り出しました」[22]と書いている。ここで言及されたシュタイン著作は一八五〇年刊の『フランスにおける社会運動の歴史』を指す。また、グナイストは一八五三年の『イギリスの貴族と騎士』でも、「第一の占有階級が議会主義的憲政において国家権力を掌握する根拠は明らかに占有の本質そのものにある」[23]と述べ、参照文献としてこの三巻本の第一巻『社会の概念とその運動法則』を挙げている。グナイストはその補註で、「国家の社会的根拠への洞察が欠けているがゆえに、現在の政治的解明が大部分不毛であるのは当然である。」[24]と述べているが、これはシュタイン批判ではなく、シュタインから学んだグナイストの新たな認識であろう。「国家の社会的根拠」の解明に占有の概念が不可欠であるというのがシュタインのこの著作の一つの主張であり、グナイストがミッターマイアーに書き送ったように、このことを学んだがゆえに彼は国民経済学の研究をふたたび始めなければならなかったのである。

一八七〇年の『プロイセンのクライス条令』でグナイストはまず国家と社会の関係を論じ、「人類は財貨を摂取し享受するよう規定されている。」「占有のあり方が非占有者の依存に根拠を与え」、国家に不自由の要素が入り込み「相反する利害関心の体系」ができあがった。これがフランスから入ってきた「社会」概念である。国家は人類の人倫的自然本性で設定され、社会は人類の経済的規定で根拠づけられる。両者は絶えず対立する。この中間機構として自治がある。[25]このようにグナイストはシュタイン学説を下敷きにして持論を展開するが、彼らのあいだには大きな認識のずれがある。

一八七二年の『法治国家』でグナイストは、「ドイツの現世代は、わが財貨生活の発展が、一〇〇年前には予想もできなかった豊かさと文明過程に至るのを見るよう求められる」とする一方で、「現実にはどの民族にも内的差別があり、外的ならびに精神的な財貨の占有と取得に応じて差別されている」事実を指摘する。そして、前著と同じフレーズ「人類は財貨を摂取し享受するよう規定されている」を挙げ、これを「社会」という概念で総括する。[26]グナイストはここに註を付け、シュタインの『社会の概念とフランス革命の社会史』緒論の参照を求める。そして「この見事な叙述は、イギリス憲政史についての私の叙述にとって決定的な意味を持った」と書いている。より包括的にはロベルト・フォン・モールの社会権思想があり、社会の概念はドイツでもすでに広く普及しているが、その一面性に対してはブルンチュリの批判がある。こう述べたあとグナイストは付け加える。「社会概念の決定的な意味を私も完全に認めるが、国家と社会の関係に対して私はシュタインとは別の結論に至っている」[27]。

「別の結論」とはどのようなものか。ここには何も記されていないが、前述のように、われわれから見ても両者は明らかに異なる。ここでは日本人によるグナイスト研究を参考にして、シュタインとグナイストの相異を浮き彫りにしたい。

宇賀田順三によれば、グナイストはシュタインが提示した国家と社会の関係を「対立」と捉え、その中間機構としてSelfgovernmentを提示するが、それは「国の法律に遵依し自己の経費を以て名誉職に依りその事務を処理するもの」という三要素をもとにするがゆえに結局は「国家に依つて公認された以外の自治団体の存在を認めない」こととなり、また「職業的官僚を排除すると共に、他面にて無産的大衆の参加をも排斥する」ことになる[28]。

赤木須留喜は「ドイツ法治国家の論理と構造」[29]で、グナイストが「『行政』が『憲政』に代位しうると論断」している点に注意を喚起し[30]、また、グナイストが国家と社会の関係を「『義務』対『利益』という垂直的なしたがって絶対的な契機のうちに見出」すがゆえに、国家が行う「『義務』の下に『社会』を『従属』せしめることによって国家の制度と機能を保障した[31]」と指摘する。

鈴木康夫は、グナイストによれば市民的リベラル派の「『国民主権』の理念は、実質的に、『社会の主権』であり、それは市民的自由や政治的自由をもたらすことができない」。「まさに、国民代表制こそ『国家』に『社会』を生のままで反映させるシステムであった。『国家』はこれによって階級闘争のうちにまきこまれていく存在となり下ってしまったのである。グナイストは、かような『国家』を『人格的共同態』に復元する手段をセルフガヴァメントに求めた。」と指摘する。[32]

上山安敏は前掲『憲法社会史』で、シュタインが憲政と行政の区分を確立し、「憲政と行政を上下の概念でなく、憲政によって警察国家から市民社会への転換をさせ、『行政』に市民社会の矛盾を克服する崇高な使命を与えることによって、憲政から異なった行政の範疇を確定しはじめていた[33]」とし、他方シュタインのこうした社会哲学に依拠したグナイストは「行政を憲政レベルに高め〔中略〕、さらに行政法（Verwaltungsrecht）を確立し」たが、「行政裁判＝法による行政を通じて、行政裁判所に対応した新行政法学をつくり出し、方法論を全く異にしたラーバント、マイヤーの公法実証主義に受け継がれていく[34]」として、シュタインとグナイストの思想を二〇世紀に至るドイツ法学史のなかに位置づけ理解しようとしている。ちなみに、シュタインは、一八七九年に公刊されたグナイストの『法治国家』第二版を中心に据えた一〇七ページに及ぶ書評論文を書き（*Zeitschrift für das Privat- und öffentliche Recht der Gegenwart*, 6.Jg., 1879）、「立法と執行権との厳密な区別」を自らの根本見解だと強調すると同時に、グナイストが自治と「公的機関の活動に関する無条件の裁判請求権」を提示したことを高く評価するが、この指摘は宇賀田らによる日本の先行研究が図らずも浮彫にしたシュタインとグナイストとのずれをおのずから言い当てている。

宇賀田らはそろって、グナイスト理論がシュタインの「国家と社会の対立」を基礎に展開されているというが、シュタイン自身は国家と社会を二元的対立関係にあるとは見なしていない。立法と執行権の厳密な区別と行政裁判の重要さの指摘は、私的利害の闘争の場としての「社会」を背景に控える議会勢力の台頭を恐れるグナイストとはまったく別の立場からなされていることに注意しなければならない。シュタインはむしろ、「社会」が抱える階級対立を避けるために、利害を超えた国家が先頭に立って貧富の差を解消し民衆の自治意識を高め社会全体の安寧実現を目指すのであり、議会と行政裁判は官治の監視機関という役割を担っている。

それにしても、グナイストの考えがもし宇賀田らが指摘するような内容のものにすぎないと仮定するならば、伊藤博文や山縣有朋らが憲法と行政制度を明治期に日本に導入する際、シュタインよりもグナイストの理論を実際には多く採用したとする見方は納得できるであろう。だが、こうしたグナイスト解釈が妥当であるかどうかについては、シュタインとの往復書簡からも鮮明にうかがえるグナイストの絶えざる政治実践との関係を考慮しつつ、別途改めて検討しなければならない。いずれにせよ、少なくともウィーン時代のシュタインがアカデミックの世界に留まった限りでは、学者兼政治家であったグナイストよりも、日本人留学生には近づきやすかったであろう。他方、緊迫した政治状況のなかで学習即実践の場につねに身を置いていた伊藤博文や山縣有朋ら政治家には、グナイスト理論のほうが有効だと判断されたにちがいない。

註

（1）Giles Pope, *The political Ideas of Lorenz Stein and their Influence of Rudolf Gneist and Gustav Schmoller.* St. Antonys College, Oxford Trinity Term 1985.

（2）河島醇編輯『憲法行政法要義　全』については、本書第二章の補註を参照されたい。なお、河野弘善『河島醇伝　日本勧業銀行初代総裁』には、伊藤博文に宛てて河島が書いたシュタイン推奨文が掲載されている。

（3）『ドイツ国家学と明治国制――シュタイン国家学の軌跡』『文明史のなかの明治憲法　この国のかたちと西洋体験』『伊藤博文　知の政治家』。

（4）同右『伊藤博文』六〇～六二頁。

（5）伊藤博文の欧州憲法調査に随行した大蔵省書記官平田東助は、それから一三年後の一八九五年三月二〇日付でグナイストに書簡を送り、グナイストが一八九三年に著した講演集（*Die Militärvorlage von 1892 und der preußische Verfassungskonflikt von 1862 bis 1866.*

Berlin 1893）の一部を日本語に翻訳したと書いている。そして、その日本語訳の序文をドイツ語に訳したので見て欲しいと依頼している。その冒頭一節は、かつてグナイストが伊藤博文に最初に断言した考えがそのまま反映しているように思われ興味深い。そこにこう書かれている。「地球上の国家は、天上の星のごとく数多く、その気候や国民性や習俗はまったく異なっている。その当然の帰結として、どの国家もそれ固有の歴史と魅力を持っている。」（プロイセン文化財団機密公文書館所蔵グナイスト文書所収。GStA : VI. HA. Nl. Gneist. Nr.98, Bl.41-43）当然と言えばそれまでだが、明治期日本の欧化主義盛んな頃はこうした視点が見失われていた一方、その後のナショナリズムの台頭と日清戦争時には、こうした発言が逆に作用し、平田はここから「だから戦争は不可避だ」と結論づけることにもなる。

（6）このことに深入りすると、この小論の焦点がぶれるので、『西哲夢物語』に象徴される明治憲法起草過程の秘密主義とグナイスト講義との関係については、堅田剛「ルドルフ・フォン・グナイストの憲法講義――『グナイスト氏談話』を読む」、『獨協法学』第八一号、二〇一〇年六月、ほかに委ねたい。ここで必要な情報だけ記すならば、『西哲夢物語』は、明治憲法の制定作業が実質的に終了した一八八七（明治二〇）年に民権派の手によって流布した秘密出版物であり、その第一部として「グナイスト氏談話」が収録されている。ここに記録されているグナイスト講義の聴講者が伊藤博文であるのかどうかについて、いくつかの研究論文が存在するが、結論はまだ明確には出されていない。堅田の見解は、「明治一五年に伊藤博文が聴講したグナイスト講義と、明治一八年に大森鍾一が聴講したそれとは、内容において実質的な相違があっただろうか。」という問題提起で示されている。つまりはこの講義の聴講者は伊藤博文だと堅田は述べているわけである。

（7）国立国会図書館憲政資料室所蔵「憲政史編纂室収集文書一一二、一八八」ないし「伊東巳代治関係文書四六」。

（8）日本地方自治学会編『日本地方自治の回顧と展望』五七頁。

（9）前掲、瀧井『伊藤博文』。

（10）グナイストからシュタインに宛てた書簡の冒頭一句は、つまりは「拝啓」だが、あえて直訳するならば、「高く尊敬された同志（Hochgeehrter Herr Kollege!）」、「尊敬された同志（Verehrter Herr College!）」、「最も尊敬された友人にして同志（Verehrtester Freund und College!）」、「尊敬された友人（Verehrter Freund!）」、「高く尊敬された紳士であり友人（Hochgeehrter Herr und Freund!）」等々で、「同志」が多く、他方、シュタインからグナイストに宛てた書簡では「尊敬された同志」、「尊敬された同志であり友人」、「最も尊敬された友人にして同志」、「尊敬された友人（Geehrter Freund）」等々で、「友人」と呼びかけているものが多い。ありふれた決まり文句であるからそこに深い意味があると考えるのは危険だが、シュタインは一八一五年生、グナイストは一八一六年生であるから、シュタインがいちおう一つ年長であることが多少は反映しているのかもしれない。もちろん問題は内容であるが、そもそもシュタインとグナイストがいつどこで知り合い、いつから「友人」と言い合うようになったかは不明である。

（11）シュタインとグナイストがいつどこで知り合いになったかは不明であるが、彼らが出会う最初の機会として一八四〇年夏から四一年秋までのシュタインのベルリン滞在期間が最も可能性が高い。一歳違いの法学徒同士の彼らがベルリンで交流する機会は十分ありうる。シュタインはその後一八四三年三月までパリに留学するが、一八四一年にグナイストもパリを旅しており、ここでも彼らが出会う機会はあったであろう。いずれにせよ、シュタインが一八四九年一二月七日にグナイストに宛てた書簡の冒頭一句に、「私はまず、あなたが私をとても長い期間まだ篤い友情をもって覚えていて下さったことにたいし、あなたに心からの御礼を申し述べなければなりません」と書かれているところから、彼らの交流が一八四九年よりもかなり以前にあったことが推察される。シュタインのこの書簡は、グナイストからの献本に対する礼状であるが、「陪審裁判についてのあなたの著作」とあり、これはグナイストが同年に公刊した『ドイツ陪審裁判の形成』を指すであろう（本文中にて一箇所シュタイン著作に言及）。グナイストはこの年もう一点著作を公刊している。一八四八年革命でのベルリンの状況を論じた著作『ベルリン事情』である。もし一八四八年革命の闘志であるシュタインがこちらの献本を受けていたらどのような反応を示したか興味深いが、シュタイン書簡は一八四八年革命について何も触れていない。この書簡は返信であるから、先にグナイストからシュタイン宛に献本と同時に書簡が送られているはずである。シュタインの書簡の日付は一八四九年一二月七日であり、グナイスト書簡は当然ながらそれ以前の一二月初頭か一一月末であろう。それはまさに、グナイストがベルリン市会の中間派の立場から国王と闘ったが議会左右両派からの支持を得られず議員を辞めざるをえなくなったと同時に一一月二八日付で大審院補助裁判官解雇の予告をも司法大臣から受けた時期であった。こうした状況からすればこの時グナイストがシュタインに宛てた書簡の中身がいっそう気になる。

（12）Erich J. Hahn, *Rudolf von Gneist 1816-1895. Ein politischer Jurist in der Bismarkzeit.* Frankfurt am Main 1995, S.64.

（13）Rudolf Gneist, *Der Rechtsstaat*, Berlin 1872, S.8.

（14）両者間の差異については次章で詳論する。

（15）Karl Ludwig, Freiherr von Bruck, 1798-1860。「ブルックの悲劇的な結末」とは、直接には、ブルックが一八六〇年四月二三日に亡くなったことを指す。ブルックの出身はラインラントのエルバーフェルトであるが、オーストリアで商人として成功し、一八四八年のフランクフルト国民議会ではオーストリアのトリーストから選出され議員になっている。またフランツ・ヨーゼフ一世のもとで商務大臣、一八五五年からは財務大臣として、国家の財政危機の克服に尽力したが、イタリア統一運動のもとでオーストリアのイタリア領土を失うことになり、晩年は政治的に孤立したことも「悲劇的な結末」という言葉に含意されていると思われる。「あなたのブルック」という表現は、前便でも「あなたの帝政」というような類似の表現があり、グナイストの口癖かもしれないが、シュタインは皇帝でもないし大臣でもないから、Ihr Kaiserthum は「あなたが住むオーストリアの帝政」という意味だと思われる。だが、Ihr Bruck には、たんに「あなたが住むオーストリアの大臣であるブルック」という以上の意味がある。というのは、キール大学を解雇されたシュタインが就職活動をする過程で最終的に最も世話になりウィーン大学教授の職を得られたのはこのブルックのおかげだからである。（シュタインがブルックを知ったのはそれより以前の一八四八年革命のときである。）したがって、グナイストも書いているように、ブルックの死はシュタインにとって多くの面でのパトロンを失うことを意味した。

(16) 第一部第二版は一八六七年刊だが、第二部第二版は一八六三年刊。

(17) もっとも、グナイストが議会で最も激しく闘ったのは一八六二年にビスマルクが首相になってからのいわゆる「憲法闘争」期である。

(18) ウンガーは一八六七年以降議員、大臣等歴任した。

(19) 上山安敏、前掲書、五四頁。

(20) この人物については不明。

(21) ロッシャーは結局ライプツィヒ大学に留まった。

(22) *Briefwechsel. Karl Josef Anton Mittermaier Rudolf von Gneist.* Frankfurt am Main 2000, S.52.

(23) Rudolf Gneist, *Adel und Ritterschaft in England*, Berlin 1853, S.10.

(24) ibid., S.55.

(25) Rudolf Gneist, *Die preußische Kreisordnung in ihrer Bedeutung für den inneren Ausbau des deutschen Verfassungsstaates*, Berlin 1870, S.2.

(26) Rudolf Gneist, *Der Rechtsstaat*, Berlin 1872, S.1.

(27) ibid., S.183.

(28) 宇賀田順三「グナイスト以後に於ける行政観念の発展」、『法政研究』第八巻第一号、九州帝国大学法政学会、一九三七年一二月、九三頁。

(29) 赤木須留喜「ドイツ法治国家の論理と構造」、『国家学会雑誌』第七八巻九／一〇、一一／一二号、第七九巻一／二、三／四号、一九六五年。

(30) 同右、四九四頁。

(31) 同右、六二〇頁。

(32) 鈴木康夫「プロイセン行政裁判制度——グナイストモデルの分析」、『千葉大学教養部研究報告』A九、一九七六年、六五〜六六頁。

(33) 上山安敏、『憲法社会史』一一四頁。

(34) 同右、一一六頁。

第七章　自治をめぐるグナイストとシュタインの理論上の差異

はじめに

伊藤博文や山縣有朋などを介して明治期日本の憲政と行政に多大な影響を与えたドイツの法学者グナイストは、同時期に日本から八〇名近い政治家や官僚、学者、宗教家等が「詣で」て教えを請うたオーストリアの国家学者シュタインと、生涯にわたり親しく学問的交流を続けた。彼らのあいだで交わされた書簡ならびに彼らの諸著作を仔細に検討すると、彼らのあいだに無視できない差異があることがわかる。そうであるならば、その差異が明治期日本の憲政と行政にも少なからぬ影響を及ぼしているはずである。

本章は、こうした仮説のもとで、まず、グナイストとシュタインの所説が日本でどのように受け止め理解されてきたかを見る。つぎに、その理解に対応させながら、それが彼らの所説に即したものであるかどうかを検討する。最後に、右の仮説を検証する。

第一節　議会不信

憲法調査のため伊藤博文は数人の随員とともに一八八二（明治一五）年三月一四日に日本を発ち、最初にドイツの首都ベルリンに法学者グナイストを訪ねた（五月一九日）。同年九月一八日から一〇月三一日までオーストリアのウィーンで国家学者シュタインから一七回の講義を受け、その後ふたたびベルリンにて翌年三月までグナイストとその弟子のモッセの講義を受けた。(1)

伊藤はベルリンからウィーンに赴いてすぐの八月八日にシュタインを表敬訪問し、シュタインから学ぶところ多いと直観、同一一日岩倉具視に宛てその感激を伝えている。

……独逸にて有名なるグナイスト、スタインの両師に就き、国家組織の大体を了解する事を得て、皇室の基礎を固定し、大権を不墜の大眼目は十分相立候間、追て御報道可申上候。実に英、米、仏の自由過激論者の著述而已を金科玉条の如く誤信し、殆んど国家を傾けんとするの勢は、今日我国の現情に御座候へ共、之を挽回するの道理と手段とを得候。(2)

国会開設と憲法制定を目前にしての伊藤らの渡欧だが、グナイストとドイツ皇帝ヴィルヘルム一世から告げられたことは、議会を開くと反対勢力が徒党を組んで妨害するから、国会開設を勧めないが、やむをえず国会を開くならばその点の防御策を施しておく必要があるということだった。上の引用文にも見られるように、伊藤自身も日本の自由民権運動の圧力を身に沁みて感じていた。だが、伊藤はドイツ留学で自信を得て、民権派の運動は観念的なものにすぎないと批判した。

千八百期の末年に当り、仏国王家擅横の事跡あると、仏民乱を好むの質あるとに依り、又ルーソーが如き誤見の学者が悪を世海に流したるとに依り、其結果自由民権の説世の風潮を為し、終に革命変乱に至て勢ひ窮まり、英雄衆を籠絡して己が功名利達の志を遂ぐるの好時期を作り、……国会ある国は、早晩も君主統御の権を削弱し、無智無学議員の多数に国政の得失を任せん事を主張し、不得止して之を放任したるの国は、今日如何共する事不能。(3)

「誤見の学者」ルソーの所説を「金科玉条の如く」掲げ「殆んど国家を傾けんとする」「無智無学議員の多数」が議会で跋扈する、と、日本の政治状況に重ねて伊藤はグナイストらの言葉を聞く。

国会開設に関してドイツで聞かされたこうした見解について、瀧井一博はつぎのように解説する。(4) グナイストから「議会制度に対する敵対的な発言」を聞いた伊藤博文はそれを「頗る専制論」と受け止めた。同様の見解をドイツ皇帝からも聞かされたが、伊藤に「議会制導入へのためらいが萌した形跡は認められない。議会と共同で運営していくとの構想において、伊藤は一貫していた。だとすれば、伊藤の関心は、議会制度の移植をどのようにすれば免疫不全を起こさずに施術することができるか、という点に向けられていたと推察できよう。」そして、「この点、シュタインの講義は伊藤の志向にマッチしていた。『憲政（Verfassung = 議会制）はその最も本来的な概念に基づけば、行政の行為なくしては無内容であり、行政はその概念上、憲政なくしては無力』と説く彼の国家学は、議会政治と行政の調和を図るものだったと言えるからである。」

もっとも、瀧井は別の著作で[5]、シュタインも議会とりわけ民主主義に否定的だったと指摘する。シュタインは民主主義を立憲制と等置され得るものとは考えておらず、むしろ両者のあいだの緊張関係を強調している。民主主義は国家の一機関に過ぎない立法部＝議会の専横を容易に導き、立憲政治を覆す危険性をはらんだものであるというのがシュタインの教示である。

たしかに、シュタインは伊藤博文らを前にして、普通選挙法を採用すると当然ながら多数派の専権に至るから「平等一般ノ義ニ反スルヲ以テ、最モ国ヲ危フスルノ害アリ」[6]とし、しかもその多数派は下等社会の人が占め、彼らは「常ニ多数ヲ制スルヲ以テ労働力役ニ依ラス専ラ議論ノ多数ヲ以テ富楽ヲ致スヘキ私利自便ノ法律ヲ制定スルノ事アルベシ」(「純理釈話」伊東巳代治関係文書)、あるいは「下等社会必ス起テ上等社会ト雄ヲ争ヒ、其抑圧ヲ被ル所ノ権利地位ヲ保全センコトヲ思フヘシ。此反動力一トタヒ社会ノ間ニ現出スルトキハ、革命党ハ之ヲ以テ失フベカラサルノ好機トナシ」[7]ということさえ起こりかねない、と述べている。とは言え、シュタインの根本思想が非民主主義的であったりグナイスト同様に「頗る専制論」であったりするわけではない。たとえば、陸奥宗光に対しておこなった講義でシュタインは、「多数者は公的な地位から少数者を絶対に締め出してはならない。少数者は国家のあらゆる委員会への参加を認められるべきである」[8]と語るが、これは、「下等社会ノ人」が多数を占める議会で少数の上層社会の意見を認めるべきだというのではまったくなく、逆に、社会を実効支配している占有者階級に対して非占有者階級の平等な権利を認めるべきだという思想に裏づけられたものである。けだし、国家は、社会における占有者と非占有者との無限の闘争対立を超えて各人の人格態の実現を果たすために存在すべきだからであり、一八八七年七月二六日から翌年一月四日までおこなわれた海江田信義に対する講義でも、[9] 国家の「主ト為リ本ト為ル所ノ者ハ、個人ノ生活ニ在ルヤ明カナリ、個人ハ国家ノ結極ノ目的ナリ」であって、議会での反対派の対策に苦労することがあるとしても、国家の本質において本末を転倒させてはならないとの思いがシュタインには強くあった。

他方、じっさいに議会で長く政治活動を続けるグナイストには、シュタインのような理想論は見られない。一八八六年一〇月二五日から翌年三月二一日まで伏見宮貞愛らに対し行われたグナイスト講義[10]では、その第一回目からいきなり、「南独乙各国ニテハ殆ンド君主ハ議院ノ奴隷トナリタリ」と述べて、議会への不信感をあからさまにする。したがって、「帝室財産ハ勿論租税ナリ国費ナリ旧来有リ来リ定リタルコトハ決シテ議院ヘハ掛ケズ只報告スル而已ナリ。」議員を選ぶ際には十分に注意しそれなりの見識をもった者を選ばなければならない、とグナイストは続ける。第二回講義でも冒頭で、「本日ハ一般議院ニ於テ危害及ビ困難ヲ生ズルノ実況ヲ述ベン」とし、困難の原因はゲゼルシヤフトにあるという。「社会」における資本を持つ者と持たざる者との対立は必然的であり、いま日本で国会を新たに開設するというのであれば、この関係を良く設定しなければ「挙ツテ喧嘩ヲ為スニ至ルベシ」と忠告する。第三回では、日本は幸運だと述べ、その理由を「人民ヨリ強迫セラレテ火急ニ憲法ヲ作ラル丶」のではないからだとする。だから、憲法を制定するなら議会に諮らず欽定憲法とすれば良いと提案する。グナイストの議会不信は、シュタインが抱く議会運営上の危惧の比ではない。

山田公平は『近代日本の国民国家と地方自治――比較史研究』と題する浩瀚な書物で、グナイストが議会不信を抱きつつその状況を打破する道を自治制度の確立に求める事情をつぎのように概説する。[11]

グナイストは、まず、三月革命を契機とする立憲制の開始に、議会主義＝代表制の原理によって国民主権と政党政治が際限なく展開していく危険をみる。その根拠は、国家と社会の対立関係において社会の利害の対立の展開が国家を社会の主権へ帰属せしめるという帰結によるものである。立憲主義国家におけるこうしたさけがたい対立関係を克服し、社会と国家の強力な高揚を均衡ある調和（die gleichmässige Harmonie）において求めることは、利害の対立を本質とする社会のうちに求め得ず、国家の組織――法規によらねばならない。法の主体者としての国家のイニシャチブによってこそ、国家と社会の調和ある統一が可能となる。それは法律による官治の構築のもとで、諸階級を国家に包摂することによって可能となる。このような全体構造の実現が自治にほかならない。

第二節　影響関係

グナイストの思想は、彼自身が認めるように、社会と国家の対立というシュタインの思想の影響下にある。理論的にそう言い切れるかについてはあとで検討するが、ここではそうした理解がとりわけ日本では一般化していることをまず確認しておきたい。

グナイスト理論をわが国で最初に詳細に論究した赤木須留喜は前掲の「ドイツ法治国家の論理と構造」で、グナイストを古典的自由主義者と位置づけ、その理念的系譜をドイツ観念論とロマン主義の文脈の影響を受けた「ヘーゲル→ローレンツ・フォン・シュタイン→ルードルフ・グナイストに及ぶ『国家』（Staat）と『社会』（Gesellschaft）の対立という社会理論」に求める。そこから、「憲法体制においては、国家権力は、自ら、『社会』の諸勢力の『侍女』、すなわち、強者の利益の『組織体』となり、それが『多数意思の支配形式』をとって現れる（Rst 172）。その結果、『社会』の『国家』に対する優越という現象は絶対的に避けられない」というように、グナイスト理論を「国家と社会」の対立理論から理解する。[12]

現実の生活形態においては、人間は抽象的な「私」でもなく、むろん「国民」でもなくて、各々の「所有」（Besitz）と「営利」（Erwerb）に規定される存在である。すなわち現実の社会には、「所有」と「非所有」との対立関係が根底にある。そして「所有」の成立要件は「持たざるもの」（Nichtbesitzende）の「持てるもの」（Besitzende）への「従属」（Abhaengigkeit）であり、その意味で「労働」と「所有」とは対立の状況にある。この対立関係と「差異」（Verschiedenheit）は、「国家」の内部における人間の「非自由」（Unfreiheit）を発生させる要素であって、いまや人間は「需要」と「供給」の関係に規定されつつ、「世界観」・「利益」・「要求」の不一致という相互に基本的に対立し交叉する矛盾した状況に置かれているのである。[13]

赤木の論述に即してグナイストの結論を言えばこうなる。国家を「『社会』の諸利益を調整する主体」として位置づけ、「その『義務』の下に『社会』を『従属』せしめることによって国家の制度と機能を保障[14]」すること。だが、国家のイニシアティブはそのままでは発揮されない。そこで求められるのが、「『社会』の内部に形成されうる『有機的組織体』」としての「自治」（Self-government）である。[15]

上山安敏は、当時の政治状況と法論状況を絡めてさらに具体的にグナイスト理論を考察し、つぎのようにまとめる。[16]

三月前期では、憲法の獲得への闘争が法治国家論のエネルギー源であったし、自然法的論議に立って論争がなされていた。しかし憲法を上から与えられた五〇年代からは、憲法を前提にし、その上に立って立憲国家の性格が問われたのである。プロイセン憲法闘争に見られるように、そこで争われる焦点は、憲法解釈であった。……この時期に、L・シュタインは、すでに研究の出発点から「憲政」と「行政」の区分を確立し、憲政と行政を上下の概念でなく、憲政によって警察国家から市民社会への転換をさせ、「行政」に市民社会の矛盾を克服する崇高な使命を与えることによって、憲政から異なった行政の範疇を確定しはじめていた。L・シュタインの社会哲学に依拠したグナイストは、さらに行政を憲政レベルに高めて、L・シュタインの行政学（Verwaltungslehre）の継承を通じて、さらに行政法（Verwaltungsrecht）を確立し、それに学界での市民権を獲得させた功績をもったといいえよう。

また、鈴木康夫は「プロイセン行政裁判制度――グナイストモデルの分析[17]」で、一九世紀後半のドイツ政治勢力におけるグナイストの位置を、市民的リベラル派とユンカートウムの中間としてのプロイセントウム＝ドイツ・リベラル派（穏健自由派）に置き、彼らの理論的基礎にシュタインの社会哲学とりわけその「国家万能」論がある、と指摘する。グナイストにとって国家と社会は決して和解しえない対立物であり、したがって、国家は「私的利害の相対立するカオスとしての社会を倫理的に指導する」ものとして位置づけられる。グナイストは――と鈴木は続ける――法治国家を「名誉職原理によって『国家』の脱『社会』化をはかりつつ、合議制的行政と裁判によって実現しよう」とした。

いまここで、赤木、上山、鈴木の三氏に即して、グナイストとシュタインの関係についての見解を見たが、彼らほど詳細にではないが、他の研究書でもほぼ同様にグナイストとシュタインの関係を「国家と社会の対立」という論点に求めている。そのことは、グナイスト自身が認めていることであり間違いではないが、冒頭で予告したように、

「国家と社会」の関係についてのシュタインとグナイストの理解は決して同じではない。それはあとで検討しよう。

第三節　自治理論

明治期日本で新たに自治制度を確立するとき最大の争点となったのは、自治をどの範囲にまで認めるかという問題だった。それは、自治を人為的に導入してその範囲を広げることに反対した井上毅の意見書に明確に示されている。一八八八（明治二一）年一〇月五日付「府県制ニ対スルノ杞憂」で井上はこう述べる。

府県制ノ草案ニ依レバ府県ハ純然タル自治ノ区域トナリ、府県知事ハ自治団結ノ機関タラントス。……地方ノ過半ハ中央命令ノ及バザル所トナリ、統一ノ政ハ尾大ニシテ掉ラレザルノ病患ヲ生ジ、……彼ノ米国又ハ英国ニ於ケル学者ハ自治ヲ以テ共和ノ異名トシ、地方ノ自治ニ止ラズ全国ノ自治ヲ説ク者アルハ人ノ普ク知ル所ナリ（リーバー氏ノ自治論ノ如シ）小生ノ杞憂ヲシテ万一ニモ将来ニ効アラシメバ、或ハ恐ル百年ノ後歴史上ニ於テ我祖宗ノ国体ヲ破リシモノハ府県自治ノ制ナリトノ評論ヲ下ス者アランコトヲ。(18)

同年一二月一〇日の井上による「自治制ニ関スル演説」でも、「私ハ自治ノ賛成者ダケレドモ、制限自治ノ論者デアル。委シク言ヘバ私ハ町村自治ノ賛成者デアツテ、而シテ府県自治ノ反対者デアルト云フコトデアル(19)」と述べられるが、こうした見解は三浦安や末松謙澄ほかにも見られた。佐藤進は『日本の自治文化　日本人と地方自治』で、井上が府県自治は国体破壊のおそれがあるとして否定した論拠は、「英米の学者とくにリーバーの『自治論』が説くように、自治は共和制・民主制の異名であり、府県自治を認めれば府県知事公選の主張に対抗できなくなる」[20]という点にあったと指摘する。

井上の意見を強力に支持したのはロェスラーである。ロェスラーは自治を府県や郡に認めるべきではないと強く助言した。その背景に、プロイセン・ドイツの自由主義的立憲制樹立のために自治が利用されたとするロェスラーから見ての苦い思いがあった。もっとも、井上毅の自治理論は、ロェスラーのような政治的理由に基づくものではない。井上は、ヨーロッパの自治は中世以来の伝統に基づくものであり、それと同様にわが国の町村自治もいわば自然的に発達したものであり「自然ノ自治」であって、これを基礎にして近代の自治制度を確立すべきである、と主張したのである。この点において、井上の論敵である内務省およびその背後に控える山縣有朋の考えとのあいだに大きな差異はない。

山縣は自治制度に関する理論的なバックボーンをグナイストに求めたが、グナイストはプロイセン・ドイツに近代的な自治制度を確立するのに大いに貢献した人物ながら、日本で新たに自治制度を確立するにはむしろフランスの中央集権的制度のほうが適していると助言していた。前掲『グナイスト氏談話』でグナイストはこう述べる。日本のような「創業ノ事多キ国」では国制の事務を速やかにこなすにはイギリスのように「集合ノ責任」にしてはならず、ひとりで決済するフランスの制度に倣うべきである（第四回）。県制もフランスの制度を取り入れるのが最も良い。もちろんフランスの制度すべてが良いというのではなく、「一人ノ県令アリテ万事ヲ処分スルノ制ハ模倣スベキ」（第五回）である。ただし「仏国ニテハ自治政治ナク中央ノ政府直チニ人民ニ直接スルガ故ニ争乱改革絶ユル時ナク国権モ鞏固ナラズ」（第一〇回）、人民のばらばらな意見をまとめるのに苦労し、結局「党派ニ権力ヲ有セシムル」ことになってしまった。こうならないためには、県や郡などではフランスの中央集権的な制度を活かす一方で、町村すなわち「『ゲマインテ』ノ規則ハ独乙ノ規則尤モ適当ナリト考フ之レヲ日本ニ移シテ大ニ適当スル所ナルベシト信ス」（第一三回）。つまり、グナイストの持論である、地方名望家による無給の自治事務を通して国の施策を地方に徹底させ、同時にそうした人たちに地方で政治的な基礎訓練をさせ国政に吸い上げるという、まさに「国家と社会をつなぐ中間項としての自治」を日本に推薦しているわけである。かといって、地方自治を中央集権国家に吸収しようとすることだけがグナイストの真意でないことは、これに反対するロェスラーの危惧から逆証明される。自治を認める以上、あくまでも原則は人民の自由への志向を認める制度でなければならない。その点の微妙な状況を山田公平が前掲書でみごとに描き出している。

国民的統一のもとで封建的抑圧や規制を廃止し、自由・平等な人権を実現しようとする要求は、同時に中央権力による全国画一的な統治にたいして、地域の自由、地域の実情、民族体の伝統にもとづく自治の要求、すなわち地域自治権・民族自治権の主張を生み出す。しかも国民国家への統一が、歴史的、地理的に差異をもって発達してきた諸地域の集合のうえになりたったものであるが故に、こうした国家的統一のなかで地域の独自性が強調される現実的根拠がある。しかしこの地域自治は、古い身分的、団体的原理にたつ地方分立主義であることを否定され、地域における自由、平等な人権の実現をとおして国民的統一にむかうものであり、地域自治体の国民的連合形成へと発達していく方向をもつものとされる。これによって国家それ自体が自治体化される。こうした観点からは、主権的国民国家体制における地方自治の確立は、国民的自立の基礎となるものということができよう。(21)

ここで問題となるのは、山田の言う「国家それ自体が自治体化される」という点である。井上毅を筆頭に自治を府県郡レベルで認めることに反対した人たちは、こうした「国家の自治体化」であった。

以上の三点、すなわち民主主義に基づく議会開設の問題、「国家と社会の対立」の問題、そして自治の範囲に関する問題について、節を改め、グナイストとシュタインの所説を見ることにしよう。

第四節　シュタインとグナイストの相互評価

シュタインとグナイストは折々情報を交換したり新著を献呈して感想を述べ合ったりしている。とくにシュタインはグナイストの著作をきちんと読んで書評を書いたり自説に活かしたりしたが、グナイストはもっぱらイギリスの憲政と行政の紹介分析ないしはプロイセン政治について報告するだけである。したがって、シュタイン著作への言及は少ないが、グナイスト自身に言わせると、自分の思想の根底にはシュタイン理論があるという。

ところで、一八六〇年にグナイストは主著『今日のイギリスの地方体制と地方行政、あるいは、今日的形態での自治システム』を公刊するが、シュタインは早速その書評を書く。[22] ひとはイギリスを公法の模範国であり議会主義と自治の故郷だと言うだけで、それ以上の考察はしない。つまり、結局はイギリスについて何もわかっていない。そういうドイツの現状にあって、グナイストが初めて、あえて個別的な考察を控え、全体的な視野からイギリスの憲政と行政の全体を捉える著作を公刊した。彼は「ドイツの学問の旗をアルビオン〔イギリス〕の大地に立てた」。同時にこの著作は「たんに純粋に学問的な利害関心だけでなく高度に政治的な利害関心を持っている」とシュタインは続ける。当時プロイセンでは議会がもめており、とりわけ議会主義と立憲主義との関係が改めて問われていた。グナイストはまさにこの問題を「自治」を媒介にして解決しようとした。プロイセン・ドイツではこれまで自治について非常に漠然とした表象しか持たれていなかった。イギリスの自治は地方自治にすぎず、国家的な要件はそこから排除されると思われてきた。「グナイストはこうした表象を根本的に破壊した」とシュタインは言う。グナイストは本書で、イギリスの状態をフランスの立憲主義と対比しつつ特徴づけ、議会と自治の関係を明らかにした。われわれは——とシュタインは続ける——これを機会に憲政と行政と自治について、ドイツ、フランス、イギリスの比較研究を深めなければならない。

シュタインは『行政理論』第一部の前書きを「ベルリンのルドルフ・グナイスト教授へ」と題した。シュタインはグナイストの業績を賞賛しつつ、ローマ法衰退後のヨーロッパの法状態とオーストリアの憲政の特殊性について述べる。第一部第一篇でシュタインは、「人格態に、つまり、人格的な意識や人格的な意志と行為に高まった共同態が国家である」というように、独自の人格態論に基づき国家を定義し、そこから国家意志としての憲政と、その執行としての行政についての理論を展開する。第二篇では、自由な人格態の自己実現形態として、言い換えれば、自由な行政の母体としての自治と結社を論じる。第三篇は結社論である。そこでは、自らの根拠を自らのうちに持つ自己制約的な統一体が人格態であり、そうした人格態がもろもろの人間の統一として存在する場合、これを国家と言う、と述べる（VI1:1-4）。だがまた、国家は万人に普遍的で平等なものだけを包摂するが、同時に諸個体の特殊態を自らのうちに引き受ける統一体がなければならないとし、それが自治体であるという（ibid.）。そうであるならば、つぎに問題となるのは国家と自治体の関係である。

シュタインが『行政理論』第二版を公刊した一八六九年、グナイストは『行政・司法・法的手段』を公刊している。ここですでに自治が議会と官治との中間項として位置づけられている。[23] グナイストによれば、フランスでは社会的階級間の和解のない敵対が進行しているが、イギリスでは社会問題の解決を求めて現行の法治国家のもとで議会体制の確立が求められている。[24] 言い換えれば、国家と社会の関係を議会ならびに自治によって結合しようとしている。[25] これに対して、ドイツではこうした解決は疑問視され、フランスでは絶望視されている。[26] イギリスの自治は、「官治の一システムであり、国家意志遂行のための第二の補完的なシステム」であって、「コミューンへの国家委任」である。したがって、国家原則に基づく任命権によってもろもろの法律が議会の決議によって制定される。[27] このように、グナイストでは自治を法秩序ないし官治に不可欠なものとする[28]位置づけが目につく。

翌一八七〇年公刊のグナイスト『プロイセンのクライス条例』では、こうしたイギリスの「自治」概念をどのようにしてプロイセン・ドイツに根づかせるかが課題となる。機械の発明によって労働形態ももろもろの職業形態も変わり、それに応じて占有形態も変わった。[29] こうした変化の時代を特徴づける概念がフランスからもたらされた。「社会」の概念がそれである。社会は、占有と非占有、すなわち利害の対立を基礎にしており、それ自体では問題を解決できない。これを解決するのは国家の人倫的な秩序しかない。[30] 国家では「利害と利害ではなく、利害と義務」[31] として闘争が捉えられる。この闘争を解決できるのは官庁とその活動であるが、そのモデルはイギリスに求めることができる。そこでは国家と社会の中間項としての自治が解決の鍵である。この中間項こそ「イギリス五〇〇年の憲政を基礎づけ展開し、今日まで維持されてきたもの」であり、それは「国家への奉仕活動のなかで、対立する社会的諸階級を統一し、まずは近隣団体において共通の国家的活動に慣れさせ」、いっそう高度な目標を自覚させるものである。[32] つまり、「自治は、社会的諸階級を、国家の諸課題を実現するための人格的な共同活動に引き込み、そうして国家の活動を強化し活発にする[33]」ものである。

こうしたグナイストの国家論をコンパクトにまとめたのが『法治国家』である。「社会と国家との再結合（立憲体制）によって初めて国家への新しい運動が現れる[34]」とグナイストは主張するが、「社会と国家の再結合」はそれらの対立を前提とする。これらが対立するのは、社会が分裂を、国家が統一を志向するからである。社会の分裂は占有者と非占有者の対立、あるいは非占有者の占有者への従属に帰着する。この社会的対立すなわち支配と従属は世代から世代へと受け継がれることで国家を左右する対立にまで成長する。かつて占有と労働を結びつけていた人格的な生活共同態が解体し、新たな需要をともないつつ、財貨生活と貨幣経済の見通せない変化のなかでひとびとは翻弄される。[35]社会のこうした根本傾向に恒常的に対処しつつ法治国家が成立した。[36]とは言え、「国家のいかなる市民も、出生、教育、社会的利害によって、国家に参与する以前にすでに社会の一部門に属している」[37]。したがって、国家と社会は、対立ではなくいかにして和解し合えるかが問題である。この解決は「中間項」としての「自治」に求められる。

詳論は他に譲り、ここではグナイストがこうした議論の典拠としてシュタインの著作を挙げている点に着目したい。巻末註記でグナイストはシュタインの『社会の概念とフランス革命の社会史』(『フランスにおける社会運動の歴史』)の緒論の参照を求め、つぎのように付記している。

この模範的な叙述は、イギリス憲政史についての私の叙述にとって重要な意義を持つものとなった。……私は、社会の概念の重要な意義を全面的に承認するが、国家と社会との関係に関してシュタインとは別の結論に達した。[38]

グナイストは一八七九年に本書の改訂版として『ドイツにおける法治国家と行政裁判所』を公刊するが、その註記ではこの後半部を削除している。別の箇所の註記で、「真の国家生活は立法と行政の交互作用のなかで現れる。それは、法律と命令（Verordnung）の有機的相互関係で表現された」というシュタインの「最新論文」の一節を引用し、これによりシュタインは本来の思想に戻ったがこうした哲学的な議論はいまやドイツの実証的国法論との矛盾を解決できない、と批判している。[39] ここから察するに、グナイストはいまやシュタインとの理論上の差異には興味がなく、独自の道を歩むことをここで意思表示していると解釈することができる。グナイストの独自の道とは、「個人がその人倫的な義務を否定できないように、人民はその国家的意識を否定することはできない。……『国家』は、人間の人倫的自然において自立的に設定されている[40]」という言葉に見られるように、国家に軸足を据えて現実の諸問題に対処することである。

シュタインは、グナイストのこの改訂版を受けてすぐに書評を書き、「シュタインの理解の基礎は、立法と執行権力との厳密な区別である[41]」と自説を確認したうえで、これまで不明であった、自治と「司法の前での公的機関の活動の無条件の訴追可能性[42]」との関係を明らかにした、とグナイストを讃えている。そのうえで、グナイストは「理論を違う側面で前進させたが、シュタインは厳密な論理の分野を進み[43]」、ヨーロッパ法全体をその歴史とともに比較研究した、と自負している。

グナイストはその三年後に著した『イギリス憲政史』で自らの過去をつぎのように総括している。「一八四八年の疾風怒濤時代が私を初めて法律の領域から普遍的で政治的な領域に導いた」。フランスについてのシュタイン著作を学んで利害に関わる国家についての関心を深めると同時に、当時は自分が国民議会へ加われなかったこともあって、都市行政に関わり、そこで現実政治を体験した。それは、イギリスの統治階級が地域で毎日おこなっている経験から学んだものである、と。[44] つまり自分はつねに現実政治に関わって思索を重ねているのだとグナイストは自負しているわけである。ちなみに、一八八二年は、伊藤博文がグナイストとシュタインから憲法講義を受けた年である。

第五節　状況のなかで

ビスマルクがプロイセンで政権を握った一八六二年は、シュタインとグナイストが「国家と社会」をめぐって意見交流を深めていた時期に属する。グナイストはその後ビスマルクの専制政治と闘いつつも徐々に同調していった。他方、シュタインは、一八六〇年オーストリアの財務大臣ブルックが死去し政治的パトロンを失ったこともあって、研究生活に専念するようになる。それがいま瞥見した彼らの意見の違いとして反映しているようにみえる。

ところで、この激動の時代にグナイストの活動を驚くべきほど的確に捉えた匿名論文が存在する。(45) ここでその一部を紹介したい。匿名氏はつぎのように状況を概説する。

一九世紀に入り公法の領域でドイツとくにプロイセンにおいて大きな変化があった。とりわけ解放戦争以来、絶対的な統治形式が激しく攻撃された。国家の公的活動と権力が官僚に集約されていたが、彼らを凌駕するいかなる法的な力も国民は持っていなかった。他方、社会における物質的利害も官僚の支配下にあった。彼らの監視と管理から自由であり続けた産業部門も占有様式もほとんどなかった。こうした状態を屈辱的と感じた人民は、国家生活の方向を議会における自己決定権に求め、その手本をフランスに求めた。官庁を支配階級から奪い返し、人民の意志に従属させ、社会的利害に近い階級のものとしようと望んだ。この課題は、フランスではルイ・フィリップの憲章によって解決された。これに応じてプロイセンの自由党のスローガンは立憲制の確立とされた。ただし、一八四八年までは、である。「立憲制」ということで理解されたのは議会だった。議会への期待において、自由思想的な諸党派すべてが一致したが、選挙権を持つ階級については意見が分かれ、激しい論争がおこなわれた。ただ、国民がその理想的かつ物質的な諸要求に従って自由実現と幸福促進のために統治と立法に決定的に参加するという基本見解は共有された。一八四八年までは、この見解の正当性への信仰は揺るぎないものであり続けた。この時代に起きたフランスの事件が初めて変化を引き起こし、眼差しはふたたびイギリスへ向けかえられた。思えば、われわれがフランスに求めた手本はもともとイギリスの政治的な自由であった。「議会がこの自由の担い手であり支え手であるはずだった。フランスでもそうした議会があったにもかかわらず、非占有者階級と占有者階級との醜悪で血生臭い闘争のなかで、それは崩壊した。」フランスで実証されたように、政治的かつ人格的な自由の維持のためには議会だけでは十分でなかった。「イギリスには、議会とならんで、従来見過ごされてきたがいまや見出されなければならないさらに別の政治的自由のファクターがあった。イギリス人自身がそれへの注意を促した。」それは Selfgovernment である。[46] こうして地方分権と自治が日々のスローガンとなったが、自治の原理は、プロイセンでは一八五〇年三月の地方条例で実現されたと思われた。「自治は、健全な社会状態の確立と維持のために、社会問題の解決のために、必要である。[47]」具体的には、法的意志の保護、犯罪者処罰、年少者配慮、貧民の世話、秩序維持、生業全体の監督、福祉と安寧、青年教育、交通路整備、人民の防衛維持などを担う。しかるに、「国家に指導されるいかなる種類の活動も組織を必要とするし、恵み豊かな成果を得るには、怠惰、無分別、悪事に対する一定の権力が必要である」と認識され、これを行使しうるのは「全体意志つまり国家だけである」。人民の生活のあらゆる領域への関与は国家のみが可能である、[48] と主張されるようになった。いまや、フランスで語られる抽象的な「自由」ではなく、地方憲政の人格的側面こそが、ばらばらな社会階級をまとめることができる。それだけが「市民を貨幣の神格化から守り、日々の苦しみや家のつましい世話から解放し、いつでも偉大な共通の祖国を身のまわりに見たり感じたりできるようにする力がある」。自治は、「政治的自由の前提条件として必要であり、人格的自由の保証として必要であり、良い行政の設立のために必要であり、社会平和の実現と保守のために必要である」。したがって、自治を確立し、それを中間身分に広げることがプロイセンにおける王政の課題である。[49]

「ルードルフ・グナイスト」と題するこの論文の匿名筆者はグナイスト自身ではないかと疑われるほどに、グナイストの主張の意義と必然性をプロイセンの時代状況とからめて的確に把握している。逆に批判的見解にやや欠けるとも言える。

グナイストの所説を的確に捉えているという点では、のちのことだが一九二九年に公刊されたシッファーによる初めてのグナイスト・モノグラフを挙げることができる。シッファーによれば、グナイストの所説は「明らかにヘーゲルの国家哲学の影響を受けている」が、それ以上にシュタインの一八四九年以降の社会理論、すなわち「社会と国家の対立」理論のもとにある。グナイストが「社会」という言葉で理解しているのは、「占有の自然的不平等等によってつくられた関係の総体であり、この関係はおのずと階級と個人の権力位置の不平等へ向かった。不平等な占有は、占有対象をはるかに越えて従属を生んだ。そこから占有者と非占有者とのやむことなき闘いが、支配者と被支配者の、高位者と低位者の、有力者と無力者の闘いが大きくなった[50]」。こうした社会的対立を国家は直接解決することができない。そこで導入されたのが、イギリスの自治理論である。ただし、グナイストの自治は委任行政（Auftragsverwaltung）である。つまり「自治のかたちをとった官治」である。したがって、「国家と社会の関係にとって第二の規制的機能として、国家の法治国家への拡大が求められた[51]」。

ナチ時代に公刊されたフォイクトの自治理論もグナイストの所説を非常に的確に捉えている。「自治」という言葉で今日われわれが理解している意味に近いのは、一八四八年以前頃までは、自治（Selbstverwaltung）よりも自己統治（Selbstregierung）だった[52]、とフォイクトは指摘する。自治は当時財産権的な響きを持っていた。これを変えたのが、二〇年後に現れたグナイストの諸著作である。グナイストは「イギリスの selfgovernment を議会と官治の中間項として描く。社会が立法を越える力を持てば短時間に最も困難な危険が示される。というのも、支配者階級はつねに自分の力を他の階級に及ぼそうと努めるからである。イギリスの自治にはこれを克服する力があった[53]」とフォイクトは続ける。――ここまではグナイストの所説そのままであるが、それに続く「グナイストの思想の出発点は、国家そのものに固有の人倫的理念と威力が内属しているという確信である[54]」という指摘はフォイクトのものである。グナイストの自治は「国家的な自治」である。「自治によって法治国家を実現し、自治という中間項によって国家と社会を調和させようとするグナイストの努力は、彼が自治の思想をゲマインデや都市にまったく限定するつもりのないことを明らかにする。彼のお上的（obrigkeitliche）自治は、無給の名誉役人による国内地方行政における国家機能の遵守である[55]」とフォイクトは概説する。

ここでフォイクトはシュタインに言及する。シュタインの場合、官治と自治との厳然たる対立がある。「自治はつねに国家の影響を打破しようと努めるが、官治はつねに自治を自分の軌道に引き込もうとする。[56]」もちろん統治と自治は互いに調和的関係を得るよう努力しなければならない。そこでシュタインは「代理」とか「助言」とかの概念を持ち出すが、これは明らかにグナイストの影響による。[57]だが、そのことによってシュタインの自治は「官治と私的結社の形成との調和的な共同作業」を介して国家の執行権力形成に資することになる。このようにフォイクトは指摘する。シュタインの思想がこの通りであるかについては疑問があるが、フォイクトのこの指摘は極めて重要である。というのも、この著作はナチ時代に公刊されたものであるが、フォイクトが指摘するように、「官治はつねに自治を自分の軌道に引き込もうと」し、「私的結社」を総動員して一元的な独裁国家を形成したのがナチズムだからである。自治が「つねに国家の影響を打破しようと努め」ながら結局は「自治」の名において国家総動員体制に組み込まれた歴史的事実をわれわれはドイツにおいても日本においても見ている。

第二次世界大戦後は、自治はその原点に戻って再構築されつつある。もしも「グナイストにとって自治は市民を国家課題に引き入れることだ」[58]というシェールバルトのような古い解釈が現在でも通用するとしたら、グナイストの自治理論を批判するロッセフ[59]の指摘するように、「今日自治はもはやグナイストの意味では理解されない」と言わざるをえないであろうし、「名誉職役人の原理はたしかにまだ現前するが、二次的になった。」各地区のゲマインデは独自の憲政を持ち、土地共同態に根づく人びとに管理されており、行政に対する管轄権全体を保持して官治と対峙する、というのが現状である。

シュタインは、とりわけ日本ではいまでも国家主義者とか国家万能論者とかと評されることがあるが、シュタインにとって国家はあくまでも社会問題解決の手段であり、自治に関しても、地方自治体をたんなる官治の末端機構としては捉えていない。パンコーケが正しく指摘するように[60]、シュタインが自治を行政の問題として捉える場合、自治はつねに社会改革と関連づけて論じられる。「階級闘争の社会運動の構造危機への解答として若きシュタインによって展開された、階級を凌駕する『相互的利害の共和国』というモデルは、近代的な結社制度の利害多元主義に適用された。」[61]社会と国家の関係についても、「とりわけ社会発展上の機会均等のゆがみ」を是正するために「構造政策的かつ社会政策的な国家干渉によって逆操作」され「決定と操作のポテンシャルを上昇」[62]させたとしてシュタインの社会理論を高く評価するパンコーケの見解は妥当と思われる。

最初は批判的な立場で、のちには与党的な立場で議会運営に苦しんだグナイストは、自らの理論の基礎をシュタインの「国家と社会の非和解的対立」に求めたとし、わが国の研究者もそれをそのまま鵜呑みにしているが、シュタインの諸著作を読めば明らかになるように、シュタインが説く「国家と社会の関係」は、決して非和解的でもなければ「国家万能主義」でもない。最後にこの点を確認して、全体の小括としよう。

小括

シュタインによれば、人間は基本的に自らの人格態を実現することを使命とするが、現実にはさまざまな制約がある。個人のそうした制約をひとは多数態で乗り越えようとして共同態を形成する（SuC:16）。諸個人は互いに他者のために、さらには万人のために働くことで初めて自分の欲求を充足しうる（SuC:18）。この共同態すなわち協働体がうまく回転するには一定の秩序、「万人のための万人共同の労働の秩序」（SuC:19）が求められる。それは「労働配分と財貨配分の法則」（SuC:22）である。しかしながら、諸個人はそれぞれ意志も能力も占有物も異なる。結局は各人の財貨生活の量と質が関わってくるから、共同態のこの秩序は非占有者階級の占有者階級への依存となる（GsB:1-26）。この依存関係を克服しないかぎり、共同態はいずれ崩壊する。人間共同態のうち、社会は、欲求実現・自己実現を目指す諸個人の協働体[63]であるから、こうした利害関係を自ら解決することはできない、というのがシュタインの考えである。シュタインによれば、これを解決しうる共同態は国家である。「国家は諸個人を人格的統一に集約することを目的とするが、社会は個人を個人として個人に下位づける」（GsB:1-40）がゆえに社会は他の諸個人との関係態つまりその依存関係を脱却しえない。国家はあらゆる個人を完全な自由、完全な人格的発展に高めることを原理とするが、社会は諸個人を他の諸個人のもとに従属させ、他の諸個人に依存させることで諸個人を完成させることを原理とする（GsB:1-45）。したがって、「国家と社会の対立が人間共同態の生命である」（GsB:1-46）。国家は社会の諸矛盾を解決しようとするが、国家に生きる諸個人は社会的存在であるから、原理的には国家が社会の上位に立つように見えて、実際にはむしろ国家が社会に従属させられる。すなわち、国家は占有者階級に左右されることになる。これを防ぐためには、国家の主権者がいっさいの利害を超えた存在とならなければならない。こうして社会的王制が提案される。

以上が、シュタインの一八四八年と一八五〇年の著作に書かれている国家と社会の関係である。グナイストがシュタインから「国家と社会の対立」を学んだというのは、おそらくここまでである。だが、一八五二年の『国家学体系』以降のシュタインの諸著作では、こうした対立関係を強調したり、国家ないし社会的王制がすべての社会の問題を解決するという図式的な説明は消え、国家はどのようにして社会問題を解決すべきかについての具体的な探究がおこなわれることになる。じっさい、『国家学体系』の内実は社会の学である。[64]「社会と国家は互いに不可分に結びついている」（SSw2:33）のであり、社会の学なしに国家の学は成り立ちえないという思想がこれ以降前面に出てくる。[65]問題は国家と社会が対立すると指摘することではない。対立があるとしたらそれをどのように克服するかが問題である。晩年のシュタインは官治と自治の対立などもはや語らない。彼は統治を両者の結合体と定義する（HV3:1-96）。これは自治を国家に取り込むことを意味しない。『行政理論』第二版に見られる、「自由な国家が国民の自主活動を受け入れるのは、その意志決定すなわち立法においてだけでなくその行為すなわち行政においても」（VI2:1-1-123）であるというシュタインの自由思想は晩年まで失われていない。「自由の本質は諸個人が国家生活に参加することにあるがゆえに、立法のための自由があるだけでなく自由な行政も存在する。」（ibid.）

明治期日本の政治家や官僚、学者たちはシュタインから憲法や行政理論を学んだが、その底流にある彼のこうした自由思想を学ぶことはなかった。西洋の制度だけがつまみ食いされたのである。

註

（1）伊藤がグナイストから受けた講義内容は公的には明らかにされていない。
（2）春畝公追頌会編『伊藤博文伝 中巻』原書房、一九七〇年、二九六〜二九七頁。
（3）松方正義宛同年九月六日付伊藤博文書簡、同右、三一二、三一三頁。
（4）瀧井一博、前掲『伊藤博文』、六三〜六四頁。
（5）瀧井、前掲『ドイツ国家学と明治国制』、一九四頁。
（6）九月一八日講義、伊東巳代治筆記『大博士斯丁氏講義筆記』。
（7）九月二〇日講義、前掲。
（8）一八八七年一月四〜二〇日。陸奥宗光記、瀧井一博編『シュタイン国家学ノート』四三頁。
（9）『須多因氏講義筆記』。
（10）伊東巳代治文書「グナイスト氏談話」。「大森鐘一関係文書（一）」、『國家學会雑誌』第八四巻第五／六号、一九七一年も参照。
（11）山田公平、前掲『近代日本の国民国家と地方自治——比較史研究』、一八二頁。
（12）赤木須留喜、前掲論文四九三頁。
（13）同右、六一七頁。
（14）同右、六二〇頁。
（15）同右、六二三頁。
（16）「近代ドイツの憲法状況と司法の構造」、『法律時報』No.五三九〜五五四、一九七三〜七四年。『憲法社会史』一一四頁。
（17）『千葉大学教養部研究報告』A九、一九七六年。
（18）山中永之佑ほか編『近代日本地方自治立法資料集成2　明治中期編』四七〇頁。
（19）同右、四八三頁。
（20）佐藤進『日本の自治文化　日本人と地方自治』三七頁。
（21）山田公平、前掲、二一七〜二一八頁。
（22）Lorenz von Stein, Die heutige englische Communalverfassung und Communalverwaltung, oder das System des Selfgovernments in seiner heutigen Gestalt, von Dr. Rudolf Gneist, Professor der Rechte. Berlin, Ant. Springer. 1860, in: *Oesterreichische Vierteljahresschrift für Rechts- und Staatswissenschaft*, Bd.5, 1860.
（23）Rudolf Gneist, *Verwaltung-Justiz-Rechtsweg. Staatsverwaltung und Selbstverwaltung nach englischen und deutschen Verhältnissen mit besonderer*

Rücksicht auf Verwaltungsreformen und Kreisordnungen in Preußen. Berlin 1869, S.V.

（24）ibid., S.1.

（25）ibid., S.3.

（26）ibid.

（27）ibid., S.95f.

（28）ibid., S.101.

（29）Rudolf Gneist, *Die preußische Kreisordnung in ihrer Bedeutung für den inneren Ausbau des deutschen Verfassungsstaates.* Berlin 1870, S.1.

（30）ibid., S.4.

（31）ibid.

（32）ibid., S.6.

（33）ibid., S.189.

（34）Rudolf Gneist, *Der Rechtsstaat*, Berlin 1872, S.2.

（35）ibid., S.3.

（36）ibid., S.6.

（37）ibid., S.8.

（38）ibid., S.183.

（39）Rudolf Gneist, *Der Rechtsstaat und die Verwaltungsgerichte in Deutschland*, Berlin 1879, S.355.

（40）ibid., S.28.

（41）Lorenz von Stein, Rechtsstaat und Verwaltungsrechtspflege, in: *Zeitschrift für das Privat- und öffentliche Recht der Gegenwart*, 6.Jg., 1879, S.317.

（42）ibid., S.320.

（43）ibid., S.317.

（44）Rudolf Gneist, *Englische Verfassungsgeschichte*, Berlin 1882, S.III-IV.

（45）Rudolf Gneist als Publicist und als Abgeordneter, in: *Unsere Zeit. Jahrbuch zum Conversation-Lexikon.* Siebenter Band. Leipzig 1863.

（46）ibid., S.721f.

（47）ibid., S.735.

（48）ibid., S.736.

(49) ibid., S.737.
(50) Eugen Schiffer, *Rudolf von Gneist,* Berlin 1929, S.46.
(51) ibid., S.50.
(52) Fritz Voigt, *Die Selbstverwaltung als Rechtsbegriff und juristische Erscheinung,* Leipzig 1938, S.138.
(53) ibid., S.149.
(54) ibid., S.150.
(55) ibid., S.151.
(56) ibid., S.155.
(57) ibid., S.156.
(58) Walter Scheerbarth, Rudolf von Gneist 1816.1895, in: *Männer der deutschen Verwaltung,* Köln und Berlin 1963, S.137.
(59) Nikolai Losseff, *Der Begriff der Selbstverwaltung bei Gneist.* Berlin, FU Diplomarbeit 1965, S.45.
(60) Eckart Pankoke, Soziale Selbstverwaltung. Zur Problemgeschichte sozial-liberaler Gesellschaftspolitik, in: *Archiv für Sozialgeschichte,* VII, 1972.
(61) ibid., S.201.
(62) ibid., S.199.
(63) ヘーゲルの言う「欲求の体系」。
(64) ウィーン移籍もあって執筆は中断され、完結しなかった。
(65) ちなみに、シュタインは一八五〇年著作までは「国家と社会」という語順で書いているが、一八五六年著作以降は「社会と国家」という語順に変えている。なお、シュタインやグナイストらの思想を日本で受容するにあたり、とりわけ「社会」概念について日本独自の理解の仕方に規定されてきわめて独自の議論が展開された（たとえば社会政策学会において）ことを石田雄『日本の社会科学』が紹介している。

第八章　シュタイン自治理論の歴史的社会的背景

第一節　社会・国家・自治

シュタインにとって、国家は、社会ぬきには考えられない。シュタインにとって国家は社会問題解決のために存在する。そして、現代の社会問題は一国内に留まらず産業社会共通の問題であると彼は考えた。この視点ゆえに、彼の国家論はいかなる政治情勢にあってもナショナリズムに陥らず、グローバルな視点を保ちえた。

かつてプラトンが著した対話篇 Politeia は、ローマでは Res publica や civitas に関することとして理解されたが、これは国制の一つである共和国を意味せず、res publica の字義通り「公のもの」を主題とし、そのあり方を問うものであった。それゆえに国家はのちに「あり方（State）」と呼ばれたが、古代末期に「公共組織の状態ならびにその形態、構造」あるいは「公共組織の、確固たる安定した不動の状態、ないしその永続」を意味した status が、国家一般を示す概念となるには一六世紀のマキアヴェッリを待たねばならなかった。[1] もっとも、「状態」と言っても、何のどのような状態を指すかが問題であるから、当然「市民の（civilis）」という形容詞が必要となり、国家は status civilis ないし civitas と呼ばれた。カントは『人倫の形而上学』（一七九七年）第四三節で、「人民諸個人の相互関係状態は市民状態（der bürgerliche <status civilis>）と呼ばれ、諸個人全体が成員となって関わると国家（der Staat <civitas>）と呼ばれる。国家は、法的状態にある全成員が共有する利害関心で結合されるがゆえに、その形式からして公共体（das gemeine Wesen）すなわち広義の共和国（res publica latius sic dicta）と呼ばれる。」と述べ、国家を法的諸関係にある人間共同態、成員諸個人ではなく全体としての道徳的人格と捉えた。したがって他面、諸個人の相互関係態である「市民状態」すなわち「市民社会」は、「国家」と明確に区別されねばならなかった。

この区別を最も鮮明に描いたのがヘーゲルである。ヘーゲルにとって国家は、自由を具体化する「法・権利」とその主体化である「道徳」との両者を前提とする、自由で主体的な諸個人の共同態としての「倫理」に属する。「倫理」は、構成員の自然的結合である「家族」、個人の欲望実現のための協働体としての「市民社会」、社会的諸利害の調整機関であるとともに対外関係を処理する「国家」の三つに分けられる。市民社会は諸個人から出発するが、国家は普遍であり、個人を超越する。国家はいわば形式であり、市民社会は個々の市民の日常生活に基づく内実をなす。だが、どんなに中身の濃い実体であっても、それだけでは機能しない。そこで考えられたのが、国家の根拠は憲法、活動体は国会、働き手は官僚、そしてそれらの監督官として、利害を超越した国王という図式であり、ヘーゲルは立憲君主制を理想国家と考えた。だが、理念としての国家が国民に周知され現実に維持されるためにはたとえば戦争が有効である、とヘーゲルは考える。シュタインに言わせれば、なにもそうした外的暴力装置を導入しなくとも、「社会」の概念とその運動法則をきちんと捉えればおのずから国家の必然性は人民に自覚されるはずである。というのも、人間はみな自己の人格態を自由に発展させることを自己目的とするが、その結果としての現実は階級差別の激化にすぎないがゆえに、一つの人格的な統一へと高められた、すべての個人の意志の共同態としての国家を要請せざるをえないからである。国家は「人格態の最高形態として、すべてに超越する最高権力として、個人に絶対的に独立し、個人なしに定在するものとして、自己を必然的に産み出すものとして、抵抗しがたく働くものとして、神聖不可侵なものとして、現存する。」(GsB:1-61) 社会問題を解決するのは、個人に依拠する社会運動でも社会革命でもなく、国家である、とシュタインは言う。国家こそ「これまで社会的にも国家的にも抑圧されてきた下層階級を高めるために登場する」(GsB:1-38) 機関でなければならない。

こうした主張を聞くと、「シュタインにとって自治は自己目的でないということを忘れてはならない。彼は一貫して共同精神と市民感覚を再建した上で国家の再組織化を基礎づけたのである。」(クリスチアン゠フリードリヒ・メンガー)(2) というようないわゆる国家主義者としてのシュタインを想起しがちであるが、筆者がこれまで繰り返し述べてきたように、シュタインはむしろ国家を再組織化して共同精神と市民感覚に溢れた自治組織を構築しようとしたのであり、その点、同じくキール大学ローレンツ・フォン・シュタイン行政学研究所の刊行物として公開されたマルティン・ノルテの主張のほうが妥当であろう。(3) ノルテによれば、一八四八年革命後たしかにシュタインは自らの見解を変更し、行政による〈行為する国家〉を社会に対峙し、(4)「社会の底辺にある被支配階級は、自分だけでは上位階級との法的平等には至りえず、この目標は国家の援助によってのみ達成しうる」(VI2:1-1-31) と考えたが、その際でもシュタインは決して国家と社会をそれ自体で閉じた別の体系としてではなく、相互に影響し貫通し合うものとして捉えているのであり、自治や協会組織における国家公民の自由の実現に注目したのであった。地方団体や職業団体での自治は、大きな社会的課題に取り組む社会的母体であり、ともに働く者 (Mitarbeiter) と考えた、と言うのである。

以上のシュタインにおける社会と国家との関係についての概略を踏まえたうえで、本章ではシュタイン思想の社会的・歴史的背景を探っておきたい。それは、彼の故郷であるシュレスヴィヒ・ホルシュタインの歴史との実践的な関わりから生まれたものである。(5)

第二節　シュレスヴィヒ・ホルシュタインの歴史と現在

シュレスヴィヒ・ホルシュタインは、現在ドイツ連邦共和国の一州であり、ハンブルクの北方、デンマークと領土を折半するユトラント半島の南半分に位置する。土地面積は一万五千七六三平方キロメートル、低湿地、前砂丘、高地砂丘、丘陵地に分けられる。ゲマインデ（地方自治体）は、北フリースラント、ディットマルシェン、シュタインブルク、ピンネベルク、フレンスブルク、シュレスヴィヒ・フレンスブルク、レンツブルク・エッケルンフェルデ、ノイミュンスター、ゼーゲベルク、シュトルマルン、キール、プレーン、東ホルシュタイン、リューベック、ラウエンブルク公国に区分され、選挙区は人口比に合わせて四〇区設定されている。人口は一八七一年に約八六万三千人、一九一〇年一〇四万九千人、一九五〇年二五九万五千人、二〇一〇年は二八五万六千人である。外国人は他のヨーロッパからが五三・七％、欧州連合二一・八％、アジア一五・九％、アフリカ四・一％、アメリカ三・三％、オーストリアとオセアニア〇・三％、不明ないし無国籍〇・九％である。[6] 一七世紀から一八世紀におけるシュレスヴィヒ住民の出自を調査した文献[7]によると、北海沿岸地域は近隣地域のほかフリースラント、オランダ、ドイツ出身が多く、バルト海沿岸はデンマークとドイツ出身が多い。これは住民の名前を分析したものだが、入手した古書の書き込みに「疑わしい」という感想が随所に見られるのも頷ける反面、調査結果はいわば平凡な内容で、これほど詳しく調べる価値があるのかという印象を受ける。宗教では圧倒的に福音・ルター教会所属が占め（五五・二〇％）、ローマ・カトリック教会は六・二〇％にすぎない。いずれの宗派にも属さない人が三五・一二％と第二位を占めるのは現在では一般的傾向である。

ローレンツ・フォン・シュタインは、一八一五年デンマークの国境に近いシュレスヴィヒ公国[8]エッケルンフェルデに生まれた。一八三五年キール大学法学部入学、四〇年法学博士の学位取得。四六年キール大学員外教授。デンマークからのシュレスヴィヒ公国独立運動に参加し、四八年三月に樹立されたシュレスヴィヒ・ホルシュタイン臨時政府代表としてドイツ海軍設立委員会で活躍するほか、同年六月臨時政府委員としてパリに派遣されたが、革命は敗北し、一八五二年、独立運動参加の廉で他の七教授とともにキール大学を追放された。こうしたキール時代の活動が彼のその後の所説と無関係では当然ありえない。

シュレスヴィヒ（スリスヴィ）は、古来デンマークの一部であり、古くは南ユトラントと呼ばれた。ダーネヴィアケ（デンマーク人の仕事）と呼ばれる土塁はすでに八一〇年から造られ、八一一年にヘミング王とフランク王国カール大帝とのあいだで、アイダー川をデーン人とフランク王国との国境とすることが決められた。一四世紀にホルシュタインの貴族がシュレスヴィヒに所有地を取得しはじめ、シュレスヴィヒ・ホルシュタイン騎士団を結成するなどして、しだいにシュレスヴィヒとホルシュタインとの結びつきを強めていった。そして、一四六〇年デンマーク王クリスチャン一世をシュレスヴィヒ公爵兼ホルシュタイン伯爵に選び、自分たちの利益を守るために両地の統合を図った。リーベ議定書と呼ばれる協定書を作成し、両地が永遠に不可分であることをクリスチャン一世に誓わせた。(9) だが、一六六〇年にデンマーク絶対王政が確立し、また北方戦争の結果、一七二一年にはシュレスヴィヒ全土がデンマーク王家に永久に合併されるべきことが各国によって承認された。一八一四年にデンマーク・ノルウェー同君連合が解消すると同時に、デンマーク王のもとでデンマーク王国と、シュレスヴィヒ・ホルシュタイン・ラウエンブルク三公爵領とからなる領邦国家体制が形成され、翌年のウィーン会議でそれは確認された。その結果、逆にデンマークのドイツ化が進み、高級官僚職ならびに教養市民層をドイツとホルシュタイン出身者が占め、ドイツ語がデンマークの宮廷や軍隊で使用されるようになった。これに反発する勢力がロマン主義やナショナル・リベラルを通してしだいに広まった。[10]

一八三〇年代になると、ヨーロッパで起こった革命運動のうねりはシュレスヴィヒ・ホルシュタインにもおよんだ。一八三〇年にズィルト島代官のロルンゼンが『シュレスヴィヒ・ホルシュタインにおける憲法制定について』と題するパンフレットを書き、両公国一体の自立的な憲政の確立を訴えた。このため彼は一年間投獄されることとなったが、それがかえって人びとの関心を集めた。キール大学歴史学教授ダールマンとその友人の法学部教授ファルクによって理論的に強力に支えられたシュレスヴィヒ・ホルシュタイン独立運動は、ロルンゼンのパンフレット出現をきっかけにさらに盛り上がり、多くの政治文書が書かれた。キール大学法学部教授が中心だったこともあって、彼らはもっぱら王位継承問題と、クリスチャン一世以来交わされてきたシュレスヴィヒ・ホルシュタインの一体性を確認する公文書を引き合いに出して運動の武器とした。[11] エーリヒ・ホフマンは、「今日の故郷意識と歴史意識におけるシュレスヴィヒ・ホルシュタイン」というゼミで報告したレポートでつぎのように指摘しているが、この点が一八四八年革命前後の他の地域の運動との違いである。

たしかに政治的闘いで説明されるのは、ダールマンが強調したように、事象をたんに死んだ書簡や証書に基礎づけるだけでなく、また、オルラ・レーマン〔デンマークの政治家〕が力説するように『古文書や年代記でなく、問題なのはもっぱら現在いま生きているシュレスヴィヒの人たちなのだ』ということであるにしても、それにもかかわらず、ドイツの側でもデンマークの側でも学問的ならびに政治的な前哨戦で繰り返し問われたのは自分たちの要求の歴史的正当性であった。[12]

他方、デンマークでは、ロマン主義の影響を受けて言語問題を中心としてナショナリズム運動が広まった。一八三四年に『祖国（*Fædrelandet*）』紙が創刊され、三五年には言論出版自由協会が設立されて、機関紙『デンマーク国民新聞（*Ugeblad Dansk Folkeblad*）』が発行された。キール大学教授でデンマーク語を教えていたパウルゼンは、それまでドイツ語で綴っていた日記をデンマーク語に変えて書き始めた[13]。彼は、一八三二年に『シュレスヴィヒ公国の民族性と国法について』を書いてロルンゼンに反論し、シュレスヴィヒの大部分はあくまでもデンマーク民族に属する南ユトラントであると強調した。シュレスヴィヒの等族議会議員のローレンセンは、当初ロルンゼンの影響を強く受け、シュレスヴィヒが自由な憲政を確立しうるのはホルシュタインとの結合においてのみであり、デンマーク絶対王政の基礎である王法がその障害となっていると考えていたが、その後、自由な憲政を打ち立てるのはさしあたってホルシュタインのみで良いとする新ホルシュタイン主義者が登場するにおよんで、これに反発し、デンマークのナショナル・リベラルの指導者オルラ・レーマンと交わり、デンマーク王法を支持するようになった。一八四二年一一月の議会でローレンセンは、制止を振り切ってデンマーク語で演説を始め、デンマークの国民性の基礎はデンマーク語であり、シュレスヴィヒにデンマーク語を話す人たちが大勢いる以上、議会はデンマーク語で運営されるべきであり、議事録もデンマーク語で書くようにと求めた。

デンマークの政治家レーマンは、学生時代をドイツで過ごしたが、その後コペンハーゲンでナショナル・リベラルの指導者となり、一八四八年革命でも大活躍をする。彼が主唱する立場は「アイダー・デンマーク主義」と呼ばれる。それは、一八四二年五月二八日に開かれたコペンハーゲンでの集会でレーマンがおこなった演説で端的に表明されている。レーマンによれば、われわれがわれわれの真の国境を越えてしまった点にわれわれの不幸の原因がある。ホルシュタインはつねに純粋にドイツであったし、今後も永久にドイツに属する。自然と歴史と法がわれわれに示している国境はアイダー川である。だからこそ、シュレスヴィヒは明らかにデンマーク王国に属する。われわれの使命は、このアイダー川国境とその背後に控えるダーネヴィアケを守ることにある。[14] レーマンの唱えるこのアイダー・デンマーク主義は、一八五三年刊の『現代』誌掲載論文の匿名筆者が指摘するように[15]、従来のスカンジナヴィア主義を超え、シュレスヴィヒとホルシュタインとの完全な分離を主張する点で、シュレスヴィヒ・ホルシュタイン主義者はもちろんのこと、デンマーク領邦国家体制をも否定する内容を持つものであった。

一八四六年七月八日に、デンマーク国王クリスチャン八世から出された公開状が、デンマーク、シュレスヴィヒ・ホルシュタイン双方の運動をさらに刺戟した。これは、一八三七年にアウグステンブルク公爵が唱えた、デンマーク王家の男系の血統が断絶する暁には両公爵領の継承権はアウグステンブルク家に移行するとした見解に対して、デンマーク王家が与えた回答であった。デンマーク王はこの公開状で、これまでの伝統を破棄し、女系王位継承権がデンマーク王法にあること、シュレスヴィヒがデンマーク王家のものであることなどを明確に宣言した。これに対して、シュレスヴィヒ・ホルシュタインの一体性を主張し、そのドイツ連邦帰属を唱える人たちが強く反発し、シュレスヴィヒ・ホルシュタインならびにドイツ各地の議会からも抗議声明が相次いで発せられた[16]。

キール大学哲学部の員外教授だったシュタインは、デンマーク王のこの公開状について早速その政治的な意味を明らかにする記事を寄せている[17]。そこでシュタインはつぎのように指摘する。

シュレスヴィヒ・ホルシュタイン問題は、法の問題に尽きるのでも、国境の問題に限定されるものでもない。それは、ヨーロッパ諸国の未来に深く関わるきわめて政治的な問題である。というのも、各国はシュレスヴィヒ・ホルシュタインを通して主要な海軍国となりうるからである。デンマークにとってシュレスヴィヒ・ホルシュタインを王国に統合させておくことは、デンマーク国家の独立とその統合国家としての不可侵性を確固たるものとし、またその君主制そのものを保障することである。デンマークのスカンジナヴィア人はシュレスヴィヒ・ホルシュタイン両公国を征服することができず、ましてホルシュタインは手の届かぬところにある。しかしシュレスヴィヒを欠いたデンマークでは開け広げの国となってしまい、危険である。そこで彼らは、「デンマークはアイダー川まで」と称しているわけである。ドイツにとってシュレスヴィヒ・ホルシュタイン問題は、国家ではなく民族の問題であると言われる。だが、ドイツはたんに民族であるだけではなく同時に国家である。ドイツ国家にとってデンマーク王の公開状はまさにクーデタである。これは、ドイツからその最も美しい北の地方を奪い、エルベ河から切り離してドイツ関税同盟を失わしめるものである。しかも、両公国なしのドイツ海軍力とは、およそナンセンスなしろものである。

このようにシュタインは述べている。

一八四八年一月二〇日にクリスチャン八世が没し、新たに即位したフリードリヒ七世は、就任早々、シュレスヴィヒとホルシュタイン両公国をデンマークに統合するとの意志をより鮮明に宣言した。こうして、「シュレスヴィヒ・ホルシュタイン問題」は一挙に革命のスローガンとなった。

一八四八年三月二九日付『一般新聞』特別号掲載の記事(18)で、シュタインは事態をつぎのように報道する。

キール。三月二四日昼の一二時。ついにさいは投げられた。従来のデンマーク連合からのシュレスヴィヒ・ホルシュタイン脱退が宣言された。臨時政府が樹立され、キールとレンツブルクをすでに手に入れた。すなわち、昨日正午にきわめて不穏な報せがコペンハーゲンから届いた。ウルトラ・デンマーク主義者が集会を開き、シュレスヴィヒとホルシュタインとの連合はデンマーク法違反だというのである。民衆運動が起きて、デンマークのこれまでの全閣僚が辞任した。

この無血でまったく静穏な革命が完全に勝利したことは疑いない。デンマーク人はいまや分別を失った。コペンハーゲンではなんの準備もなされていなかった。こうした革命がいままでは王朝内部のものであったことは真実であるが、等族議会が招集されたことで、本来の民衆的な性格が獲得された。全世界が喜び、自由である。われわれの未来は新しい未来である。

つまり、シュタインはシュレスヴィヒ・ホルシュタインならびにデンマーク双方で起きた革命を、民族独立というナショナルな立場を超えて民衆の自由を求める解放運動として捉えたのである。

シュレスヴィヒ・ホルシュタイン主義者は、デンマーク王であると同時に両公国大公であるフリードリヒ七世に対し、大公はデンマーク国民の不当な圧力に屈せず、そのほんらいの政治的な自由を回復して、シュレスヴィヒ・ホルシュタイン両公国国民の権利を守るようにと訴えた。デンマーク国民からすれば、ようやく勝ち取った自由主義的、民主主義的な新政府樹立であるが、シュレスヴィヒ・ホルシュタイン主義者の側から見れば、彼らのアイダー・デンマーク主義はシュレスヴィヒとホルシュタインとの不当な分離案にすぎなかった。こうして戦争が不可避となった。だが、バルト海ならびに北海の利権確保をねらうロシアとイギリスの圧力により真っ先にプロイセンが撤退、ついでフランクフルト国民議会での激しい論争と街頭での抗議行動をおさえつつドイツ連邦軍も撤退を決意し、その結果、シュレスヴィヒ・ホルシュタイン臨時政府は、一八四八年八月二六日のマルメ休戦条約によって解散させられ、臨時政府が制定した法律もすべて破棄された。四九年、五〇年に戦闘を再開したが、もはやプロイセンやドイツ連邦軍の支援を得られず、敗退を続け、五一年一月一一日の地方議会でついに降伏を宣言せざるをえなかった。五二年のロンドン列国会議で従来どおりデンマーク王が同君連合国家として両公国を統治することが決定された。そして、エーリヒ・ホフマンが指摘するように、その後のシュレスヴィヒ・ホルシュタインの歴史は、「ビスマルクによって基礎づけられたドイツ帝国において、連邦州としてではなく、プロイセンの属州として組み込まれた」のであり、また「北部シュレスヴィヒは第一次世界大戦後投票によってデンマークに帰属することになったが、第二次世界大戦後にようやく、先祖が一九世紀に選んだものが、蜂起時代のシュレスヴィヒ・ホルシュタイン人の孫たちのものとなった。すなわちシュレスヴィヒ・ホルシュタイン州の成立である。」だが、それは「一九四六年の連合軍の指示によるものであった。[19]」

シュレスヴィヒ・ホルシュタインにおけるこうした一連の動きのなかで理論的に指導的な役割を果たしたつぎの三人とシュタインの思想とを比べてみると、シュタインの思想の特徴が明白になる。

キール大学法学部教授ファルクは一八一六年に『デンマーク王国とホルシュタイン公国との現在的関係から見たシュレスヴィヒ公国』を著し、早くからデンマークのシュレスヴィヒ政策を批判し、その独立を主張していた。彼はその序文で、本書が「非党派的な歴史的研究」であることを強調し、「政治的な見解ではなく、ただ歴史の証拠だけが立憲体制への邦の要求を決定する」と述べている。ファルクによれば、シュレスヴィヒとホルシュタイン両公国は、デンマークとの結びつきがあるにもかかわらず、独自の国家形成を果たすべきであった。こうした主張の根拠はあくまでも法に置かれた。シュレスヴィヒの問題はなによりも法によって、正確には法の歴史によって、決着がつけられなければならない、と彼は強調する。ファルクは、「あらゆる人間的な事物のなかで法よりも良いものは一つもない」という信念の持ち主であった。

ファルクの影響を最も強く受けたのが、彼の学生だったロルンゼンである。ロルンゼンがズィルト島の代官を務めているときに書いた小冊子『シュレスヴィヒホルシュタインにおける憲法制定について（*Ueber das Verfassungswerk in Schleswigholstein*, Kiel 1830）』は大反響を呼び、わかっているだけでも当時モール社が六〇〇〇部、教科書出版社が三〇〇〇部を印刷した。本文一四ページのこの小冊子でロルンゼンが訴えたことは、シュレスヴィヒホルシュタインに憲法を制定することであり、具体的には二院制の導入、立法と租税認可権の導入、司法と行政の分離、そしてシュレスヴィヒホルシュタインに関する行政の独立である。[20]

フランクフルト国民議会での活躍で知られる、プロイセン派のドロイゼンは、一八四〇年から五一年の激動の時代をキール大学の歴史学教授として過ごした。一八四三年以降の彼の歴史研究はすべて政治的な意図すなわちドイツ統一に基づいている、と評されているが[21]、ハルトマイアーが記録した一八四三年のドロイゼンの演説[22]を読むと、たしかにそれがうかがえる。

ドイツはさまざまな国の連合ではない。それは一つの連邦国家になるであろう、否、そうならねばならない。民族統一のもとで、大きく、力強く、自由に、繁栄する一つのドイツに。……歴史的権利、歴史の権利、これこそがシュレスヴィヒ・ホルシュタイン主義者が自らのためにもち出すものである。……唯一の自由なシュレスヴィヒ・ホルシュタインこそ、われわれの国家努力の課題である。そうでなければ、われわれの過去全体が嘘をついてきたことになる。……シュレスヴィヒ・ホルシュタイン国とはドイツ国以外のものではありえない。というのも、ドイツの発展、ドイツの精神的かつ政治的な教養、ドイツの歴史そのものがこの国をつくったからである。

ドロイゼンのドイツ統一への固い信念は、一八四八年三月二四日にシュレスヴィヒ・ホルシュタイン主義者が臨時政府を樹立したとき、キールの市役所に掲げられた彼らの宣言文「同朋市民諸君（Mitbürger）！」にうかがうことができる。この原文は、当初外務大臣に就任したレーヴェントロウ伯爵と内務大臣ヴィルヘルム・ベーゼラーの手になるものと思われていたが、その後、レーヴェントロウの手紙のなかにその草稿が発見され、原文もその修正もレーヴェントロウひとりの手でなされたことが明らかになると同時に、そこに重大な変更がなされていることもわかった。そして、その変更の際にドロイゼンが口頭で文章を補ったのではないかという事実が浮かび上がった。(23) たとえば、最初の原文には、「われわれは、ドイツの両公国がデンマークの一党派による略奪にまかせられるのを許しはしないだろう」と書かれてあったが、それが「われわれは、ドイツの国土がデンマーク人の略奪にまかせられるのを我慢しはしないだろう」と書き換えられた。原文がデンマーク連邦国家体制内部の問題という立場で書かれていたのに対して、修正文は明らかに民族対立を煽るものとなっている。そしてまた、「われわれはドイツの統一と自由のための努力に全力で参与するであろう」という、原文にはない一節が加えられている。ほかにもたくさんの加筆訂正が施されているが、いま挙げた二箇所に最も象徴的に表れているような「ドイツ民族統一」というイデオロギーは、少なくとも原文には見られないものであった。そして、この修正がドロイゼンの指示によるものであることは確実と見なされている。

第三節　憲政から行政へ

この三人の代表的人物の言説とシュタインの所説とを比較すると、とくにつぎの二点が浮かび上がる。一つは、シュタインが「シュレスヴィヒ・ホルシュタイン問題」をナショナリズムではなくインターナショナルな視点から捉えていることであり、もう一つは、そのことと関係するが、彼がそこに〈社会〉という視点を加え、憲政の問題から自治ないし行政の問題としてこれを捉えるようになっていったことである。[24]

シュレスヴィヒ・ホルシュタインが、もとデンマーク王国連合に属していたことからしてたんなる一国一地方の問題でないことは言うまでもないが、この土地がユトラント半島の南半分を占め、東はバルト海、西は北海に挟まれているがゆえに、強国ロシアとスウェーデンならびにイギリスにとって、この地域の動向は自らの覇権確保ないし拡充にとって重要な意味を持っていた。それゆえ当然にもプロイセンも当地を狙っていたわけで、シュレスヴィヒとホルシュタインの住民がデンマーク王国から独立してドイツ連邦に与したいとする動きはプロイセンならびにドイツ諸邦にとって願ってもないことであった。したがって、一八四八年三月にシュレスヴィヒ・ホルシュタイン主義者が蜂起するとプロイセンならびにドイツ諸邦はすぐに支持を表明し軍隊を派遣したが、イギリスとロシアの圧力が増すとプロイセンはすぐに手を引いてしまった。フランスは度重なる革命の混乱からまだ立ち上がれなかったが、プロイセンの台頭を恐れ、デンマークを支持した。こうしたきわめて政治的な国際情勢にあって、運動の理論的指導者であったダールマンやファルク、ロルンゼン、ドロイゼン、さらにはデンマークのレーマンらが、「シュレスヴィヒ・ホルシュタイン問題」をナショナルな視点で捉えたことは当然と言える。それに対してシュタインがこれを一貫してインターナショナルな問題として捉えようとしたが、その背景として、シュタインが比較法学を研究していたことが想定できる。

比較法学は、学位論文以来のシュタインの基本視角を形成していたが、それは彼の場合、普遍的理性の意志としての法は諸民族において自己発展するというヘーゲル的な考えに基づくものであったと同時に、それは民衆の精神と日々の生活のなかで生きているとする歴史法学的な考えに基づくものでもあった。比較法学を実地に学ぶためフランスへ留学したシュタインは、ヘーゲルによって学問的に明確に提示された〈市民社会と国家〉という枠組を、さらに別の視点から考察する機会に恵まれた。それが、社会主義と共産主義についての知見を介しての、それらを産み出す新たな〈社会〉という概念との出会いであった。ヘーゲルの市民社会像はイギリスにそのモデルがあるが、シュタインがフランスで見た〈社会〉は、ヘーゲルの言う「欲求の体系」とは別のものであった。すなわち、ヘーゲルにおいて「欲求の体系」としての市民社会は自由の実現の場であるが、シュタインの〈社会〉は平等原理の実現の場である。ドロイゼンの解放戦争論はすべての国家変革を自由の歴史と位置づけるとともに、その背景に「社会」の動きを見るものであるが、この「社会」がヘーゲル的かシュタイン的かのどちらを意味するかは明確でないにしても、少なくともシュタインがドロイゼンから解放戦争史を学んだ際にそこに読み込んだものは、平等原理の実現の場としての〈社会〉であった。シュタインは一八四二年の著作『今日のフランスにおける社会主義と共産主義』で、フランスの現代史を「平等原理の発展」の歴史として捉えたが、こうした見方は、サン‐シモンやフーリエの社会主義、バブーフやカベ、平等主義労働者派らの共産主義から学んだものであると同時に、ルソーの平等理論とギゾーの文明論、カントとフィヒテの人格態概念などからの影響をも受けたものであった。[25] シュタインにとって普遍的な財貨とは文明を意味するから、平等原理の発展史は文明史にほかならない。そして、文明から疎外されているのがプロレタリアートであり、これはたんにフランスだけの問題ではなくヨーロッパ全体の問題である、とシュタインは強調する。

フランスの生活のこの社会的な方向が歴史そのものに基づく真実の方向であるとすれば、たとえ遠い将来のことはいえ、それは同じようにわれわれの生活にもあるはずである。（SuC:IV）

ヴェルナー・シュミットは、「当時のシュレスヴィヒ・ホルシュタインはすでに、しばしばそう描かれるような僻地の遅れた農業国ではなかった」と言う。

シュレスヴィヒ・ホルシュタイン運河はずっと前からあったし、一八一九年に最初の蒸気船がコペンハーゲンとキールのあいだを航行し、一八四四年にはキールとハンブルクが鉄道で結ばれた。アルトナとレンツブルクには立派な産業があったし、金融網も世紀の変わり目には帝国の牽引役として発展していた。三月前期の大きな民衆集会が示したように、社会は敏速に動いていた。したがってシュタインは、自らフランスで体験したような新興の産業社会に生じる諸問題にここでも取り組んだのである。これはまさに、適切な行政がこれらの問題に対応しなければならないとする認識の前提であった。したがって、社会の発展と、国家的役所的なインフラとのあいだの欠陥と矛盾があったと見えるが、それは若きシュタインに敏感に捉えられ、学問的な遂行を可能にした[26]。

まさにこうした背景があって、シュタインは『アルゲマイネ・リテラトゥーア・ツァイトゥング』誌一八四五年一月号掲載の、ヘフター『現代のヨーロッパ国際法』の書評で、ナポレオン戦争以来、ヨーロッパ諸国と諸民族の関係はほとんどあらゆる点で変わった。民族間の交通が毎日拡張している。戦争の可能性が日増しに背後に退き、諸国家が触れ合い、市民があらゆる面で国境を越えた。商業や大規模産業が利害を融合させ、多くの国からの多くの個人を結びつけて、大きく枝を広げた社会を形成した。(27)

と書きえたのであった。

しかしその後、戦争の脅威はまったく減少しなかったが、諸国家、諸民族・民衆の交流は一九世紀後半になってますます活発となったことは事実である。他方で、文明の発達・交流は社会問題の増加とそれに伴う階級対立の激化を産んだ。法学徒として学究生活を始めたシュタインであるが、〈社会〉と出会い、その分析と考察を通して、目下の「シュレスヴィヒ・ホルシュタイン問題」のなかにも社会問題を見出し、これを政治や憲政の問題ではなく自治や行政の問題として、さらには、リヒターの言う国際行政理論(28)の問題として理解するようになった。

シリスキー(29)によれば、「遅れた国民（verspätete Nation）」とヴィンクラーが言うように、ドイツが憲政によって統一されたのは一八七一年一月一日であったが、北部では事情が違った。というのも、憲政による国家的統一を創造する注目すべき事例が、一九世紀前半のシュレスヴィヒ・ホルシュタインにおける憲政議論を締め括っていたからだと言う。シュレスヴィヒ・ホルシュタインの革命の敗北を目前にしてまとめられた一八四八年九月一五日の「シュレスヴィヒ・ホルシュタイン公国のための国家基本法（Staatsgrundgesetz für die Herzogthümer Schleswig-Holsein）」がそれである。この基本法をまとめるのに重要な役割を果たしたのが、前述のダールマンとファルクであった。ダールマンは、「世界のあらゆる事柄にもまして、祖国の憲政に関する以上に重要なものは何もない」と一八一五年の『キール新聞』掲載の「憲政について一言(30)」ですでに述べているし、ファルクも一八一六年著作『デンマーク王国ならびにホルシュタイン公国との現在の関係から見たシュレスヴィヒ公国（Niels Nicolaus Falck, *Das Herzogthum Schleswig in seinem gegenwärtigen Verhältniß zu dem Königreich Dänemark und zu dem Herzogthum Holstein*）』で、シュレスヴィヒとホルシュタイン両公国は永遠に結びつけられてあるべきだと書いた際に彼が考えていた両者の統一は、歴史的な憲政によって保証されたものであった。しかし、憲政は国家の意志であって、それを行為に移すのは行政であるとして、行政の役割を強調したのがシュタインであった。

シュタインは、フォン・シュテンゲル編集による『ドイツ行政法辞典』に寄稿した、シュタイン最晩年著作である辞典項目「自治、指揮監督・指揮監督権[31]」で、「官治（Staatsverwaltung）と自治（Selbstverwaltung）の普遍的基礎が本質的に異なるのは、前者が内容からしてもその課題からしても共同態内部の統一と平等の実現であるのに対して、後者が個人の特殊目的を生活原理として発展し促進することにあるからであり、両者はまずは完全に互いに独立している。」と書いているが、これを読むと、シュタインが一八四〇年代末から懐いている、人格態の個別的自己実現を求める〈社会〉と、普遍的・統一的な平等の実現を求める〈国家〉という対立図式を保持して、自治を〈社会〉的な事柄として、官治を言うまでもなく国家の事柄として、理解しているように思われる。しかし、シュタインがここで強調することは、社会と国家ないし自治と官治の違いではない。これらがそれぞれ独立していることは国家において承認されている、と言う。大事なことは、両者を公法の事柄として捉えることであり、その枠内で国法と自治法としてそれぞれは把握されなければならない。要するに、国家と社会ないし官治と自治を二項対立的に捉えるのではなく、独立した両者の相互関係が重要だというのである。

シュレスヴィヒ・ホルシュタインの現行のクライス条令の解説書によれば、「地方自治は、ワイマール憲法ではなくドイツ基本法によって初めて州組織の一部であると決定された[32]」とあるが、ドイツ基本法第二十八条第二項では、

「ゲマインデは、地域共同態のすべての事項を法律の範囲内で自らの責任において処置する権利を保障されていなければならない。」と明記されている。「地方自治は、ドイツ連邦共和国の政治的ならびに法的秩序体系の不可欠の構成要素である。[33]」というのは現在のドイツで一般了解事項である。間違えてならないのは、地方自治が国家に保証されているのであって認可されているわけではない、という点である。ダールマンやファルクがシュレスヴィヒ・ホルシュタインの独立を訴えた時に柱としたのは憲政の確立であったが、それだけでは問題を解決することができないことをシュタインはキールでの闘争とその敗北を通して学び知ったのである。

註

（1）フェデリコ・シャボー『ルネサンス・イタリアの〈国家〉・国家観』須藤祐孝編訳、無限社、一九九三年、参照。

（2）Chrstian-Friedrich Menger, Entwicklung der Selbstverwaltung im Verfassungsstaat der Neuzeit, in: *Selbstverwaltung im Staat der Industriegesellschaft.* Hrsg. von Albert von Mutius, Heidelberg 1983, S.26.

（3）Martin Nolte, *Das System des Vereins- und Verbandswesens bei Lorenz von Stein.* Kiel 2004. Lorenz-von-Stein-Institut für Verwaltungswissenschaften an der CAU zu Kiel. Quellen zur Verwaltungsgeschichte Nr.19, S.4-14.

（4）L.Stein, Studien über Vereinswesen und Vereinsrecht, in: *Österreichische Vierteljahrsschrift für Rechts- und Staatswissenschaft,* Bd.9, 1862, S.151.

（5）詳しくは、前掲拙著『シュタインの社会と国家』を参照されたい。

（6）以上Rüdiger Wenzel, *Schleswig-Holstein. Kurze politische Landeskunde,* Leck 2010参照。

（7）Erich Hoffmann, *Die Herkunft des Bürgertums in den Städten des Herzogtums Schleswig,* Neumünster 1953.

（8）現在は、前述のように、シュレスヴィヒ・ホルシュタインはシュレスヴィヒ・ホルシュタイン州というドイツ連邦共和国の一州に属する。

（9）リーベ議定書にある「永遠に不可分」という点を強調して、独立運動が盛り上がった一八四四年に、シュレスヴィヒ・ホルシュタイン主義者のあいだでUp ewig ungedeeltという標語がつくられ、二〇世紀まで語りつがれた。Vgl. A. Mahlke, hrsg., *Up ewig ungedeelt. Gedenkblätter aus der Geschichte Schleswig-Holsteins,* Hamburg 1875. Detlev von Liliencron, hrsg., *Up ewig ungedeelt. Die Erhebung Schleswig-Holsteins im Jahre 1848,* Hamburg 1898.

（10）Helge Seidelin Jacobsen, *An Outline History of Denmark,* Copenhagen 1986 村井誠人監修、高橋直樹訳『デンマークの歴史』ビネバル

出版、一九九五年、ならびに村井誠人「スリスヴィとシュレスヴィヒ・ホルシュタイン」、『北欧』第六号ほか一連の論文参照。ドイツとデンマークの共同研究に基づき両国語で書かれたつぎの文献も参照必須文献である。*Der nationale Gegensatz. De nationale modsaetninger 1800-1864.* Hrsg. vom /Udbivet af Institut für Regionale Forschung und Infortmation im Deutschen Grenzverein e.v. Flensburg in Verbindung mit/ i samarbejde med Institut for graeenseregionsforskning, Aabenraa, Flensburg 1984.

（11）その代表は *Sammlung der wichtigsten Urkunden welche auf das Staatsrecht der Herzogthümer Schleswig und Holstein Bezug haben.* Hrsg. u. mit Einleitung versehen von N.Falck, Kiel 1847. である。

（12）Erich Hoffmann, Die Herausbildung der Zusammengehörigkeit zwischen Schleswig und Holstein, in: *Schleswig-Holstein im heutigen Heimat- und Geschichtsbewußtsein,* Kiel 1977, S.6.

（13）Vgl. Johann Runge, *Christian Paulsens politische Entwicklung,* Neumünster 1969, S.49.

（14）*Orla Lehmanns Efterladte Skriften,* udgivne af Carl Polug. Fjerde Del, Kjøbenhavn 1874, S.264f. ほか、前掲の村井論文参照。

（15）Das Königreich Dänemark, seine socialen und politischen Zustände, in: *Die Gegenwart,* Bd.8, Leipzig 1853, S.494.

（16）デンマーク王の公開状とそれに対するドイツ各地からの抗議声明は、つぎの文献に収録されている。*Der offene Brief des Königs Dänemark und des deutschen Volkes Antwort. Authentische Aktenstücke,* Leipzig 1846.

（17）*Allgemeine Zeitung,* Nr.212-213. 31.7.-1.8. 1846, S.1964f. u. 1700f.

（18）Außerordentliche Beilage zur *Allgemeine Zeitung* vom 29 März 1848.

（19）E. Hoffmann, a.a.O. in 1977, S.14.

（20）Vgl. Volquart Pauls, Uwe Jens Lornsen und die schleswigholsteinische Bewegung, in: *Zeitschrift der Gesellschaft der SchleswigHolsteinischen Geschichte,* Bd.60, 1931. なお、「シュレスヴィヒとホルシュタイン」というように両公国を並記するか、「シュレスヴィヒ・ホルシュタイン」とつなげて書くかで筆者の立場が分かれるが、ロルンゼンはさらに過激に「シュレスヴィヒホルシュタイン」と一語にして書いている。ここに彼の確固とした意志がうかがわれる。

（21）Sigrid Wriedt, *Die Entwicklung der Geschichtswissenschaft an der Christiana Albertina im Zeitalter des dänischen Gesamtstaates（17731852）,* Neumünster 1973, S.150f.

（22）*Joh. Gust. Droysen's Rede zur tausendjährigen Gedächtnisfeier des Vertrages zu Verdun und der Schleswig=Holsteinismus,* von A. Hartmeyer, Kiel 1843, S.3.

（23）Hermann Hagenah, Der Verfasser des Aufruhfs: “Mitbürger”, in : *Zeitschrift der Gesellschaft für SchleswigHolsteinischen Geschichte,* Bd.61., 1933.

（24）シュタインは当時大きな論争点となった言語問題にはいっさい触れていない。そもそもシュタインの全著作において、後年の音楽論文以外に、宗教も含め文化的なことがらへの言及は少ない。地方自治を考える際に言語や文化の問題は非常に重要な位置を占めるはずであるが、シュタインにはその視点が欠けている。

（25）この点は前掲拙著で詳論した。

（26）Werner Schmidt, *Lorenz von Stein - ein Beitrag Schleswig-Holsteins zur Verwaltungswissenschaft*, in: Arbeitspapier Nr.16 - Lorenz von Stein und die Arbeit des Lorenz-von-Stein-Instituts . Vortragsveranstaltung vom 11. Okt. 1985, S.9f.

（27）*Allgemeine Literatur-Zeitung*, 1845, Num.18, S.140.

（28）Bodo Richter, *Völkerrecht, Außenpolitik und internationalen Verwaltung bei Lorenz von Stein*, Kiel 1973. リヒターは、国際関係の基本構造、国際法、国際行政、諸国家体制、戦争、ヨーロッパと非ヨーロッパなどについて、シュタインの初期から晩年にいたるまでの諸著作をもとにシュタインの思想を再構成し、またシュタインの先行者からの影響ならびに後世への影響まで幅広く論じている。なお、ティーチェによれば（Christian Tietje, *Die Internationalität des Verwaltungsstaates. Vom internationalen Verwaltungsrecht des Lorenz von Stein zum heutigen Verwaltungshandeln*. Kiel 2001. Lorenz-von-Stein-Institut für Verwaltungswissenschaften an der CAU zu Kiel. Quellen zur Verwaltungsgeschichte Nr.16, S.5-7）、立憲主義の理念を国際法という観点から捉えた最初の人はハレ大学教授カルテンボルン（Karl Baron Kaltenborn von Stachau）だというが、カルテンボルンの主著『現在の学問的立場から見た国際法の批判（*Kritik des Völkerrechts nach dem jetzigen Standpunkte der Wissenschaft*）』は一八四七年刊であり、遅すぎる。たとえば、一八二一年刊のヘーゲル『法哲学綱要』で、「国家」という項目は国内法、対外法、世界史という構成になっており、ヘーゲルの国家論で国際関係論がその三分の一を占めていることを思えば、ティーチェの主張は成り立たない。ティーチェがロベルト・フォン・モールの名を挙げ、モールがいち早く国家の現実的運用機関である行政を国際社会の本質的な問題と関係させて捉えたとする指摘は妥当である。さらにティーチェはシュタインに言及し、シュタインが「行政というかたちで身体を得た国家がその機能を果たしうるのは国際協力が成り立つ限りである」（Tietje, ibid., S.22）とし、行政行為が必然的に国際化したものとなるとの認識を示していたとする（ibid., S.24）点は正当であろう。

（29）Utz Schliesky, *Einheit durch Verfassung. Vortrag aus Anlaß des Festakts zum Tag der Deutschen Einheit im Stadthauptmannshof zu Mölln am 2. Oktober 2008*, Kiel 2009. Quellen zur Verfassungs- und Verwaltungsgeschichte Nr.25, von Lorenz-von-Stein-Insitiut für Verwaltungswissenschaften an der Christian-Albrechts-Universität zu Kiel, S.3-4.

（30）Dahlmann, Ein Wort über Verfassung, in: *Kieler Blätter*, Erster Band 1815, S.47.

（31）Lorenz von Stein, Selbstverwaltung; Oberaufsicht; oberaufsehende Gewalt, in: Karl Frhr. v. Stengel, hrsg. *Wörterbuch des Deutschen Verwaltungsrechts*, Bd.2, Freibrug 1890, S.446-449.

（32）*Kreisordung für Schleswig-Holstein. Kommentar,* begründet von Reimer Bracker et al. 3. Aufl. Wiesbaden 2004, S.41.

（33）***Staat und Gemeinden. Stellungnahme des Schaverständigenrates zur Neubestimmung des kommunalen Selbstverwaltung.*** Veröffentlichung der Konrad-Adenauer-Stiftung Institut für Kommunalwissenschaften. Köln 1980. こうした理解の前提には、国家を著しくナショナルなものとすると同時に一極集中の独裁体制を敷いたナチズムへの反省がある。たとえば、マチェラートは『ナチズムと地方自治』（Horst Matzerath, ***Nationalsozialismus und kommunale Selbstverwaltung.*** Stuttgart, Berlin, Köln, Mainz 1970）で、「ナチズムは自治を引き継ぐだけでなく、それを再興した」とする意見があることに対して、「第三帝国に地方自治が存在したか」、したがってまた、自治をめぐる政治制度に「連続性があるのかどうか」を主題にして論じている（九頁）。そのなかで、シュタインやグナイストによる、国家と社会の対立、政治的国家と非政治的社会という二元論、統治と行政の区別が国家官僚的統治構造を生む一因となっているのではないかという指摘が見られる（同右、二五頁）。

補論　シュタインの国家学における内政と外交

本稿は、二〇〇五年一一月一五日にドイツ連邦共和国シュレスヴィヒ・ホルシュタイン州立図書館にて開かれた、ローレンツ・フォン・シュタイン生誕記念講演（キールのローレンツ・フォン・シュタイン協会主催）の日本語訳である。この講演は、のちにキール大学ローレンツ・フォン・シュタイン行政学研究所の紀要の一巻として独日二カ国語で公刊された。（*Innen- und Außenpolitik in der Staatswissenschaft Lorenz von Steins. Nach Japan und aus Japan*, Kiel 2006. Quellen zur Verwaltungsgeschichte Nr.22）

敬愛するご臨席のみなさん！

私は、本年のローレンツ・フォン・シュタイン生誕記念行事にちなんで開催される講演を自らおこなうことができることを、とても名誉あることと思います。しかし同時に、非常に緊張しています。

すでに皆さまお気づきのように、私が語るドイツ語は上手ではありません。私は日本で毎日ドイツ語の本を読んだり、インターネット・ラジオを聴いたりしていますが、概して私たち日本人はドイツ語を話す機会があまりありません。

ところが、誠に驚嘆に値することですが、いまから一五〇年も前に大勢の日本の若者がドイツやオーストリアに留学し、そこで生活しています。もちろん、彼らの多くはドイツ語ではなく英語を話したのですが、その困難さは彼らにとって英語でもドイツ語でも同じことでしょう。日本は三〇〇年以上にわたり鎖国を続け、当時は外国の書物もごく限られたものしか入手できず、もちろんラジオもテレビもコンピューターもありませんでした。それにもかかわらず、八〇名近い日本の若い政治家や役人、学者たちが、憲法を学ぶためにウィーンのシュタインを訪問したのです。まだ新しい国家体制が確立する前のことです。

このいわゆる「シュタイン詣で」については、あとでまた触れることにいたします。

一　私のキール留学

ところで、私が初めてキールを訪れたのは一九九二年の九月のことです。シュレスヴィヒ・ホルシュタイン州立図書館で司書のツァンダー氏からシュタイン遺稿について説明を受けました。また、そのときヨハン・ナヴロツキ氏を紹介していただきました。ナヴロツキさんは当時、シュタイン遺稿のうち日本に関する史料を整理していました。彼はいま京都で、テュービンゲン大学日本語センター同志社校の校長として活躍しています〔講演当時〕。ナヴロツキさんはいま、私の無二の親友です。

さてそれから、当時第二学食の隣にあった、ローレンツ・フォン・シュタイン行政学研究所を訪ね、司書のメルツァーさんのお世話で、かつてシュタインが所蔵していた図書のいくつかを読むことができました。

それ以来何度かキールを訪問する機会があったあと、私は一九九七年度に一年間キールに住み、毎日シュタイン研究所と州立図書館で仕事をする機会を得ました。

シュタイン研究所を訪れた初日、司書のメルツァーさんに、「ここにあるシュタイン蔵書のすべてを読みたい」と私は申し出ましたが、メルツァーさんは私の言うことをまったく理解することができませんでした。と言うのも、蔵書のすべてを読みたい、などという申し出は前例がなく、それどころかナンセンスだからです。

しかしまあ、そんなこともありながら、じっさいに私は研究所の図書館に所蔵されているシュタイン蔵書のすべてを読んだ――というわけではもちろんなく、それを眺め、調査しました。同時に州立図書館では、シュタインによる抜き書きやノートを読みました。そうして、かつてシュタインがどのような書物を、どのように読み学習したかを調べました。

私がシュタインの学問的な業績や政治的な活動について研究し始めてから、すでに二〇年が経ちました。しかしまだ、彼のキール時代の活動からぬけ出せません。シュタインのウィーン時代の活動についての研究はこれからです。

この間に私は七つの課題について研究をしました。

一つは、シュタインの思想形成過程についてであり、それをキール大学法学部の歴史のなかに位置づけて研究しました。

第二は、いわゆるシュレスヴィヒ・ホルシュタイン問題[1]についてであり、また、それに関わるシュタインの政治活動についてです。

第三は、シュタインがドイツで初めて学問的に紹介した社会主義と共産主義について、ならびにそれらについてのシュタインの理解についてであり、いずれも、マルクスとエンゲルスによる『共産党宣言』が書かれる以前の状況を調査しました。

第四は、人格態の概念についてです。シュタインの社会主義と共産主義の理解や、彼の国家学体系などは、いずれもシュタイン独自の人格態概念に基づいて展開されています。

第五は、シュタインへの先行思想家の影響についてです。たとえば、シュタインの文明理論はギゾーからのものであり、平等原理の発展史はルソーからシュタインが学んだものです。人格態概念一般はカントから、個別的人格態はフィヒテ、普遍的人格態はヘーゲルから、それぞれ学んだものと思われます。また、国家学体系の最初のモデルをアリストテレスから学び、国民経済学を国家学として捉える見方はアダム・スミスから学んだものと思われます。

第六番目の研究テーマは、社会学としての国家学についてです。国家を社会との関係で捉えるのがシュタイン自身の主題でした。

そして、私が研究している最後の第七番目の課題は、国際関係と自治の問題についてです。

今日は、私が取り組んできたこれらの課題から、二、三点に絞ってお話することにします。そこで、本日の演題は、すでに提示されております、「ローレンツ・フォン・シュタインの国家学における内政と外交。日本へ、そして日本から」としました。

二　国家学

最初に、シュタインが生涯取り組んだ、国家学についてお話しします。近年ヨーロッパでも「国家学」という概念を目にすることが少なくなりました。ドイツではいま国家学部があるのはエアフルト大学だけです。グライフスヴァルト大学にも、法ならびに国家学部がありますが、そこでおこなわれているのは、法学と経済学にすぎません。いずれにせよ、日本では過去も現在も国家学部ないし国家学科は存在しません。

ところで、ヘーゲルの『法哲学綱要』の副題は「ナトゥール・レヒトと国家学概要」と言います。ナトゥール・レヒト（Naturrecht）には一般に二義あり、英語で言えばright of natureとlaw of nature、日本語で言えば自然権と自然法です。したがって、ある研究者は、ここで自然権が国家学と戦っているのだと言い、他の研究者は、ヘーゲルの国家学は自然法に基づくと言います。原語は一つですが、どちらの解釈が正しいでしょうか。一つ言えることは、ヘーゲルはこの著作で概念としてのNaturrechtについてたった三回しか言及しておらず、国家学についてはたったの一回だけだという点です。ヘーゲルはこの副題を既存の科目名から借りてきたにすぎないからです。

国家学に関してのみ言えば、ヘーゲルはこれを、「自らにおいて理性的なものとして国家を概念把握し、叙述する試み」と定義しています。(2)この定義はヘーゲル独自のものです。国家学は、プラトン以来、政治学を意味していました。近代になって、それは官房学、すなわち宮廷の家計学と見なされました。ハラーが国家学を官房学や警察学から切り離し、独立した学問として展開しました。そして、ロテックが初めて、一八一七年から一八年にかけての冬学期に、フライブルク大学で国家学（Staatswissenschaft）についての講義をおこないました。同年同学期に、ヘーゲルもハイデルベルク大学で法哲学に関する講義をおこないましたが、その副題が、前述の通り、自然法と国家学です。国家理論（Staatslehre）に関する講義は、ヴィルヘルム・ヨーゼフ・ベーアがすでに一八〇九年から一〇年にかけての冬学期にヴュルツブルク大学で講義を開始していましたが、ベーアの国家理論は多義的で、ここで話題にしている国家学とは異なります。

ローレンツ・フォン・シュタインは、一八五二年に書いたレポート「ドイツ諸大学における国家学の研究と講義の状況」で、つぎのように述べています。国家学は大学では最も新しい分野であるが、一般的に言って、国家学についての知識や学習は将来国家公務員になる者にとってぜひとも必要であり重要である。したがって、われわれが要求することは、すべての公務員は国家学を学んでいなければならない、ということである。このようにシュタインは述べています。ここでシュタインが掲げている「国家学」には、統計学、国民経済学、財政学、広義の警察学（公衆衛生等を含む）、政治が含まれています。これを、シュタインが書いた『国家学体系』全二巻の内容と対照させて見ますと、行政理論が欠けていることに気づきます。これに対して、シュタインの『国家学』に見られる社会学が、当時の大学の講義録には見あたりません。社会学に関する講義がドイツで最初におこなわれたのは一九世紀も終わりになってからにすぎません。それにもかかわらず、ヘーゲルの「法哲学」講義にはすでに市民社会論がありますし、シュタインの国家学体系では明確に社会理論が扱われています。したがって、ローレンツ・フォン・シュタインを最初の社会学者であると言っても不当ではないでしょう。

三　国際行政

ところで、ヘーゲルの『法哲学綱要』には、社会理論とならんで、いわば国際関係論も展開されています。ヘーゲルはここで抽象的権利と道徳態と人倫態を論じ、人倫態では家族と市民社会と国家を論じています。そのうち、国家論では国内法と対外法と世界史とが論じられています。つまり、ヘーゲルの国家理論のうち、その約三分の二が国際関係を扱っていると言えます。これは当時例外であったのでしょうか。というのも、ハラーの『一般国家学ハンドブック』（一八〇八年）やロテックの『一般国家理論教本』（一八三〇年）に外交理論は見られないからです。シュタインの場合はどうでしょうか。

シュタインの『国家学体系』は、二巻まで刊行されて中断しました。公刊された巻には、統計学、人口学、財貨理論、経済理論、国民経済理論、社会理論が含まれます。体系構想としては、さらに行政理論、財政学、兵論、そして女性論が含まれます。このうちのシュタインの行政理論には、広義の警察業務や健康、教育などについての理論、統治論、自治理論、結社に関する理論などが含まれます。

このような広大な内容を持つシュタインの国家学のどこで国際関係が論じられているでしょうか。たしかに、シュタインは財政学を、イギリス、フランス、ドイツ、オーストリア、ロシアの財政制度や財政法と比較して論じていますし、行政理論もイギリスとフランスとドイツの法状態と比較して論じています。しかし、これは論点が異なると思います。他方、一八八五年にウィーンで日本の政治家の陸奥宗光に対しておこなわれた、シュタインの国家学構想についての講義録には、「外国事情」という章があります。また、同じく日本の政治家である海江田信義に対しておこなった講義でも、シュタインは外交政治について講じています。しかし、こうした国際関係や外政について、シュタインは正式にはどこで論じているのでしょうか。

シュタインが最初に取り組んだのは比較法学でした。シュレスヴィヒ・ホルシュタイン問題に関しても、シュタインはつねにこれをナショナリズムの問題としてではなく、ヨーロッパ全体の問題として捉えなければならない、と強調していました。国際関係についての論文もたくさん書いています。たとえば、「ドイツとスカンジナヴィア同盟」（一八五〇年）、「ロシア瞥見」（同年）、「オーストリアと平和」（一八五六年）、「国家学の見地から見たトルコ問題」（一八七九年）、「東アジアの領事裁判権問題」（一八八四年）等々です。『アルゲマイネ・ツァイトゥング』紙でもヨーロッパ、スカンジナヴィア、ロシア、セルビア、トルコ、中国、そして日本についての記事をたくさん書いています。しかし、これらの問題をシュタインは彼の体系において本来の課題として論じているでしょうか。

この点に関連して、一九七三年にボード・リヒター氏が『ローレンツ・フォン・シュタインにおける国際法・外交政治・国際行政』という書物を著しています。リヒター氏はここで、国際関係の根本構造や国際法、国際行政等について論じており、シュタインを「国際行政という実体的な概念の最初の発見者」であると述べています。私はこの「国際行政」という概念にとくに注目したいと思います。現代はグローバル化世界の時代だと言われ、じっさいにたくさんの外国の商品や生活必需品までが、さらにはもちろん外国人も、ほとんどすべての町や村で見られます。したがって、単純な国内行政だけではいまや不十分です。

リヒター氏は、国際行政の課題としてつぎのような項目を挙げています。連邦国家、国家連合、国際機関としての関税同盟、万国郵便連合、ドナウ委員会、労働者協議会、赤十字団体、人口政策（旅券や移民を含む）、公衆衛生、警察、教育、経済行政（保護関税と自由貿易等）、交通、保安、通貨、課税制度、鉄道、通信など。要するに、人間活動のほとんどすべてが国際行政の対象になります。このように考えると、私たちは現在、行政をつねに国際関係のなかで考察せざるをえないと言えるでしょう。いずれ近い将来世界中で私たち自身がみな外国人だという時代が来る、と私には思われます。

すでに一八四五年にシュタインは、アウグスト・ヴィルヘルム・ヘフターの著書『現代ヨーロッパの国際法』の書評でつぎのように述べています。


ナポレオン戦争以来、ヨーロッパの諸国家と諸民族の関係はほとんどあらゆる点で変わった。諸民族間の交通が日々活発となり、戦争の可能性が日増しに背後に退き、国家どうしが触れ合い、市民があらゆる面で国境を越え

た。商業や大規模産業が利害を融合させ、多くの国からの多くの個人を結びつけ、大きく枝を広げた社会を形成した。(3)

しかし残念ながら、戦争は二〇世紀になって、さらには二一世紀になってさえ、ますます激しくなるばかりです。だがそれにもかかわらず同時にまた、国家や人びとの交流はいっそう活発になり、国際法や国際行政がいっそう重要になっています。現在私たちは、とりわけ環境問題について国際的な協力が必要になっています。たとえ一国家が、社会国家として国内で最善の行政をおこない、自国民をいっそう豊かで安全なものにすることができたとしても、十分に機能しえないと思います。リヒター氏が認めた国際行政理論がじっさいにシュタインの国家学体系において十分に展開されていないとしたら、これを補うのは私たち自身の仕事であるにちがいありません。

四　ゲルマン主義

シュタインは、ヘーゲルから自由の意識の歴史を学び、ドロイゼンから自由解放戦争の歴史を学びました。その後、シュタインがパリで比較法学の研究をしていたとき、彼は「社会」という新たな概念を手にしました。ヘーゲルが提示した、「欲求の体系」としての「市民社会」は、イギリスがモデルになっており、それは自由の自己実現過程の一段階として位置づけられています。他方、シュタインがパリで経験した「社会」は、平等原理の発展過程の一段階として捉えられています。

一八四二年に公刊されたシュタインの著作『今日のフランスにおける社会主義と共産主義』で、シュタインはフランスの歴史を平等原理の発展として捉え、つぎのように述べました。すなわち、普遍的な財貨を平等に占有する権利がすべての人格にあると信じて人びとは戦った、と。シュタインにとって、普遍的な財貨とは文明を意味しますから、平等原理の発展史は文明史にほかなりません。シュタインはこう述べます。

フランスの生活のこうした社会的な方法が歴史そのものに基づく真実の方向であるとすれば、たとえ遠い将来のこととは言え、それは同じようにわれわれの生活にもあるはずである。〔中略〕なぜなら、ゲルマン世界の大きな種族にはみな同じ生活要因があるからである。[4]

ここで言うゲルマン世界とは、ドイツのみを指すわけではありません。シュタインは一八四四年の『アルゲマイネ・リテラトゥーア・ツァイトゥング』誌に掲載した、デンマーク法史に関する書評で、ゲルマンに属するのはドイツの国と人びとだけではなく、ヨーロッパ全体の国と人びとも含まれるとし、また、ギゾー[5]を、「フランスの本質がゲルマンにその起源を有することを自覚せしめた最初の人」として讃えています。シュタインの言う「ゲルマン」はヨーロッパ全体を指します。しかし、そこにロシアとトルコは入りません。プロレタリアートはゲルマン諸民族にしか存在しない、とシュタインは前述の一八四二年の著作で述べています。ロシアもトルコもプロレタリアートを知らないし、中国を含むアジアやアフリカ、南アメリカも、プロレタリアートを知らない。なぜなら、産業が発展した自由な世界としてのゲルマン世界にしかプロレタリアートは存在しないからである、と。

一八五〇年の論文「ロシア瞥見」でシュタインは、ロシアは全ヨーロッパの最貧国であり、ロシア以外のヨーロッパが一つの国をなしていれば、ロシアは話題にも上らないであろうと述べ、また、自由社会がその財貨生活をたずさえて、ロシアの国境を越える権利と機会を得るか、あるいは、ゲルマン・ヨーロッパが滅びるか、という熾烈な戦いのうちにある、[6]と述べています。

私が思うに、これは明らかに植民地主義的発想です。かつてマルクスがロシアに対してとったのと同じ態度と言えます。

シュタインの言うゲルマンには、デンマークやその他のスカンジナヴィア諸国も含まれます。それは、ロシアのような封建的な非文明国に対する自由な文明国の同盟を意味しました。したがって、シュタインは、一八四八年革命の際にシュレスヴィヒ・ホルシュタイン臨時政府派遣員としてパリで活動していたとき、ドイツ人に対して懐疑的であったフランス人を相手に、「われわれはドイツ人であり、ドイツ人であることに誇りを持っている。われわれはドイツ人であり続けるであろう[7]」と演説して、フランス人の感情を逆撫でしても、それに気づかず平気でいられたのです。

しかしながら、革命も、シュレスヴィヒ・ホルシュタイン公国の独立運動も敗北し、シュタインは大学を追放され、彼のヨーロッパ同盟構想もプロイセンによって押しつぶされました。職を求めてシュタインがようやくたどりついたウィーンは、しかし、オーストリア・ハプスブルク帝国の首都であり、国際都市の名にふさわしいものでした。ハプスブルク家は、かつて、スペイン、ポルトガル、ブルグント、フランス、ブラウンシュヴァイク、バイエルン、ザクセン、ナポリ、さらにはブラジルやメキシコやパルマまで、直接的ないし間接的に支配権をおよぼしたことがあります。したがって、一八六四年に第二次デンマーク戦争が起きたとき、かつてキールの同僚であったフォルヒハマー宛の書簡でつぎのように書いたことは、シュタインのたんなる希望にすぎないのではなく、まさに実感であったと思われます。

プロイセンはシュレスヴィヒ・ホルシュタインをプロイセンに結びつけることができるだけです。ドイツ連邦諸国はそれをドイツに結びつけることができるだけです。オーストリアだけが、シュレスヴィヒ・ホルシュタインをヨーロッパに結びつけることができるのです。(8)

こんにち、こうした国際性は再審の対象とされるでしょう。さきに申しましたように、シュタインの国際性はゲルマン主義にすぎません。エドワード・サイードが言う「オリエンタリズム」と同様に、いまやかつての国際性はグローバルな視点から捉え直す必要があると私は思います。前述のように、国内行政の充実がナショナリズムに偏る傾向が見られます。アメリカ合州国が、自らの国民的利益のために、地球温暖化防止のための京都議定書を拒否しているのは、その一例です。

五　憲政と行政

今日の講演の冒頭で私は、いまから一〇〇年以上前に八〇名におよぶ日本人がウィーンのシュタインを訪問したことに触れました。そのうち最も有名なのは伊藤博文であり、彼はのちに日本の憲政史上最初の内閣総理大臣になりました。同じくシュタインに学んだ黒田清隆も総理大臣になりました。陸奥宗光は外務大臣、金子堅太郎は法務大臣、山縣有朋は陸軍大臣、西郷従道は海軍大臣になりました。なぜこのように大勢のシュタイン学徒が日本政府の要人となったのでしょうか。

伊藤博文が一八八二年にシュタインを訪問したのは、ヨーロッパの憲法調査のためでした。しかし、明治憲法に対するシュタインの影響はほとんど見られない、と言われています。例えば、グリュンフェルトは一九一三年の論文「ローレンツ・フォン・シュタインと日本」でつぎのように書いています。

シュタインの憲法構想は、現行〔当時〕の憲法から非常に逸れている。というのも、現行憲法は、シュタインの構想よりはるかに自由でも民主的でもないからである。(9)

たしかに、明治憲法にシュタイン学説の影響はほとんど見られません。しかし、日本の教育制度は明らかにシュタインの影響下にあります。伊藤博文はシュタインのもとで、国家に管理された教育制度を学び、また役人の養成機関としての大学の設立の意義を学びました。伊藤博文がシュタインから学んだことは、憲政よりもむしろ行政の改善と確立による国家体制の近代化にあったと言えるでしょう。もともとシュタインの国家学体系は、憲政と行政の一体性を追求するものでした。例えば、『行政理論ハンドブック』でシュタインは、「国家とは何か」を明らかにするのは憲政理論であり、「国家は何をなすべきか」を明らかにするのは行政理論であり、両者は一体である、と述べています。伊藤博文は、シュタインから憲政を学ぶと同時に行政の確立の必要性を学んだと思われます。(10)

一八八五年に伊藤博文は最初の内閣総理大臣になりましたが、そのとき文部大臣になったのが森有礼です。森は議会制度についての自らの構想をシュタインに送り、閲読と助言を求め、シュタインから書簡を得て直に彼は改革に着手し、一八八六年から多くの法令を制定し、小学校から大学に至る教育制度を調えました。広く国民の教育制度一般を整備するとともに職業教育制度を確立し、また、学校の管理強化と同時に教員による自治組織の確立も目差しました。

ところで、行政国家は、それが社会国家であれ福祉国家であれ、それ自体、私的自治への国家干渉の可能性を含んでいます。例えば、非政府組織や非営利団体に行政がどのように関与すべきかは、いまでも難しい問題です。かつての日本帝国は憲政と行政の確立によって国家体制を近代化しましたが、それは同時に市民自治を促進するよりも弾圧しました。民主主義の現行日本政府はどうでしょうか。さいわいなことに、いまのところ抑圧的ではありませんが、十分に民主的だとは言えませんし、いささか危険な兆候が見られます。というのも、ナショナリズムの傾向がふたたび台頭しつつあるからです。それはいくつかのヨーロッパ諸国と同様でしょうし、とくにアメリカ合州国にそれが見られます。

しかし、まさにそうだからこそ、いま私たちは、ローレンツ・フォン・シュタインの国家学を学ばなければならないと言えるでしょう。

若きシュタインはつぎのように述べています。

> われわれは全世界ではない。われわれが存在するのはこの世界にすぎず、しかもこの世の生活の一部であり、その特殊な形態にすぎない。……だが、そうであるならば、われわれは自分自身を知るために他者に学ばなければならない。というのも、他の個体性との関係があって初めて自分自身の個体性があるからである。したがって、われわれが自分のことしか知らないならば、自分自身さえ知らない、と言わなければならない。(11)

今年〔二〇〇五年〕は「日本におけるドイツ年」にあたり、大勢のドイツ人を日本で見かけます。来年はサッカーの世界選手権がドイツで開催されますので、日本人を含め大勢の外国人がドイツを訪れることでしょう。こういった機会をとおして私たちはお互いにいっそう良く知り合うことができると私は確信しています。

ご静聴、ありがとうございます。

註

（1）シュレスヴィヒとホルシュタイン両公国のデンマーク王国連合からの独立運動。
（2）ズーアカンプ社版『ヘーゲル全集』第七巻二六頁。
（3）*Allgemeine Literatur-Zeitung*, Januar 1845, Num.18, S.140.
（4）L.Stein, *Der Socialismus und Communismus des heutigen Frankreichs. Ein Baitrag zur Zeitgeschichte*, Leipzig 1842, S.IV. 石塚・石川・柴田訳『平等原理と社会主義』法政大学出版局、四頁。
（5）フランスの政治家で法史学者。
（6）L.Stein, Ein Blick auf Rußland, in: *Deutsche Vierteljahrsschrift*, 1850, Heft 4, S.69.
（7）L.Stein, *La question du Schleswig-Holstein*, Paris 1848. Quellen zur Verwaltungsgeschichte Nr.3., S.63.
（8）An Prof. Forchhammer, Wien 28.2.64, in: *Lorenz von Stein. Ein Beitrag zur Biographie, zur Geschichte Schleswig-Holsteins und zur Geistesgeschichte des 19. Jahrhunderts*, von Werner Schmidt, Eckernförde 1956, S.175.
（9）Ernst Grünfeld, Lorenz von Stein und Japan, in: *Jahrbücher für Nationalökonomie und Statistik*, 3. Folge, Bd.45, 1913, S.357.
（10）この点について詳しくは、瀧井一博、前掲『ドイツ国家学と明治国制』参照。
（11）*Allgemeine Literatur-Zeitung*, Mai 1844, Num.135, S.1076.

終章

第一節　地方政府論

財団法人地方自治総合研究所と全日本自治団体労働組合とが事務局を務める自治基本法研究会は一九九八年五月に「地方自治基本法構想」を公表した。その前文に次のように書かれている。

人類の歴史的経験が教えるように、平和で民主的な国家と社会は、個人の尊厳を重んじ、その意思を反映した個性豊かで生き生きとした自治体および住民の自主的な活動によって支えられなければならない。われらは、そのような国家と社会のあり方が「地方自治の本旨」であり、地方分権の推進とはそのような「地方自治の本旨」の実現と具体化であると考える。ここに、日本国憲法の精神に則り、地方自治の原理を明示して、新たな世紀にかけて日本の地方自治を確立するため、この法律を制定する。

具体的には、「市民自治を基本にすえた地方自治制度であること」「真の二元代表制を実現すること」「地方自治制度の多様性を高めること」「自治体行政の公正・透明性を確保すること」「日本国憲法に準ずる基本法であること」とある。基本法第二条第二項では、「自治体は、住民の信託に基づく統治団体であり、国から独立した法人格を有する。」と明記されている。

国から独立した自治体という意味を前面に出すものとして「地方政府」という表現がある。昨今大阪市長橋下徹[1]などもこうした言葉を頻繁に口にしているが、一九七二年に『地方自治の政治学』を著した井出嘉憲によれば、論文発表当時「地方政府」という言葉を聞いて拒否反応を示す議員がいたという。英語のlocal governmentを和訳すれば「地方自治」とも「地方政府」とも訳しうるはずであるが、わが国では「この二つの言葉のあいだには、少なからぬ距離感がある」と井出は指摘する。たしかに、「地方政府」という言葉は日本ではいまでもあまり耳にしない。井出は続けてこう指摘する。

地方自治体が国の政府（ナショナル・ガバメント）に対する地方の政府（ローカル・ガバメント）にほかならないという発想が、わが国ではきわめて弱い〔中略〕。政府とくれば、それに結びつくのは国であり、国以外には考えられない。[2]

国立情報学研究所のデータ（CiNii）で調べると、中国やアメリカなどではなく日本に関して「地方政府」という言葉が書名ないし論文名として使われた著作で最も古いのは、一九六二年一〇月刊の雑誌『自治研究』に掲載された吉住俊彦の「地方政府と地域開発政策」であり、一九六八年に経済企画庁経済研究所国民所得部が発行した報告書が著書としては最初である。右の井出の著書は一九七二年刊であるが、論文としては一九七〇年刊の『別冊経済評論』掲載の「政治と行政　地方政府論」がある。大森弥・佐藤誠三郎編『日本の地方政府』が公刊されたのは一九八一年であり、井出が一九七〇年代初頭に「地方政府」という言葉に拒絶反応があったと述べていることは十分推測可能である。だが、井出がさらに指摘するには、「地方政府」という言葉は当時まだ耳慣れないというだけではなく、日本ではそもそもこうした発想が長く封じ込められていた。

わが国の地方自治は、それが〝近代的な〟制度として制定された当初から、政治とは無関係の存在でなければならないとする、強いたてまえの下におかれてきた。つまり、地方自治は、公民たる住民が義務として公共事務の処理＝〈行政〉に参加することにほかならず、〈政治〉もしくは〈統治〉にかかわる要素はそこからは排除されるべきだと考えられてきたのである。(3)

地方自治はあくまでも地方行政であり地方政治ではないと捉えられた。地方自治から政治を排除することは、本書第一章第四節で見たように、明治期日本に自治制度を導入した井上毅や山縣有朋らがグナイストやモッセから学んだ統治体制に基づく極めて意図的な政策であった。イギリスの自治制度を学んだグナイストは、「地方自治はデモクラシーの小学校」という精神を唱える一方で、議会対策に苦慮した体験から自治に政治を持ち込むことを極力排除しようとした。地方自治のメリットとして井出が挙げる「政治的教育・訓練の場」という位置づけも、当時は、あるいは革新自治体が全国に生まれた一九七〇年代以前には、統治者からすればまさに拒絶反応を起こしかねないことがらであった。

参加の機会の確保はすなわち教育と訓練の機会の確保を意味している。「草の根もとの政府」は、〝政治の玄人〟

をめざす政治的リーダーにとって、恰好のトレーニングの場となるだけではなく、〝政治の素人〟である一般の住民にとっても、自分の経験を通して権力運用の実際を知る、手頃で貴重な政治的教育の場となる。住民は誤りをおかすかもしれない。だが、地方自治は、いってみれば、「誤りをおかす権利とそれを是正する義務」のことにほかならず、そうした住民の「権利と義務」を根底において、政治的自己教育の場としての地方自治の存在意義が強調されることになる。そして、自治体における政治参加の経験の蓄積は、より大きな政治の場である国政の段階においても生かされ、国民の政治参加をしてより豊かなものにするのに役立つであろう。(4)

地方自治体はあくまでも行政組織であり、そこから政治は極力排除されねばならなかった。こうした考えは、井出も引用している宇賀田順三(5)の市町村行政理解に如実に表れている。(宇賀田の地方自治理解については本書第一章第一節および第六章第三節で触れた。)宇賀田は、自治を行政に限定しそこから政治を排除する考えの源をローレンツ・フォン・シュタインに求めているが、それはシュタインの自治理論の誤解である、と筆者はすでに述べた。このことに再度触れる前に、井出の説くところを最後まで紹介しておきたい。井出は、わが国の地方自治を活性化しそれが文字通りに自治組織であるためには、自治体行政における住民の政治参加が不可欠であると言う。

現代社会における集権的管理と官僚制化の傾向の強まり――「行政国家」の肥大化――と比例して、他面ではまさにそのゆえに、それに対抗して、参加の機会の拡充を求める動きもかつてみられなかったほど強まっており、その流れの中で、国の権威、政府権力の正当性が揺すぶられるといった現象さえ、逆説的に生じている。そうした現代政治の状況の下で、自治・分権のサブ・システムを弾力的に構築することが、きわめて重要な今日的課題となっている。地方自治における参加の機会の拡充には、政治過程が行政過程に矮小化されずに政治過程として機能しつづける可能性、換言すれば、現代デモクラシーの可能性が賭けられているといっても過言ではない。地方自治は、こうして、ラディカルな批判にさらされながら、むしろそれを通して、あらためてそれがもつ本来的価値を評価し直されようとしているのである。(6)

村松岐夫も一九八八年刊の『地方自治』で、local government の訳として「地方政府」がふさわしいとし、「活動量の少ない分離型地方自治よりも、活動量の多い『政府』とよびうる自治体の方が市民の福祉を高める」と述べている。(7)さらに、「政治化の程度が自治の程度を決める最大の要因」だとし、地方の政治化の意義を認める。ただし、その際注意しなければならない点は、中央と地方は相互依存関係にあり、従来しばしば指摘されるような二律背反的対立関係にあるのではないということである、と村松は指摘する。「現実は集権的な制度を自治的に利用する政治的可能性」があるし、「福祉国家の事業の多くが地方に実施を依存」しているのも事実である。(8)

山崎正は「地方政府」という概念をさらに積極的に前面に押し出している。山崎によれば、わが国では都道府県や区市町村において「自治と呼ぶに相応しい実態は現在でも存在していないといわざるを得ない(9)」という。

地方政府は、あくまでも地域住民の行政ニーズを実現するための組織であって、地方公共団体のように地域住民の上に君臨して行政サービスを地域住民に提供するというものではない。どのような行政サービスを実現するか、その行政サービスを実現するためにどのような意思決定（一般的には議会）機関と執行（行政）機関を編成するかまでを含めて、本書では、地域住民が選挙ないし住民投票を通じて実質的に決定できる組織を地方政府と呼ぶこととする。以上のような地方政府を構想しようとすると、どうしても中央政府との関係が浮上するが、本書では、政治も行政も司法も最終的にそのあり方を決定するのは国民であるという国民主権の立場からわが国の現状を分析し、中央政府と地方政府の役割分担までを含めて、国民にとって望ましい国家体制を構想して、その中に地方政府を位置づけようとするのである。(10)

引用と紹介が続くが、あと一点、自治省勤務後鳥取県知事を二期務めた片山善博の述懐を聞いておきたい。片山はある対談でつぎのように指摘する。

自治体レベルでも立憲主義が必要だと思うんです。権力を主権者が抑制するとか、タガをはめるという仕組みです。これは国家レベルでは憲法がありますが、自治体レベルでは、じつはないんです。自治体のタガはめは、全部国法でやっているわけです。国法でタガがはめられていて、本来の主権者である住民はそこに関与しないわけです。やっぱり従属的立場なんです。本当だったら自分たちの自治体をどう構成するのかとか、議会の議員定数をどうするのかとか、報酬をどうするのかとか、住民のほうがコントロールできるようにしなくてはいけないと思います。(11)

自治体が、わが国では、つねに地方自治体と捉えられ、さらにそれが地方公共団体と呼ばれて、中央政府の統治システムの一環、国の末端行政機構として位置づけられてきた歴史が、一九七〇年代以降ようやく改められようとしている。先に言及したように、「市民自治を基本にすえた地方自治制度」として「地方自治基本法構想」が提起された。

だが、井出嘉憲がすでに一九七〇年代初頭に指摘しているように、地方自治は「地方政府」として、行政機関としてのみならず一つの政治機構としての機能をそこに持たせる必要が自覚されることとなった。自治を政治から切り離すことに自治本来の機能を失わせる原因があった、とも指摘されている。こうした問題を、われわれは再度シュタインの自治理論に戻って検討したい。

第二節　憲政と自治

「自治」はドイツ語でSelbstverwaltungと言い、Verwaltungは「行政」と邦訳されるから、自治は行政だというのは文字通りのことである。「自治」の英語はSelfgovernmentだが、これをドイツ語にするとSelbstverwaltungよりもSelbstregierungに近く、事実当初はそのように訳された、とヘフターその他ドイツの自治論者が指摘していることは、本書まえがきおよび第一章で触れた。governmentやRegierungは邦語で「統治」「政府」と訳されるから、これに「地方」をつければ、いま話題にしている「地方政府」となり、「地方政府」のドイツ語はkommunale Selbstverwaltungではなくkommunale Selbstregierungとなるのではないかと思われるが、ローレンツ・フォン・シュタインら一九世紀ドイツの自治理論者はSelbstregierungではなくSelbstverwaltungという言葉を意図的に使用した。その背後に、国家と社会の対立ないしは分離・区別という認識があったことは確かである。前章の註で言及したマチェラートは、「政治的国家と非政治的社会という二元論」に基づきシュタインは「自治を非政治的行政としてのみ捉えた」とし、そこに自治がナチズムに足元をすくわれる一因を見る。[12] 行政を非政治的組織と位置づけることで、とりわけ日本では、地方自治体が国家中央政府の出先末端機関としてしか機能しえなかったことは事実である。日本各地隅々で町内会や「隣組」が、国家中央政府の戦争遂行意思を国民ひとりひとりに浸透させることに積極的に荷担した過去をわれわれは持つ。前節で紹介した日本の「地方政府」論者が主張しているように、地方政府を文字通りに自治体とするためには、そこから政治を抜くことはできない。地方でもしたがって自治体でも、市民が積極的に政治に関わることでまさに自治が実現できるのであり、自治体をいつまでも非政治的組織としていては、自治体は依然として国の行政代行機関にとどまらざるをえないであろう。

——話はいまこういう方向に向かっている。だが、本書で縷々説明したシュタインの自治理論を改めて振り返ってみるならば、「ちょっと待て」と言わざるをえない。すでに繰り返し述べたように、シュタインは国家と社会の区別、憲政と行政の区別を語ったが、それを、あたかも二元論のごとく固定的に捉えたのでは決してない。シュタインにとって国家は、諸々の人格態の諸利害の差異と対立を超えた一つの人格的統一態である。そして、国家意志が憲政であり、その意志を実行に移すのが行政である。憲政と行政は不可分一体である。行政は国家意志の行為実践である。そこに中央と地方といった区別や階層はない。

憲政と行政は不可分一体であるが、Verwaltung（行政）とRegierung（統治）とは異なる、とシュタインは強調する。統治は自治（Selbstverwaltung）ではなく官治（Staatsverwaltung）である。地方自治体が国家中央政府の出先末端機関にすぎないとしたら、そこにあるのは自治ではなく官治である。明治期以来の日本で行われた自治はほとんどが官治にすぎなかった。シュタイン理論が浅薄に理解ないしは意図的に曲解され、憲政つまり中央の国家意志を地方で行為実践する場つまり行政機関として自治は位置づけられた。したがって、政治は、国家意志を決定する中央の国会でのみ機能する場を与えられ、国家意志をひたすら実現する場である行政から政治が排除されねばならなかった。さもなければ二重政府状態となり、国家意志の一元的実現が阻害されると考えられた。意志決定はあくまでも一箇所に留め置くべきであるとされる。こうした発想は、行政行為に政治が介入して混乱する現場にいたグナイストに見出すことができる。シュタインは自治と官治を区別し自治と統治を区別するが、同時に自治の積極的な働きが国家生活を規定すると述べる。国家は国民の自治活動があって初めて国家として機能しうる。自治に対する発想の原点がグナイストや明治期日本の国家官僚と異なるのである。

ここで憲政について再確認しておきたい。一八五〇年の『一七八九年から現代までのフランスにおける社会運動の歴史』でシュタインは、憲政とは「諸個人が国家の内的組織全体に、とりわけ人格的な国家意志の形成と規定に、参加する」（GsBF, Bd.1, S.87）機関であると述べる。国民が国家意志へ積極的に参加することは「人格的な尊厳と力を完全に展開するための条件」（GsBF, Bd.1, S.36.）である。国家の原理はすべての個人の向上にあり、国家はその仕事を行政に委ねる。それゆえ、行政は本質的に「すべての個人の最高の発展を促進すべく努力しなければならず」、「万人に最高の人格的発展の手段を提供」（GsBF, Bd.1, S.37）しなければならない。シュタインが、「国家憲政は、その最も内奥の本質からして社会的秩序の表現である」（GsBF, Bd.1, S.425）と言うとき、その意味は、国家意志である憲政とその行為である行政とが不可分一体のものとして国家公民の幸福実現に寄与するものでなければならないという点にある。

一八五二年の論文「プロイセンの憲政問題に寄せて」でシュタインは、「真の憲政とは、国家がその行政と法によって国民の最高の生活の表現として現存している、という感情に国民全体が貫かれていることである[13]」と述べているが、これも右と同じ趣意である。国家は国民の最高の生活を実現するために存在し、国民はそれを実現するためにみずから積極的に国政に参加しなければならない。何度も繰り返すが、憲政と行政は不可分一体である。憲政か行政かという問題では決してない。

もちろん、シュタインが「プロイセンの憲政問題に寄せて」で行っていることは、現実のプロイセンにおいて「真の憲政」が実現していない原因を探究することであり、それを彼は、憲政の歴史的、国民経済的、社会的基礎の分析によって行っている。したがって、憲政と行政は不可分一体だと言っても、シュタインにとってそれはまだ理論の域を越えるものではない。シュタインは『一七八九年から現代までのフランスにおける社会運動の歴史』でフランス革命時の「民主的憲政」に言及しているが、北ドイツ連邦で普通選挙が行われたのは一八六七年であり、シュタインが憲政と行政の関係を論じた一八四八年から五二年ごろはまだフランスにその先例を見るだけであった。シュタインは普通選挙制導入の問題点を克服すべき解決策を種々論じているが、それについては森田勉の論考に委ねたい。[14] ここで注目したいのは、「納税（Zensus）こそが社会と国家意志との同一性を代表する」（GsBF, Bd.1, S.477）とするシュタインの主張である。当時制限選挙で最も重要とされた基準は、性別や民族、国籍等ではなく納税額であった。だが、シュタインが問題にするのは納税の額ではなく、納税が憲政の国民経済学的基礎をなすという点であった。話が飛躍すると思われるかもしれないが、先に言及した元鳥取県知事片山善博の言葉を引用したい。

そもそも税というのは、デモクラシーの根源にあるツールですね。たとえばフランス革命にしてもそうだし、アメリカの独立戦争にしてもそうだけれども、税に起因している面が強いわけです。納税者が税を通じて政治とか行政に反発したり、これをコントロールしようとする。[15]

「納税者の同意」が政治を活性化させるがゆえに、これを日本の地方自治制度にも導入すべきである、と片山は語る。シュタインがここで納税について言及するのも、納税者意識が自治意識を覚醒させ、国民のための国家という感情を産むという考えがあるからである。

すでに本論で繰り返し述べたように、シュタインは一般にそう思われているような国家主義者ではない。それは彼の『国家学体系』を読めば明らかであろう。シュタインの国家学はいわば〈社会学としての国家学〉である。国家は社会問題解決のための機関にすぎない。この機関は、リンカーンの有名な言葉を借りて言えば、「人民の人民による人民のための政治」によって初めて機能する。シュタインの場合、それは普通選挙で選ばれた国民代表による憲政と、その意志を実現する行政によって成り立つ。憲政も行政も議員と官僚に一任するものでは決してなく、地方ならびに利益共同態としての種々の自治団体によって営まれるはずのものである。

筆者は本書まえがきで、シュタインの国家論は循環論ではないか、という問題を提起した。シュタインにとって国家は個別的人格態の自由な発展を可能にするために存在する。その国家機構は元首と憲政と行政の三者で成り立つ。だが、そのいずれの担い手も個別的人格態であるから、国家はそうした個別的人格態の利害に、シュタインの言葉を借りれば「社会」に、左右されかねない。社会的諸矛盾を解決する手段が国家であるのに、その国家が社会に左右される。この循環を断ち切るには、社会的利害を絶対的に超越する君主の支配を貫徹させるか、そうした趣意の法ないし法律を貫徹させるか、つまりは立憲君主政を導入すべきかということになるのだろうか。たしかに、シュタインは立憲君主政の支持者である。だがそれと同時に、シュタインは国家の柱に市民の自治を据えた。右の循環が生じる原因は、個別的人格態をあくまでも個別的のままとするところにある。ヘーゲルが市民社会の基本的単位を個人から団体（コルポラツィオーン）へと発展させたように、シュタインが国家を論じる際に自治を中心に据えるのも、自治体と協会という中間団体を、過去のギルドや教会権力などの閉鎖的なものではなく、新たな時代に見合うポジティブなものに作りかえうる可能性を見出し、こうした自治団体を国家の基本単位としようとしたからにほかならない。そうであるからこそ、シュタインの国家論は現在の〈社会国家〉の先駆として見直されるのである。国家の出先機関ではない自治体を基礎にしつつ、しかしシュタインは国家を否定するのではなく、国家自体を自治体精神で満たす方法を模索したのである。

第三節　自治のゆくえ

本書第一章第四節で紹介した岡部一明『市民団体としての自治体』によると、アメリカの自治体は、地域住民が住民投票で「つくろう」と決議すればできる。「逆に言うと、住民がつくると決めなければ自治体はない。」こうした例に倣って、岡部は「住民が結成できる自治体、住民が発言できる市議会、ボランティアの市長・市議など限りなく市民団体に近い自治体の在り方こそ私たちが注目すべきアメリカの自治体議論だと思った[16]」と述べているが、同感である。さらには国家がこうした構造をなしていればなお良いと私は思うが、それはもはや国家論ではなく無政府主義になるのであろうか。無「政府」では決してないのだが。いずれにせよ、国家中央政府の行政末端機関にすぎないと言われる日本の地方自治のあり方を根本的に改革しようとする動きは、一九七〇年代以来日本全国に広まった。だが、こうした「地方の時代」に冷や水を浴びせるような衝撃的な事態がいままさに「自治」の国アメリカで起きている。

堤未果『(株) 貧困大国アメリカ』が公刊されて一ヶ月も経たないうちに現実に起きたことであるが、滑走路四本を持つハブ空港のあるアメリカの著名な都市デトロイトが破産した。堤はつぎのように報告している。

デトロイトは二〇〇〇年から二〇一〇年の一〇年間で、住民の四分の一が郊外や州外に逃げ出してしまった町だ。財政破綻による「歳出削減」で犯罪率が増えているにもかかわらず市は公共部門の切り捨てを実施、学校や消防署、警察などのサービスが次々に凍結されている。こうした傾向はミシガン州だけでなく、全米の自治体で起きている。[17]

国は「非常事態管理法」を制定し、財政破綻した自治体に対して、州知事が任命する危機管理人にいっさいの指揮権を与えた。管理人は、自治体の資産売却、公務員解雇、公共サービスの民営化などを、民意をいっさい問うことなく行使する権限を持つ。[18] これは公民権を否定する憲法違反の処置だと批判する声が挙がっているという。

「地域住民が自分たちを統治する人間を選べず、行政の行うあらゆることに一切発言権も持てない。暴挙を行われてもリコールできない。地域内の土地やインフラ、公共サービスといったものを民間企業に売り払われても何も言えない。これは明らかな独裁、憲法違反です。」ミシガン州ポンティアック市元職員の証言[19]

だが、いわゆる〈完全自由主義〉を採る共和党支持者は、低所得者層の保護に自分たちの税金が多く使われることに不満を抱き、住民投票によって自分たちの好む自治体を作り始めた。

彼らは自治体の運営に関しては素人だったが、富裕層には心配せずとも大手企業がちゃんと近づいてきてくれる。大手建設会社ＣＨ２Ｍヒル社が、二七〇〇万ドルで市の運営を請け負うオファーを持ちかけ、すでに両者の間に契約が成立した。

正規職員は極力おさえ、残りは契約社員を雇い、通常自治体予算を大規模にとる人件費をできるだけおさえた運営にする。もちろん組合など存在しない。〔中略〕警察と消防以外のサービスはすべて民間に委託し、払った費用に見合った適切なサービスを受けられる。市には無休のホットラインがあり、何かあれば二四時間いつでも対応可能。政府統治機能を株式会社に委託するというサンディ・スプリングスの誕生は、小さな政府を望む富裕層の住民と大企業にとって、まさに待ち望んでいたことの実現だった。(20)

これはまさに「株主至上主義が拡大する市場社会における、商品化した自治体の姿」にほかならず、「そこにはもはや『公共』という概念は、存在しない(21)」、と堤は指摘すると同時に、こうした事態がアメリカ全土に広がり、さらには世界各地で広がりつつあると警告する。

自治の復権どころか、住民の「自治」が国家を崩壊させる事態が生じている。否、そもそも国家自体がすでに崩壊している。堤未果の一連の報告(22)を読むと、そう思わざるをえない。だが同時に堤は、こうした事態に地道にしかし断固として抵抗の烽火を挙げている市民の動きがあることも伝えている。「無国籍化した顔のない『1%』とその他『99%』という二極化(23)」のなかで、あきらめずに自分の意思で生き方を選ぶ世界中の「99%」の人びとによる、「人民の人民による人民のための」憲政と自治を取り戻す動きをわれわれも見失わずにい続けよう。

シュタインによれば、人間はみな自らの人格態の自由な発展を目指す。だが、個人ではそうした使命を十全に果たすことができない。しかし、さいわいなことに、人間は世界で一人で孤立して生きているわけではない。この多数態が諸個人のこうした矛盾を解決する手段となりうる。シュタインは自由主義者であるが、それ以上に自治主義者であった。言い換えれば、彼は「自由な共同体」を求めたのである。シュタインにとってそれこそが国家にほかならない。こうした国家の実現を私たちはたんなる夢に終わらせてはならない。私たちには「99％」の仲間がいるのだから。(24)

註

（1）橋下徹「『地域主権』確立のための改革提案～『地方政府基本法』の制定に向けて～」（未定稿）二〇一〇年一月。なお、これの公表時橋下は大阪府知事であった。
（2）井出嘉憲『地方自治の政治学』東京大学出版会、一九七二年、四頁。
（3）同右、六頁。
（4）同右、一一～一二頁。
（5）同右、二五頁。
（6）同右、一八頁。
（7）村松岐夫『地方自治』東京大学出版会、一九八八年、vii頁。
（8）同右、一八七頁。
（9）山崎正『地方政府の構想』勁草書房、二〇〇六年、一頁。
（10）同右、一～二頁。
（11）片山善博・塩川正十郎、前掲書、五四頁。
（12）Horst Matzerath, a.a.O., S.25.
（13）Lorenz von Stein, *Zur preußischen Verfassungsfrage*, in: *Deutsche Vierteljahrs Schrift*, Erstes Heft, Stuttgart und Tübingen 1852, S.9.
（14）森田勉『ローレンツ・シュタイン研究　憲法-憲政論・国家-社会学説・法哲学』ミネルヴァ書房、二〇〇一年、参照。
（15）片山、前掲書、四六頁。
（16）岡部一明、前掲書、三四九頁。
（17）堤未果『(株) 貧困大国アメリカ』岩波新書、二〇一三年、一六九頁。
（18）同右、一七八頁。
（19）同右、一八三頁。
（20）同右、二〇〇～二〇一頁。

(21) 同右、二〇三頁。
(22) シリーズ『ルポ 貧困大陸アメリカ』『ルポ 貧困大陸アメリカⅡ』『(株) 貧困大陸アメリカ』(いずれも岩波新書) 参照。
(23) 堤、前掲書、二七三頁。
(24) 社会を国家と結びつけて考えるのは近代の産物にすぎないとして、社会の国家からの独立を目指す考えも別途ありうる。たとえば、竹沢尚一郎は『社会とは何か システムからプロセスへ』(中公新書、二〇一〇年) で、「社会は、国家や政府とは明確に区別されるある種の厚みをもつ空間、それを治め、秩序と平穏をもたらすことが肝要であるようなある種の空間として認識」する動向がディドロにあり (三九頁)、そうした社会像を復権すべきであると説いている。シュタインおよび彼の国家学から学ぼうとする筆者にはない発想であるが、われわれもいつか国家に砌をつける時が来るかもしれない。

あとがき

前期シュタインすなわちキール時代のシュタインの理論的ならびに実践的な活動とその社会思想史的背景についての私の研究成果は、前著『シュタインの社会と国家　ローレンツ・フォン・シュタインの思想形成過程』（御茶の水書房、二〇〇六年）として公開し、また、この著作のもとになった学位請求論文は一橋大学大学院社会学研究科により受理された。御茶の水書房ならびに一橋大学関係者各位に改めて御礼申し上げたい。

前著では、第一部としてシュタインの思想形成史を、キール大学法学部の状況と当時最もホットな問題であった「シュレスヴィヒ・ホルシュタイン問題」を軸に明らかにし、第二部では共産主義と社会主義の歴史、一八四〇年代のその運動形態、シュタインによるその理解と背後にある人格態および労働の概念を論じた。第三部は社会思想史研究と題して、シュタインがアリストテレス、ルソー、アダム・スミス、ギゾー、カント、フィヒテ、ヘーゲルから何をどのように学んだかについて解明した。第四部は「国家学体系へ」と題して、シュタインがキール大学を追放されたのちウィーン大学に職を得る期間に書いた『国家学体系』を解読し、〈社会学としての国家学〉というシュタインの国家学構想を特徴づけるとともに、今後の展望としてシュタインの国際関係と自治に関する見方を明らかにした。

本書はこの続篇であり、ウィーン時代のシュタインの学問的活動について自治を柱にして解明したものである。

ウィーン時代のシュタインも、キール時代に劣らず多彩な才能を発揮し、広義の国家学体系のもと、憲政論、行政理論、財政理論、国民経済学、法史学、さらに軍制、兵法、警察学、婦人論、音楽論に及び、とりわけわが国で盛んに研究が進められている日本の憲法や行政その他への積極的な助言など、取り上げるべき課題は多い。本書では、前著から引き継いだ課題である〈社会学としての国家学〉の解明のため、おもに「自治」をめぐるシュタインの所説を明らかにした。シュタインは自著を次々と改訂し、自説を少しずつ変えるため、シュタインの所説を統一的に理解することは難しく、いま一冊の著書としてこれまでの研究成果をまとめる段階に至ってもまだこの整理作業を成功裏に終えたとは言いきれないつらさがある。「自治」に関する学界の研究蓄積は厚く、日本に限ってもたとえば一九二五年創刊の雑誌『自治研究』は二〇一三年八月現在通巻一〇七四号を数える。哲学出身の筆者にはとうてい追いつけない分野であり、先行研究を調べれば調べるほどその奥の深さを感じ、そもそもこんなことも知らないで自治を論じるのかという声が内耳に聞こえる。

明治期日本の憲政史と関連させたシュタイン研究はわが国で長く営まれており、これに関して筆者は屋上屋を重ねることを避け、シュタイン自身の所説を明らかにするなかで必要最小限に日本の事情について触れたが、それでもやはりウィーン時代のシュタインを論じるとき日本との関係ぬきに済ますことはできない。そのため、北ドイツの港町キールにあるシュレスヴィヒ・ホルシュタイン州立図書館所蔵の「シュタイン遺稿」にある、日本人とシュタインとの書簡をすべて解読し、冊子にまとめて自家出版した（『ローレンツ・フォン・シュタインと日本人との往復書翰集（*Briefe von Japanern an Lorenz von Stein und einige Antworten von demselben*）』二〇一一年）。フランス語書簡ほか十分に判読しえていない部分があるほか、著作権の問題、それ以上に出版費用の問題があり、一部の研究者ならびに大学図書館等に寄贈しただけであるが、この公刊は斯界に寄与すると自負する。

本研究を進めるにあたり、シュレスヴィヒ・ホルシュタイン州立図書館、ベルリンのプロイセン文化財機密公文書館、ウィーン大学公文書館等のお世話になった。また、これら文献調査の旅費を賄って下さった日本学術振興会ならびに東洋大学に御礼申し上げる。（本書のもとになった論文のいくつかは、日本学術振興会科学研究費助成事業二〇一〇年度～二〇一二年度基盤研究（C）（一般研究）「自治国家は形容矛盾かとの問いの解明――シュタイン自治理論の研究を通して」の研究成果の一部である。）さらに、日独双方の法史学に詳しい瀧井一博氏、堅田剛氏、野崎敏郎氏、畏友ヨハン・ナヴロツキ氏ほかのみなさまから貴重な助言を折々賜った。ここに改めて一言御礼申し上げる。ドイツ語目次と要旨は、Rainer Schulzer氏に私の拙いドイツ語文をいつもながら美事に修正していただき感謝している。

学術書の出版困難な時代ゆえ、本書出版にあたり日本学術振興会科学研究費助成事業の研究成果公開促進費に応募したが不採択だった。不採択理由は「刊行する緊急性が低いと判断した。」の一行だけ。文系の学術研究で二〇年、三〇年の価値耐久性が必要との認識は強く自覚していたがこの非科学的理由は想定外だった。幸い、勤務校である東洋大学には学術研究を助成する独自の「井上円了記念研究助成」という制度があり、そのうちの一つ「刊行の助成」を、本書の内容に対する高評価のもとで受けることができた。ここで改めて御礼申し上げる。

末尾になりたいへん失礼ながら、本書の意義を理解下さり公刊の機会を与えてくださった御茶の水書房社主橋本盛作氏、および編集、印刷、製本その他、多くの関係者のみなさまに篤く御礼申し上げます。

Lorenz von Steins Theorie der Selbstverwaltung. Gesellschaft und Staat während seiner Wiener Jahre

SHIBATA Takayuki

Inhalt

Vorwort.

Erstes Kapitel. Der Begriff der Selbstverwaltung.

Abschnitt Eins. Selbstverwaltung im Japanischen.

Abschnitt Zwei. Selbstverwaltung im Englischen und Deutschen.

Abschnitt Drei. Ältere Ausdrücke für Selbstverwaltung.

Abschnitt Vier. Das japanische System der Selbstverwaltung.

Zweites Kapitel. Steins Theorie der Selbstverwaltung.

Abschnitt Eins. Steins Vorlesungen vor Japanern.

Abschnitt Zwei. Steins Theorie der Selbstverwaltung.

(1) Die erste Auflage der "Verwaltungslehre".

(2) Die zweite Auflage der "Verwaltungslehre".

(3) Erste und zweite Auflage des "Handbuchs der Verwaltungslehre und des Verwaltungsrechts".

(4) Die dritte Auflage des "Handbuchs der Verwaltungslehre und des Verwaltungsrechts".

Resümee

Drittes Kapitel. Steins Theorie der Selbstverwaltung und ihre Kritik.

Abschnitt Eins. Die Beurteilung Heinrich Heffters.

Abschnitt Zwei. Neuere Theorien der Selbstverwaltung.

Viertes Kapitel. Steins Theorie des Selbstverwaltungskörpers.

Abschnitt Eins. Die Stellung der Selbstverwaltung innerhalb Staatswissenschaft Steins.

Abschnitt Zwei. Die Selbstverwaltungskörper.

(1) Regierung und Selbstverwaltung.

(2) Land.

(3) Gemeinde.

(4) Korporation.

Abschnitt Drei. Das Vereinswesen.

(1) Verein.

(2) Vereinswesen.

Fünftes Kapitel. Steins Theorie der Bildung.

Abschnitt Eins. Selbstverwaltung und Bildung.

Abschnitt Zwei. Staat und Bildung.

Abschnitt Drei. Das Bildungssystem.

Sechstes Kapitel. Stein und Rudolf von Gneist aus ihrem Briefwechsel.

Einleitung.

Abschnitt Eins. Ihre Beziehung zu Japanern.

Abschnitt Zwei. Der Briefwechsel zwischen Stein und Gneist.

(1) Die überlieferten Briefe.

(2) Steins erster Brief an Gneist.

(3) Gneists Briefe an Stein.

(4) Während des Verfassungskonflikts.

(5) Der wissenschaftliche Austausch.

(6) Als Freunde.

Abschnitt Drei. Die theoretische Differenz.

Siebentes Kapitel. Die Theorie der Selbstverwaltung bei Stein und Gneist im Vergleich.

Einleitung.
Abschnitt Eins. Die Theorie der Selbstverwaltung bei Stein und Gneist aus japanischer Sicht
(1) Misstrauen gegen die Idee der Volksvertretung.
(2) Steins Einfluss auf Gneist.
(3) Vergleich.
Abschnitt Zwei. Der Gegensatz von Staat und Gesellschaft bei Stein und Gneist.
(1) Ihre gegenseitige Beurteilung.
(2) Gneist in der praktischen Politik.
Resümee.

Achtes Kapitel. Steins Theorie der Selbstverwaltung im historischen Kontext

Abschnitt Eins. Gesellschaft, Staat, und Selbstverwaltung.
Abschnitt Zwei. Schleswig-Holsteins Geschichte und Gegenwart.
Abschnitt Drei. Verfassung und Verwaltung.

Schluss.

Abschnitt Eins. Die kommunale Regierung.
Abschnitt Zwei. Verfassung und Selbstverwaltung bei Stein.
Abschnitt Drei. Die Zukunft der Selbstverwaltung.

Nachtrag. Innen- und Außenpolitik in der Steinschen Staatswissenschaft.

Abschnitt Eins. Mein Studium in Kiel.
Abschnitt Zwei. Staatswissenschaft.
Abschnitt Drei. Internationale Verwaltung.
Abschnitt Vier. "Deutschtum".

Abschnitt Fünf. Verfassung und Verwaltung.

Nachwort.

Appendix. Die Vorlesungen Steins in Wien.
Einleitung.
1. Liste der Vorlesungen.
2. Curriculum der juristischen Fakultät der Universität Wien und die Vorlesungen Steins.
Zusammenfassung.
Tabelle. Studentenzahlen.

Literaturverzeichnis.
Deutsches Inhaltsverzeichnis.
Deutsche Zusammenfassung.
Namensregister.

Zusammenfassung

Lorenz von Stein (1815-1890), der die Staatswissenschaft als Wissenschaft der Gesellschaft entwarf, betrachtete Selbstverwaltung als das Wesen des Staates. Meine These ist, dass Stein den Staat selbst als Selbstverwaltungskörper verstanden hat. Aber ist ein Selbstverwaltungsstaat nicht ein Widerspruch in sich? Mit dem Begriff der Selbstverwaltung wird gemeinhin nicht der Staat assoziiert. Besonders in Japan wird unter Selbstverwaltung primär kommunale Selbstverwaltung wie zum Beispiel nachbarschaftliche Vereine oder Selbstverwaltungsräte in Wohnsiedlungen verstanden. Außerdem gibt es größere Selbstverwaltungskörper wie die autonomen Regionen Tibet und das uigurische Xīnjiāng innerhalb der Volksrepublik China, oder teilautonome Staaten wie zum Beispiel die palästinensischen Autonomiegebiete. In allen Fällen ist jedoch mit dem Begriff der Selbstverwaltung nicht der Staat selbst gemeint.

In Japan meint Selbstverwaltung meist einen örtlich begrenzten Selbstverwaltungskörper oder ein Vollzugsorgan der staatlichen Verwaltung auf kommunaler Ebene. Die übliche Lehrmeinung ist, dass dieses Verständnis der Selbstverwaltung von Lorenz von Stein herrührt. Im zweiten Kapitel zeige ich, dass diese Auffassung nicht Steins tatsächliche Theorie ist, sondern ihren Ursprung hat in den Mitschriften japanischer Politiker und Studenten, die in Wien die privaten Vorlesungen Steins hörten.

In Deutschland spielt die Theorie der Selbstverwaltung insbesondere in der Diskussion über das Verhältnis von Staat und Gesellschaft eine zentrale Rolle. Im dritten Kapitel diskutiere ich die Besonderheit der Steinschen Theorie der Selbstverwaltung u. a. anhand der Forschungen von Heinrich Heffter und Ernst Forsthoff, sowie neuerer japanischer Autoren. Daraus ergibt sich, dass auch Stein die Selbstverwaltung immer innerhalb des Verhältnisses von Staat und Gesellschaft gedacht hat. Für Stein stehen Gesellschaft und Staat "in einem Verhältnis wechselseitiger Durchdringung," das auch "gewisse Spannungsmomente in sich" birgt (Forsthoff). Es wird außerdem betont, dass "die geschichtliche Bewegung von Staat und Gesellschaft zum Sozialstaat" (Böckenförde) stets mitgedacht werden müsse. Andererseits behaupten deutsche Wissenschaftler, die aus der Erfahrung des Nationalsozialismus gelernt haben, dass Selbstverwaltung nicht

mit dem Staat in eins gesetzt werden dürfe. Selbstverwaltungskörper und Staat müssen unabhängig sein.

Stein war der Überzeugung, dass "das Staatsleben und sein Recht nur durch innige Verbindung der Selbstverwaltung mit der Regierung recht erfaßt werden können." Das Gebiet der "freien Verwaltung" hat nach Stein genau zwei Erscheinungsformen, nämlich die Selbstverwaltung und das Vereinswesen. In diesen Organisationen werden die Kompetenzen erworben, die zur Teilnahme an der gesetzgebenden und vollziehenden Gewalt befähigen.

Steins Begriff der Selbstverwaltung steht m. E. unter dem Einfluss der Hegelschen Staatstheorie. Hegel definierte den Staat als die "Wirklichkeit der konkreten Freiheit". Obwohl die bürgerliche Gesellschaft ein Kampfplatz individueller Interessen ist, werden durch "Kooperationen" die Privatinteressen der Bürger in das Allgemeine "eingewurzelt". Die zunächst regellose Freiheit wird durch soziale Koorporation zur "konkreten" bzw. echten Freiheit. Die Selbstverwaltung in der Theorie Steins erfüllt genau die in Hegels Philosophie beschriebene Funktion der "Einwurzelung" des individuellen in das Ganze.

Im vierten Kapitel behandle ich die verschiedenen "Körper" der Selbstverwaltung und das Vereinswesen. Stein definiert den Verwaltungskörper als "die dauernden Formen, welche den selbständigen Organismus der Einzelpersönlichkeiten in der Verwaltung enthalten", und die Selbstverwaltung als "den Organismus selbst mit seiner Ordnung und seinem Rechte".

Die erste Grundform der Selbstverwaltung ist die "Landschaft", deren natürliche Elemente das Land und der "Stamm" (d.i. die Bevölkerung) sind. Die "Gemeinde" als zweite Grundform der Selbstverwaltung beruht auf der örtlichen Gemeinschaft der Interessen aller Angehörigen. Sie ist die ausgebildete Organisation der örtlichen Selbstverwaltung. Die "Korporation" als die dritte Grundform entsteht, wo für einen bestimmten öffentlichen Zweck ein bestimmtes Vermögen eingesetzt und verwaltet wird. Die "Korporation" bildet den Übergang von der eigentlichen Selbstverwaltung im Gemeinwesen zum Vereinswesen.

Vereine des ersten Typus entstehen als Interessengemeinschaften von Personen, die von der Durchführung, Modifikation oder Behinderung von bestehenden oder beabsichtigten Verwaltungsgesetzen betroffen sind. Diese heißen "Interessenvereine", zu welchen u. a. die Aktien- oder Kapitalgesellschaften und die Kreditvereine zählen. Vereine des zweiten Typus widmen sich den Aufgaben des geistigen Lebens und heißen "Bildungsvereine". Zum dritten Typus der "sozialen Vereine" zählen sowohl Armenfürsorge

und Nothilfe, als auch das Vereinswesen zur Selbsthilfe wie zum Beispiel Arbeitervereine.

Während Verwaltung im Prinzip das Wesen des gesamten Staates ausmacht, sind es Selbstverwaltung und Vereinswesen im engeren Sinne, welche die Harmonie des Staates mit seinen Naturbedingungen gewährleisten. In Steins staatswissenschaftlichem System vermitteln Selbstverwaltungskörper und Vereinswesen zwischen Staat und Gesellschaft. Sie erfüllen damit die gleiche Funktion wie die "Korporation" in Hegels Rechtsphilosophie.

Im fünften Kapitel behandle ich Steins Bildungslehre. In seinem politischen System ist die Körperschaft der gesellschaftlichen Selbstverwaltung nicht ein Teil des Staates, sondern vielmehr der Staat selbst. Staat und Gesellschaft sind durch die Idee der Selbstverwaltung vermittelt. Das Kapitel thematisiert die Erziehung, durch welche nach den Ideen Steins der für die Selbstverwaltung notwendige Geist ausgebildet werden sollte. Es geht hierbei nicht um das Bildungssystem überhaupt, sondern um Steins Bildungsideal, das auf die Förderung der selbstbestimmten und selbsttätigen Persönlichkeit im Selbstverwaltungsstaat abzielt.

Im sechsten und siebenten Kapitel untersuche ich den Briefwechsel zwischen Stein und Rudolf von Gneist. Beide sind prominente Figuren der japanischen Verfassungs- und Verwaltungsgeschichte. Maßgebliche japanische Politiker der Meiji-Ära wie ITŌ Hirobumi und YAMAGATA Aritomo haben Verfassungs- und Verwaltungslehre bei Gneist und Stein studiert. Aber bisher wurde ihr Einfluss auf Japan nur getrennt erforscht. In diesem Kapitel untersuche ich die wissenschaftliche und persönliche Beziehung der beiden Staatstheoretiker, wie sie in ihrem Briefwechsel zum Ausdruck kommt. Fünfzehn Briefe von Stein an Gneist und dreizehn Briefe von Gneist an Stein liegen editiert vor. Ihre Analyse zeigt, dass Stein und Gneist nicht nur persönlich, sondern auch wissenschaftlich ein enges Verhältnis pflegten. Ihr fachlicher Austausch macht deutlich, dass Stein als Akademiker und Gneist als Jurist und Politiker unterschiedliche Ansichten über das Verhältnis von Staat und Gesellschaft hatten. Ihre rechtswissenschaftlichen Anschauungen hingegen waren sehr ähnlich.

Gneist berichtet, dass Steins Theorie eines Gegensatzes zwischen Staat und Gesellschaft großen Einfluss auf ihn hatte. Während für Gneist, der als Politiker im Parlament schwere Kämpfe durchzustehen hatte, der Gegensatz unaufhebbar blieb, war Stein bemüht das Problem theoretisch aufzulösen. Stein suchte das richtige Verhältnis zwischen politischer Verfassung und Selbstverwaltung. Er verstand die Regierung schließlich als Vereinigung der Staatsverwaltung mit der gesellschaftlichen

Selbstverwaltung. Tatsächlich ist die Grundlage der Steinschen Staatswissenschaft ein Liberalismus, den seine einflussreichen japanischen Studenten damals nicht verstanden haben.

Im achten Kapitel diskutiere ich Steins Theorie der Selbstverwaltung im Kontext der Geschichte und Gegenwart Schleswig-Holsteins. Für Stein war der Staat eine unentbehrliche Instanz zur Lösung sozialer Probleme. Das Kapitel untersucht die Steinsche Staats- und Gesellschaftswissenschaft anhand seiner Aktivitäten während der "Revolution" der Schleswig-Holsteinischen Herzogtümer von 1848. Mit der sogenannten "Schleswig-Holsteinischen Frage" setzte sich Stein nicht wie seine Zeitgenossen Christoph Dahlmann und Nicolaus Falck nationalistisch im Sinne historischer Berechtigung, sondern internationalistisch als sozialer Frage auseinander. Wie Werner Schmidt herausgestellt hat, war das Schleswig-Holstein jener Jahre kein abseitiges und rückständiges Agrarland mehr, sondern befand sich bereits im Prozess der Modernisierung. Stein fand verschiedene Probleme der entstehenden Industriegesellschaft vor, deren sozialen und politischen Folgen in Frankreich gesehen werden konnten. Diese historische Situation ist eine wichtige Voraussetzung für die Staats- und Gesellschaftswissenschaft des späten Stein während seiner Wiener Jahre.

An dieser Stelle möchte ich meinen Dank abstatten für die Benutzungsgenehmigung der Nachlaßbestände der Schleswig-Holsteinischen Landesbibliothek, des Geheimen Staatsarchives Preußischer Kulturbesitz und des Archives der Universiät Wien.

人名索引

＊訳者や編者としてのみ登場する人名は割愛した。

アウグステンブルク（Prinz Heinrich Kalr Woldemer Augustenburg, 1810-1871）172
アーデルンク（Johann Christoph Adelung, 1732-1806）9
アリストテレス（Aristoteles, BD.384-322）190, 219
アルタ（Leopold Hasner, Ritter von Artha, 1818-1891）244
アルンツ（Ludwig Arndts von Arnesberg, 1803-1878）241-243
イェリネク（Georg Jellinek, 1851-1911）228, 229, 233, 250
イェーリング（Rudolf von Jhering, 1818-1892）226,241
イナマ・シュテルネッグ（Theodor von Inama-Sternegg, 1843-1908）226, 228, 229, 233
ヴァルトナー（Victor Waldner）230
ヴァールベルク（Wilhelm Emil Wahlberg, 1824-1901）231, 235, 237, 240, 242, 246
ヴァルンケーニヒ（Leopold August Warnkönig, 17941866）250
ヴィーザー（Friedrich Wieser, 1851-1926）228
ヴィルヘルム一世（Wilhelm I, 1797-1888）140
ヴィンクラー（Heinrich August Winkler, 1938-）181
ヴェーバー（Max Weber, 1864-1920）10
ヴェンツェル（Rüdiger Wenzel）183
ヴェーレンプフェニヒ（Wilhelm Wehrenpfennig, 1829-1900）45
ヴリート（Sigrid Wriedt）184
ウルマン（Emanuel Ullmann, 1807-1875）228
ウンガー（Joseph Unger, 1828-1913）114, 137, 240, 241, 243
ウンルー（Georg-Christoph von Unruh, 1913-2009）47, 48, 51
エクスナー（Adolph Exner, 1841-1994）89, 232, 238, 240, 241, 243
エシャーリヒ（Philipp Ritter von Escherich, 1804-1873）239, 242, 245
エドラウアー（Franz Edlauer, 1798-1866）244, 247
エームケ（Horst Paul August Ehmke, 1927-）49
エンゲルス（Friedrich Engels, 1820-1895）10, 89

ガイリング（Friedrich Geyling）239, 242
ガチャー（Paula Gatscher）233, 236

カベ（Etienne Cabet, 1788-1856）179
カルテンボルン（Karl Baron Kaltenborn von Stachau, 1817-1866）185
ガンス（Eduard Gans, 1797-1839）102
カント（Immanuel Kant, 1724-1804）165, 179, 190, 219
ギゾー（François Pierre Guillaume Guizot, 1787-1874）90, 179, 190, 196, 219
ギルトラー（Jacob Girtler）241, 243
グナイスト（Rudolf von Gneist, 1816-1895）i, ii, 5, 6, 9, 15, 19, 35, 43-46, 48, 54, 60, 76, 89, 91, 93-107, 110-118, 120-137, 139-155, 157-159, 161-163, 186, 205, 211
グラーザー（Julius Glaser, 1831-1885）246
グラースル（Ignaz Graßl, 1795-1889）241, 243, 246
クリーガー（Andreas Frederik Krieger, 1817-1893）126
クリスチャン一世（Christian I, 1426-1481）169, 170
クリスチャン八世（Christian VIII, 1786-1848）172, 173
クリスティアンゼン（Johannes Christiansen, 1809-1853）101
グリュンフェルト（Ernst Grünfeld, 1883-1938）199, 201
グリュンフート（Karl Samuel Grünhut, 1844-1929）230, 234, 237
クレマー（Peter H. Krämer）51
クレマー・アウエンローデ（Hugo Ritter von Kremer-Auenrode）240-242
グロス（Gustav Gross, 1847-1915）228
グロチウス（Hugo Grotius, 1583-1645）243
ゲーテ（Johann Wolfgang von Goethe, 1749-1832）9

サイード（Edward Said, 1935-2003）198
ザイドラー（Gustav Seidler, 1858-1933）228
サヴィニー（Friedrich Carl von Savigny, 1779-1861）37, 102
ザックス（Emil Sax, 1845-1927）233, 234, 237
ザミチュ（Ferdinand Samitsch）236, 240
サン‐シモン（Claude-Henri de Rouvroy, Le comte de Saint-Simon, 1760-1825）179
ザンリッチュ（Ferdinand Sanritsch）233
シェフレ（Albert Schäffle, 1831-1903）239, 240
シェールバルト（Walter Scheerbarth）159, 164
ジーゲル（Heinrich Siegel）232, 236, 238, 241
シッファー（Eugen Schiffer, 1860-1954）123, 157, 164
シフナー（Ludwig Schiffner）236-238

シャイ（Joseph Freiherr Schey von Koromla, 1853-1938）232
シャボー（Federico Chabod, 1901-1960）183
シュヴァーブ（Martin Schwab, 1923-）89
シュスター（Heinrich Schuster）230, 231, 235, 238
シュタイン男爵（Heinrich Friedrich Karl, Reichsfreiherr vom und zum Stein, 1757-1831）
ii, 8, 21, 46, 48, 108
シュタイン夫人（Dorothea Stein (Steger), ?-1877）128
シュテンゲル（Karl Freiherr von Stengel, 1840-1930）182, 185
シュトゥーベンラオホ（Moritz von Stubenrauch, 1811-1865）244-246
シュトリゾヴェーア（Leo Strisower）229
シュプリンガー（Johann Springer）245, 247
シュミット（Carl Schmitt, 1888-1985）48, 49
シュミット（Werner Schmidt, 1911-1990）72, 180, 185
シュミット＝アスマン（Eberhard Schmidt-Assmann, 1938-）48, 49, 51
シュモラー（Gustav von Schmoller, 1838-1917）46
シュラーガー（Ludwig Schlager, 1828-1885）239
シュルツェ（Hans Kurt Schulze, 1932-2013）1932-2013
シュルツェ・デリーチュ（Franz Hermann Schulze-Delitzsch, 1808-1883）113
シュレットヴァイン（Johann August Schlettwein, 1731-1802）9
シュロット（Joseph Schrott）233, 236
シリスキー（Utz Schliesky, 1966-）181, 185
スミス（Adam Smith, 1723-1790）190, 219
スメント（Rudolf Smend, 1882–1975）49
ソクラテス（Socrates, BC.469-399）76
ゾンネンフェルス（Joseph Freiherr von Sonnenfels, 1732-1817）248

タキトゥス（Cornelius Tacitus, c55-c115）10
ダールマン（Friedrich Christoph Dahlmann, 1785-1860）170, 178, 181, 183, 185
ダンチャー（Theodor Dantscher）228, 229, 233, 234
チシュマン（Joseph Zhishmann）231, 235, 238, 241, 243
ツァンダー（Jürgen Zander）188
ティーチェ（Christian Tietje）185
ディドロ（Denis Diderot, 1713-1784）218
デメリウス（Gustav Demelius）232

トゥーン・ホーエンシュタイン（Leo Graf von Thun-Hohenstein）223, 228, 244, 245, 247, 249
ドヴォルザーク（Joseph Franz Dworzak, 1830-1916）244-246
トマシェク（Johann Adolph Tomaschek）231, 235, 238, 241, 243
ドーミン（Adolph von Domin）241
トライチュケ（Heinrich von Treitschke, 1834-1896）45
ドロイゼン（Johann Gustav Droysen, 1808-1884）176-179, 184, 195

ナヴロツキ（Johann Nawrocki, 1959-2013）188
ニチュケ（Heinz Nitzschke, 1906-）89
ノイマン（Leopold Neumann, 1811-1888）239, 240, 242
ノイマン＝シュパルラルト（Franz Xavier Ritter von Neumann-Spallart, 1837-1888）229, 34, 236, 239, 242, 246, 247
ノヴァク（August Nowak）245, 246
ノルテ（Martin Nolte）167, 183

ハイスラー（Moritz Heyßler）234, 237, 240, 242-244
ハイマール（Franz Haimerl）246
ハインケ（Joseph-Prokop Freiherr von Heinke, 1758-?）248
パウルス（Volquart Paulus）184
パウルゼン（Paul Detlev Christian Paulsen, 1789-1854）171
ハーゲナー（Hermann Hagenah, 1890-?）184
ハックス（Herbert Hax, 1933-2005）222, 225
ハナウゼク（Gustav Hanausek, 1855-1927）230, 232
パハマン（Theodor Pachmann, 1801-1881）240-243, 245, 246
バブーフ（François-Noel Babeuf, 1760-1797）179
ハラー（Karl Ludwig von Haller, 1768-1854）191, 192
ハラソウスキ（Phillip Ritter von Harrassowsky）240
ハラム（Henry Hallam, 1777-1859）130
パルグレーヴ（Francis Palgrave, 1788-1861）130
ハルトマイアー（A. Hartmeyer）176
ハルビーティネク（Carl Harbietinek）240
ハールム（Peter Harum）238
ハーン（Erich J. Hahn）193, 104, 106, 136

パンコーケ（Eckart Pankoke, 1939-2007）51, 159, 164
ビショフ（Ferdinand Bischof）246
ビスマルク（Otto Eduard Leopold von Bismarck, 1815-1898）11, 46, 112-115, 118, 121, 123, 137, 155
ビュルク（Rudolf Bülck）223
ヒンゲナウ（Otto Freiherr von Hingenau, 1818-1872）244, 245
ファルク（Niels Nikolaus Falck, 1784-1850）101, 170, 175, 176, 178, 181, 183, 184
フィーアリンガー（Julius Fierlinger）246
フィヒテ（Johann Gottlieb Fichte, 1762-1814）179, 190, 219
フィリップス（Georg Phillips, 1804-1872）241, 243, 245
フィリポヴィッチ（Eugen von Philippovich, 1858-1917）230
フェギー（Anton Veghy）233, 236, 239, 240, 242, 245
フォイクト（Fritz Voigt, 1882-1945）157, 158, 219
フォイヒタースレーベン（Ernst von Feuchtersleben, 1806-1849）89
フォルストホフ（Ernst Forsthoff, 1902-1974）48, 51
フォルヒハマー（Peter Wilhelm Forchhammer, 1801-1894）197, 201
フックス（Wilhelm Fuchs）231
フーバー（Ernst Rudolf Huber, 1903-1990）50, 51
プファフ（Leopold Pfaff, 1837-1914）231, 235, 238
ブラウネーダー（Wilhelm Brauneder, 1943-）222
ブラドゥッティ（Graf Bradutti）122
プラトン（Platon, BC.427-347）165, 191
フランツ・ヨーゼフ一世（Franz Josef I, 1830-1916）136
フーリエ（François Marie Charles Fourier, 1772-1837）179
プリカット（Hans-Heinrich Plickat）89
フリードリヒ七世（Friedrich VII, 1808-1863）173, 174
ブルック（Karl Ludwig, Freiherr von Bruck, 1798-1860）107, 112, 136, 137, 155
ブルンチュリ（Johann Casper Bluntschli, 1808-1881）6, 44, 132
プレナー（Ignaz von Plener, 1810-1908）116
フレーリヒ（Aloys Fröhlich）245
プロイス（Hugo Preuss, 1860-1925）49
フロッチャー（Werner Frotscher, 1894-1959）17
ブローディヒ（Hermann Blodig）233, 237, 239, 242
ベーア（Otto Bähr, 1817-1895）44, 239, 242, 245

ベーア（Wilhelm Joseph Behr, 1775-1851）191
ヘーゲル（Georg Wilhelm Friedrich Hegel, 1770-1831）iii, 35-37, 42, 63, 71, 75, 79, 84, 89, 102, 144, 157, 164, 166, 179, 185, 190-192, 195, 213, 219, 248
ベーゼラー（Wilhelm Hartwig Beseler, 1806-1884）177
ベッカー（Erich Becker）10, 16
ベッケンフェルデ（Ernst-Wolfgang Böckenförde, 1930-）49, 51
ヘフター（August Wilhelm Heffter, 1796-1880）180, 194
ヘフター（Heinrich Heffter, 1903-1975）ii, 7, 8, 10, 16, 26, 41-48, 103, 209
ベルガー（Elisabeth Berger）223
ヘルマン（Emanuel Herrmann, 1839-1902）230
ホイス（Theodor Heuss, 1884-1963）17
ポープ（Giles Pope）91, 134
ホフマン（Erich Hoffmann）170,175,183,184
ホフマン（Franz Hofmann）228, 231, 232, 235, 236, 238, 241
ホルニヒ（Joseph Hornig）246

マイアー（Otto Mayer, 1846-1924）43, 133
マイアー（Robert Meyer）228, 229
マイアー（Salomon Mayer）230, 235, 237
マキアヴェッリ（Niccolò di Bernardo dei Machiavelli, 1469-1527）165
マーセン（Friedrich Maassen, 1823-1900）231, 232, 236, 238, 239
マターヤ（Mataja）228, 230
マチェラート（Horst Matzerath, 1937-）186, 209, 217
マリア・テレジア（Maria Theresia, 1717-1780）249
マールケ（A. Mahlke）183
マルクス（Karl Marx, 1818-1883）75, 189, 197
ミッタイス（Ludwig Mitteis, 1859-1921）232
ミッターマイアー（Karl Josef Anton Mittermaier, 1787-1867）130, 131, 137
ミル（John Stuart Mill, 1806-1873）113
メラー（Maik Möller）11
メルツァー（Ingrid Melzer）188,189
メンガー（Anton Menger, 1841-1906）230, 234, 237
メンガー（Carl Menger, 1840-1921）222, 223, 226-228, 230, 233, 234, 237, 239, 250
メンガー（Chrstian-Friedrich Menger, 1915-2007）167, 183

メンツェル（Adolph Menzel）231
モッセ（Albert Mosse, 1846-1925）5, 93-95, 98, 140, 205
モール（Robert von Mohl, 1799-1875）9, 15, 41, 43, 132, 185

ヤコブセン（Helga Seidelin Jacobsen, 1926-）183

ライター・ツァトロウカル（Ilse Reiter-Zatloukal）223
ラートゲン（Karl Rathgen, 1855-1921）95
ラーバント（Paul Laband, 1838-1918）43, 133
ランマーシュ（Heinrich Lammasch, 1853-1920）229, 230
リッター（Gerhard Albert Ritter, 1929-）51
リーバー（Francis Lieber, 1800-1872）3, 14, 15, 147
リヒター（Bodo Richter, 1941-）181, 185, 194, 195
リリエンクローン（Detlev von Liliencron, 1844-1909）183
リンカーン（Abraham Lincoln, 1809-1865）213
ルイ・フィリップ（Louis Philippe, 1773-1850）155
ルストカンドル（Wenzel Lustkandl, 1832-1906）228, 229, 234, 236, 240, 242
ルソー（Jean-Jacques Rousseau, 1712-1778）30, 141, 179, 190, 219
ルター（Martin Luther, 1483-1546）90
ルーデン（Heinrich Luden, 1778-1847）101
ルンゲ（Johann Runge）184
レーヴェントロウ（Heinrich Anna Graf Reventlow -Criminil, 1798-1869）177
レーマン（Peter Martin Orla Lehmann, 1810-1870）170-172, 178, 184
レントナー（Ferdinand Lentner, 1840-1919）230, 235, 237
ロェスラー（Kárl Friedrich Hermann Roesler, 1834-1894）148, 149
ロセッフ（Nikolai Losseff）159, 164
ロック（John Locke, 1632-1704）30
ロッシャー（Wilhelm Georg Friedrich Roscher, 1817-1894）123, 124, 137
ロテック（Karl Wenzeslaus Rodecker von Rotteck, 1775-1840）48, 191, 192
ロルンゼン（Uwe Jens Lornsen, 1793-1838）170, 171, 176, 178, 184
ローレンセン（Peter Hiort Lorenzen, 1791-1845）171

赤木須留喜　132, 137, 144-146, 162
阿部安成　15

石川伊織　39
石田 雄　3, 4, 7, 14-16, 164
市野川容孝　89
井出嘉憲　204-206, 209, 217
伊藤博文　iv, 19, 22-25, 30, 37, 93-97, 99, 129, 134, 135, 139-142, 154, 162, 198, 199
伊東巳代治　38, 142, 162
稲田正次　93
井上 毅　13, 17, 147-149, 205
岩倉具視　140
上山安敏　114, 133, 137, 14, 146
宇賀田順三　6, 15, 132-134, 137, 206
薄井一成　48-50
内山 節　v
大野達司　15
大日方純夫　v
大森鐘一　135, 162
大森 弥　204
岡部一明　14, 17, 214, 217
尾佐竹猛　93
小滝敏之　16

海江田信義　23, 143, 193
加藤尚武　39
堅田 剛　135
片山善博　208, 212, 217
勝田政治　17
加藤房雄　10, 16, 47, 48, 50
加藤良重　14, 17
金澤史男　17
金子堅太郎　198
神山伸弘　39
河島 醇　23, 39, 40, 92, 129, 134
菊池慎三　4, 15
菊池良生　v

木佐茂男　11, 16
木村周市朗　iv
喜安 朗　v
黒田清隆　iv, 23, 28, 37, 38, 198
上妻 精　37, 39
河野弘善　134
後藤新平　4, 15
権藤成卿　4, 15

西郷従道　198
佐藤 進　147, 162
佐藤誠三郎　204
島田俊雄　15
清水 伸　38, 93, 96
末松謙澄　147
鈴木康夫　132, 137, 146
鈴木安蔵　93

瀧井一博　iv, 38, 93-95, 134, 135, 141, 142, 162, 201, 223
竹沢尚一郎　218
堤 未果　214, 216-218

中谷義和　14
野崎敏郎　95-97

橋下 徹　v, 204, 217
林田敏子　v
土方久元　129
平田東助　134, 135
藤田宙靖　49, 51
伏見宮貞愛親王　129, 143
堀口 修　iv

前田多聞　4, 15

松方正義　162
松本 崇　13, 17
三浦 安　147
陸奥宗光　38, 142, 162, 193, 198
村井誠人　184
村松岐夫　207, 217
森 有礼　199
森田 勉　iv, 72, 212, 217

八木紀一郎　222, 223
山縣有朋　13, 76, 134, 139, 148, 198, 205
山崎 正　207, 217
山田顕義　96
山田公平　12, 13, 17, 97, 143, 149, 162
吉住俊彦　204
吉野作造　93

渡邊廉吉　92, 93

参考文献一覧

1　シュタインの著作

Der Socialismus und Communismus des heutigen Frankreichs. Ein Beitrag zur Zeitgeschichte, Leipzig 1842.

La Question du Schleswig-Holstein, Paris 1848.

Der Socialismus und Communismus des heutigen Frankreichs. Ein Beitrag zur Zeitgeschichte. Zweite, umgearbeitete und sehr vermehrte Ausgabe, 2 Bde., Leipzig 1848.

Geschichte der sozialen Bewegung in Frankreich von 1789 bis auf unsere Tage, 3 Bde., Leipzig 1850.（München 1921.）

System der Staatswissenschaft. Bd.1. System der Statistik, der Populationistik und der Volkswirthschaftslehre, Stuttgart und Tübingen 1852.

System der Staatswissenschaft. Bd.2. Die Gesellschaftslehre. Erste Abtheilung. Der Begriff der Gesellschaft und die Lehre von den Gesellschaftsklassen, Stuttgart und Augsburg 1856.

Die wirthschaftliche Erziehung und die Lebensaufgabe der Hausfrau, Leipzig 1852.

Lehrbuch der Volkswirthschaft. Zum Gebrauche für Vorlesungen und für das Selbststudium, Wien 1858.

Lehrbuch der Finanzwissenschaft. Als Grundlage für Vorlesungen und zum Selbststudium, Leipzig 1860.

Die Verwaltungslehre, 8 Bde., Stuttgart 1865-84.

1.Theil: Die Lehre von der vollziehenden Gewalt, ihr Recht und ihr Organismus. Mit Vergleichung der Rechtszustände von England, Frankfurt und Deutschland. 1865.

2.Thei: Die Lehre von der Innern Verwaltung. Einleitung. Erster Theil. Das Bevölkerungswesen und sein Verwaltungsrecht. Erster Theil. 1866.

3.Theil: Die innere Verwaltung. Erstes Hauptgebiet. Zweiter Theil: Das öffentliche Gesundheitswesen in Deutschland , England, Frankreich und andern Ländern. 1867.

4.Theil: Innere Verwaltungslehre. Erstes Hauptgebiet. Dritter Theil: Das Polizeirecht. 1867.

5.Theil: Die Innere Verwaltung. Zweites Hauptgebiet. Das Bildungswesen. Erster Theil. Das Elementar- und das erufsbildungswesen in Deutschland, England, Frankreich und andern Ländern. 1868.

6.Theil: Innere Verwaltungslehre. Zweiter Theil. Die Allgemeine Bildung und die Presse.

1868.
7.Theil: Innere Verwaltungslehre. Dritter Hauptgebiet. Die wirthschaftliche Verwaltung. 1868.
8.Theil: Die Innere Verwaltung. Zweites Hauptgebiet. Das Bildungswesen. Dritter Theil. Erstes Heft. Die Zeit bis zum neunzehnten Jahrhundert. 1884.
Die Verwaltungslehre. Zweite durchaus umgearbeitete Auflage, 6 Bde., Stuttgart 1869-83.
1.Theil: Die vollziehende Gewalt. Allgemeiner Theil. Das verfassungsmäßige Verwaltungsrecht. Erstes Gebiet. Die Regierung und das verfassungsmäßige Regierungsrecht. 1869.
1.Theil: Die vollziehende Gewalt. 2.Theil. Die Selbstverwaltung und ihr Rechtssystem. 1869.
1.Theil: Die vollziehende Gewalt. 3.Theil. Das System des Vereinswesens und des Vereinsrechts. 1869.
3.Theil: Die innere Verwaltung. Erstes Hauptgebiet. Zweiter Theil. Das Gesundheitswesen. 1882.
5.Theil: Die Innere Verwaltung. Zweites Hauptgebiet. Das Bildungswesen. Erster Theil. Das System und die Geschichte des Bildungswesens der alten Welt. 1883.
6.Theil: Die Innere Verwaltung. Zweiter Hauptgebiet. Das Bildungswesens. Zweiter Theil. Das Bildungswesen des Mittelalters. 1883.
Handbuch der Verwaltungslehre und des Verwaltungsrechts, mit Vergleichung der Literatur und Gesetzgebung von Frankreich, England und Deutschland, Stuttgart 1870.
Gegenwart und Zukunft der Rechts- und Staatswissenschaft Deutschlands, Stuttgart 1876.
Handbuch der Verwaltungslehre mit Vergleichung der Literatur und Gesetzgebung von Frankreich, England; Deutschland und Oesterreich. Zweite, bis auf die neueste Zeit fortgeführte Auflage, Stuttgart 1876.
Die Volkswirthschaftslehre. Zweite vollständig neue Auflage, Wien 1878.
Lehrbuch der Nationalökonomie. Dritte umgearbeitete Auflage, Wien 1887.
Handbuch der Verwaltungslehre. Dritte, vollständig neu bearbeitete Auflage, 3 Bde., Stuttgart 1888.
Selbstverwaltung; Oberaufsicht; oberaufsehende Gewalt, in: Karl Frhr. v. Stengel, hrsg. *Wörterbuch des Deutschen Verwaltungsrechts*, Bd.2, Freiburg 1890, S.446-449.
荒川邦蔵訳『国理論』独逸学協会1882（マイクロフィルム『明治期社会科学翻訳集成』No.74、ナダ書房1990。以下MFと略記）
〔伊藤博文宛講義、1882.9.18-10.31〕『大博士斯丁氏講義筆記』伊東巳代治1883（国立

国会図書館憲政資料室『伊東巳代治関係文書』。清水伸『独墺に於ける伊藤博文の憲法調査と日本憲法』岩波書店1939、同『明治憲法制定史　上』原書房1971）
文部省専門学務局訳『行政学教育篇』文部省編輯局1884
久松定弘訳『警察論』上下、博聞社1887（MF-№75）
渡辺廉吉訳『行政学』全3冊、元老院1887（MF-№75/76）
黒田清隆「スタイン氏口述筆記」1887.1.1-.125　『環游日記』下巻、1887（『明治欧米見聞録集成』第7巻、ゆまに書房1987）
〔松岡康毅宛講義、1887.7-8〕「須多因氏法律概論」（日本大学学術情報センター蔵「松岡文庫」）（高瀬暢彦編『日本大学精神文化研究所紀要』第33集、2002、所収）
「自治論（行政学抄訳）」独逸学協会編『自治論纂』独逸学協会1888（MF-№77）
河島醇編、古田新六訳『憲法及行政法要義』集成社1889（MF-№77）
海江田信義聴講、丸山作楽筆記、有賀長雄・曲木高配訳『須多因氏講義』宮内省1889（國學院大學日本文化研究所編『近代日本法制史料集』第18巻、1997）
船越衛訳『澳国斯丁因博士　国粋論　附簡牘』船越衛1894　（国立国会図書館憲政資料室『憲政史編纂会収集文書』）
神戸正一訳『財政学序説』有斐閣1937
石川三義・石塚正英・柴田隆行訳『平等原理と社会主義——今日のフランスの社会主義と共産主義』法政大学出版局1990
森田勉訳『社会の概念と運動法則——付、シュタインの生涯』ミネルヴァ書房1991
森田勉訳「プロイセンの憲政問題によせて」（抄訳）、『法経論叢』第9巻1号、1991
瀧井一博訳「日本帝国史および法史の研究」、「ユリスプルデンティア（国際比較法制研究）」Ⅳ、1995
瀧井一博編『シュタイン国家学ノート　ローレンツ・フォン・シュタイン講述陸奥宗光筆記』信山社2005　〔陸奥宗光宛講義英文ノート、1885〕（原本神奈川県立金沢文庫蔵）
堀口修編著『明治立憲君主制とシュタイン講義——天皇、政府、議会をめぐる論議』慈学社2007〔藤波言忠「澳国スタイン博士講話録　子爵藤波言忠筆記」乾坤、小松宮彰仁親王『スタイン師講義筆記』、柴四朗「澳国ノ碩儒スタイン　谷農商務大臣質問筆記」所収〕
柴田隆行編『ローレンツ・フォン・シュタインと日本人との往復書翰集 *Briefe von Japanern an Lorenz von Stein und einige Antworten von demselben*』私家版2011

2　グナイストの著作

Berliner Zustände. Politische Skizzen aus der Zeit vom 18. März 1848 bis 18. März 1849, Berlin 1849.

Adel und Ritterschaft in England, Berlin 1853.

Das heutige englische Verfassungs- und Verwaltungsrecht. 2 Bde., Berlin 1857-60.

Die Geschichte des Selfgovernment in England oder die innere Entwicklung der Parlamentsverfassung bis zum Ende des achtzehnten Jahrhunderts, Berlin 1863.

Das englische Verwaltungsrecht mit Einschluß des Heeres, der Gerichte und der Kirche, geschichtlich und systematisch, 2 Bde., 2., völlig umgearb. Auflage, Berlin 1867.

Verwaltung - Justiz - Rechtsweg. Staatsverwaltung und Selbstverwaltung nach englischen und deutschen Verhältnissen mit besonderer Rücksicht auf Verwaltungsreformen und Kreis-Ordnungen in Preußen, Berlin 1869.

Die preußische Kreisordnung in ihrer Bedeutung für den inneren Ausbau des deutschen Verfassungsstaates, Berlin 1870.

Der Rechtsstaat, Berlin 1872.

Der Rechtsstaat und die Verwaltungsgerichte in Deutschland, Berlin 1879.

Englische Verfassungsgeschichte, Berlin 1882.

Das Englische Parlament in tausendjährigen Wandelungen vom 9. bis zum Ende des 19. Jahrhunderts, Berlin 1886.

「博士グナイスト氏講義」（抜粋）東京大学法学部近代立法過程研究会「大森鐘一関係文書（一）」、『國家學会雑誌』第84巻第五5/6号、1971

Briefwechsel Karl Josepf Anton Mittermaier Rudolf von Gneist, hrsg. von Erich Hahn, Frankfurt am Main 2000.

3　その他

Dahlmann, Ein Wort über Verfassung, in: *Kieler Blätter,* Erster Band 1815.

Niels Nikolaus Falck, *Das Herzogthum Schleswig in seinem gegenwärtigen Verhältniss zu dem Königreich Dänemark und zu dem Herzogthum Holstein. Eine historische und staatsrechtliche Erörterung. Nebst einem Anhang, über das Verhältniss der Sprachen im Herzogthum Schleswig,* Kiel 1816.

Georg Wilhelm Frierdrich Hegel, Vorlesungen über Naturrecht und Staatswissenschaft. Heidelberg 1817/18 mit Nachträgen aus der Vorlesung 1818/19. Nachgeschrieben von

P.Wannemann, in: *Vorlesungen. Ausgewählte Nachschriften und Manuskripte,* Band 1, Hamburg 1983.

Georg Wilhelm Friedrich Hegel, Grundlinien der Philosophie des Rechts, 1821, in: *Werke in zwanzig Bänden.* Redaktion Eva Moldenhauer und Karl Markus Michel, Bd.7., Frankfurt a.M. 1970.

Uwe Jens Lornsen, *Ueber das Verfassungswerk in Schleswigholstein,* Kiel 1830. (Schleswig 1980.)

Joh. Gust. Droysen's Rede zur tausendjährigen Gedächtnisfeier des Vertrages zu Verdun und der Schleswig=Holsteinismus, von A. Hartmeyer, Kiel 1843.

Friedrich Christoph Dahlmann, *Geschichte der englischen Revolution.* 3.Aufl., Leipzig 1844.

Sammlung der wichtigsten Urkunden welche auf das Staatsrecht der Herzogthümer Schleswig und Holstein Bezug haben. Hrsg. u. mit Einleitung versehen von N.Falck, Kiel 1847.

Chronologische Sammlung der im Jahre 1848 ergangenen Gesetze, Verordnungen und Verfügungen für die Herzogthümer Schleswig-Holstein, Kiel 1849.

Johann Gustav Droysen u. K.Samwer, *Die Herzogthümer Schleswig-Holstein und das Königreich Dänemark. Aktenmässige Geschichte der dänischen Politik seit dem Jahre 1806.* 2.Aufl., Hamburg 1850. (Liechtenstein 1989.)

Robert von Mohl, Gesellschafts-Wissenschaften und Staats-Wissenschaften, in: *Zeitschrift für die gesammte Staatswissenschaft,* 7. Jg., Tübingen 1851.

Das Königreich Dänemark, seine socialen und politischen Zustände, in: *Die Gegenwart,* Bd.8, Leipzig 1853.

Francis Lieber, *On Civil Liberty and Self-Government,* Philadelphia 1859. (New Jersey 2001.)

--- (Franz Lieber), *Ueber bürgerliche Freiheit und Selbstverwaltung.* Nach der zweiten Auflage aus dem Englischen übersetzt von Franz Mittermaier, Heidelberg 1860.

Rudolf Gneist als Publicist und als Abgeordneter, in: *Unsere Zeit. Jahrbuch zum Conversation-Lexikon.* Siebenter Band. Leipzig 1863.

Orla Lehmann, *Efterladte Skripten.* Del 1-4. Kjøbenhavn 1872-74.

4　二次文献

Carl Walcker, *Grundriß des Allgemeinen Staatsrechts für Studierende und Gebildete mit besonderer Berücksichtigung der Gneist'schen Forschung und der neuesten preußischen Gesetzgebung,* Berlin 1875.

Festgabe für Rudolf von Gneist zum fünfjährigen Doctor-Jubiläum am 20. November 1888.

dargestellt von der juristischer Fakultät der Universität Jena, Jena 1888.
Julius Hatschek, *Die Selbstverwaltung in politischer und juristischer Bedeutung,* Leipzig 1890.
Hermann Bloding, *Die Selbstverwaltung als Rechtsbegriff,* Wien 1894.
Hugo Preuss, *Selbstverwaltung, Gemeinde, Staat, Souveränität,* Tübingen 1908.
Max Weber, Der Streit um den Charakter der altgermanischen Sozialverfassung in der deutschen Literatur des letzten Jahrzehnts, in: *Jahrbücher für Nationalökonomie und Statistik,* Bd. 28, 1904, S.433-470.
W.Donath, *Otto Willmann in seinem Verhältnis zu Lorenz von Stein. Versuch einer Würdigung und Kritik,* Langensalza 1910.
Ernst Grünfeld, *Lorenz von Stein und die Gesellschaftslehre,* Jena 1910.
Der Geist der neuen Volksgemeinschaft, hrsg. vom Zentral für Heimatdienst, Berlin1919.
Hermann Christern, Friedrich Christoph Dahlmanns politische Entwicklung bis 1848. Ein Beitrag zur Geschichte des deutschen Liberalismus, in: *Zeitschrift der Gesellschaft für Schleswig-Holsteinische Geschichte,* Bd.50, Leipzig 1921, S.147-392.
Johann Gustav Droysen, *Aktenstücke und Aufzeichnungen zur Geschichte der Frankfurter Nationalversammlung aus dem Nachlaß von J.G.Droysen,* hrsg v. Rudolf Hübner. Stuttgart /Berlin 1924.
Gerhardt Giese, *Hegels Staatsidee und der Begriff der Staatserziehung,* Halle/Saale 1926.
Kurt Melcher, *Die Geschichte der Polizei,* Berlin 1926.
Hans Peters, *Grenzen der kommunalen Selbstverwaltung in Preußen,* Berlin 1926.
Adalbert von Unruh, *Dogmenhistorische Untersuchungen über den Gegensatz von Staat und Gesellschaft vor Hegel,* Leipzig 1928.
Eugen Schiffer, *Rudolf von Gneist,* Berlin 1929.
Volquart Pauls, Uwe Jens Lornsen und die schleswigholsteinische Bewegung, in: *Zeitschrift der Gesellschaft der SchleswigHolsteinischen Geschichte,* Bd.60, 1931.
Hermann Hagenah, Der Verfasser des Aufruhfs: "Mitbürger", in : *Zeitschrift der Gesellschaft für SchleswigHolsteinischen Geschichte,* Bd.61, 1933.
Martin Burmeister, *Die Unterscheidung des Gemeinschafts- und Gesellschaftsbegriffes bei Lorenz von Stein und Fredinand Tönnies.* Diss. Berlin 1937.
Wilhelm Frick, *Freiheit und Bindung der Selbstverwaltung,* München 1937.
Ernst Rudolph Huber, Friedrich Christoph Dahlmann und die deutsche Verfassungsbewegung, in: *Die Universität Kiel und Schleswig-Holstein,* hrsg. von Paul Rittersbuch und Hanns Löhn, Neumünster 1937.
Kurt Utermann, *Der Kampf und die preussische Selbstverwaltung im Jahr 1848,* Berlin 1937.

Fritz Voigt, *Die Selbstverwaltung als Rechtsbegriff und juristische Erscheinung,* Leipzig 1938.

Erich Becker, *Gemeindliche Selbstverwaltung,* Berlin 1941.

Alexander Scharff, *Die europäische Grossmächte und die deutsche Revolution,* Leipzig 1942.

Elisabeth Kolb, *Lorenz von Stein und die sociale Bewegung des 19. Jahrhunderts,* Diss. Frankfurt a.M. 1947.

100 Jahre Unterrichtsministerium 1848-1948. Festschrift des Bundesministeriums für Unterricht in Wien, Wien 1948.

Erziehungsprogramme der Französischen Revolution, hrsg. von Robert Alt, Berlin 1949.

Alexander Novothny, Lorenz von Steins Berufung nach Wien, in: *Festschrift um Feier des 200jährigen Bestandes des Haus-, Hof- und Staatsarchiv,* Bd.II, Wien 1951.

Erich Hoffmann, *Die Herkunft des Bürgertums in den Städten des Herzogtums Schleswig,* Neumünster 1953.

Ernst Ch. Mosing, *Lorenz von Stein als Vertreter der Staatswissenschaft an der Universität Wien. Referat zur Feier des 100. Jahrestages seiner Berufung nach Österreich, erstattet im Kreise von Univ. Prof.Dr.A.Novotny am 3.Dez.1955.*

Werner Schmidt, *Lorenz von Stein. Ein Beitrag zur Biographie, zur Geschichte Schleswig-Holsteins und zur Geistesgeschichte des 19. Jahrhunderts,* Eckernförde 1956.

Hans-Heinrich Plickat, *Die Schule als Instrument des sozialen Aufstiegs,* Weinheim 1959.

Ernst Rudolf Huber, *Rechtstaat und Sozialstaat in der modernen Industriegesellschaft,* Oldenburg 1962.

Werner Schmidt, Lorenv von Stein, 1815-1890, in: *Männer der deutschen Verwaltung. 23 biographische Essays,* Köln-Berlin 1963, S.117-134.

Siegfried Grassmann, *Hugo Preuss und die deutsche Selbstverwaltung,* Lübeck und Hamburg 1965.

Ernst Rudolf Huber, *Nationalstaat und Verfassungsstaat. Studien zur Geschichte der modernen Staatsidee,* Stuttgart 1965.

Reinhart Koselleck, Geschichtliche Prognose in Lorenz von Steins Schrift zur preußischen Verfassung, in: *Der Staat. Zeitschrift für Staatslehre, öffentlisches Recht und Verfassungsgeschichte,* Bd.4, 1965, S.469-481.

Nikolai Losseff, *Der Begriff der Selbstverwaltung bei Gneist.* FU Diplomarbeit, Berlin 1965.

Martin Schwab, *Lorenz von Steins Bildungspolitische Konzepition unter besonderer Berücksichtigung seiner Lehre von der Volksschule.* Diss. Hamburg 1966. (Kiel 1968.)

Peter-Martin Roeder, *Erziehung und Gesellschaft. Ein Beitrag zur Problemgeschichcte unter besonderer Berücksichtigung des Werkes von Lorenz von Stein,* Weinheim und Berlin 1968.

Heinrich Heffter, *Die deutsche Selbstverwaltung im 19. Jahrhundert. Geschichte der Ideen und Institutionen.* 2., überarbeitete Auflage, Stuttgart 1969.

Johann Runge, *Christian Paulsens politische Entwicklung,* Neumünster 1969.

Dirk Blasius, *Lorenz von Stein. Grundlagen und Struktur seiner politischen Ideenwelt,* Diss. phil.Köln 1970.

Peter H. Krämer, *Die bürgerschaftliche Selbstverwaltung unter den Notwendigkeiten des egalitären Sozialstaats,* Berlin 1970.

Horst Matzerath, *Nationalsozialismus und kommunale Selbstverwaltung,* Stuttgart, Berlin, Köln, Mainz 1970.

Eckart Pankoke, *Sociale Bewegung - Sociale Frage - Sociale Politik. Grundfragen der deutschen "Sozialwissenschaft" im 19. Jahrhundert,* Stuttgart 1970.

Georg-Christoph von Unruh, Der Kreis im 19. Jahrhundert zwischen Staat und Gesellschaft, in: *Kommunale Selbstverwaltung im Zeitalter der Industrialisierung,* Stuttgart 1971.

Ernst-Wolfgang Böckenförde, Lorenz von Stein als Theoretiker der Bewegung von Staat und Gesellschaft zum Soialstaat, in: Lorenz von Stein, *Gesellschaft-Staat-Recht,* hrsg. und eingeleitet von Ernst Forsthoff, Frankfurt a.M. 1972, S.546. (Orig.: *Alteuropa und die moderne Gesellschaft. Festschrift für Otto Brunner,* hrsg. vom Historischen Seminar der Universität Köln, Göttingen 1963.)

Ernst Forsthoff (hrsg.), *L.v.Stein, Gesellschaft - Staat -Recht,* Frankfurt u.a. 1972.

Bodo Richter, *Völkerrecht, Außenpolitik und internationale Verwaltung bei Lorenz von Stein,* Hamburg 1973.

Ernst Forsthoff, *Lehrbuch des Verwaltungsrechts.* Band 1, Allgemeiner Teil. 10., neubearbeitete Auflage, München 1973.

Sigrid Wriedt, *Die Entwicklung der Geschichtswissenschaft an der Christiana Albertina im Zeitalter des dänischen Gesamtstaates (1773-1852),* Neumünster 1973.

Walter Bauer, *Grundlagen der sozialen Verwaltung bei Lorenz von Stein.* Diss. Heidelberg 1975.

Ernst Rudolf Huber, *Bewahrung und Wandlung. Studien zur deutschen Staatstheorie und Verfassungsgeschichte,* Berlin 1975.

Deutsche Juristen aus fünf Jahrhunderten, hrsg. von Gerd Kleinberger und Jan Schröder, Karlsruhe und Heidelberg 1976.

Dirk Blasius und Eckart Pankoke, *Lorenz von Stein. Geschichts- und gesellschaftswissenschaftliche Perspektiven,* Darmstadt 1977.

Erich Hoffmann, Die Herausbildung der Zusammengehörigkeit zwischen Schleswig und

Holstein, in: *Schleswig-Holstein im heutigen Heimat- und Geschichtsbewußtsein,* Kiel 1977.

Roman Schnur, hrsg., *Staat und Gesellschaft. Studien über Lorenz von Stein,* Berlin 1978.

Staat und Gemeinden. Stellungnahme des Sachverständigenrates zur Neubestimmung des kommunalen Selbstverwaltung. Veröffentlichung der Konrad-Adenauer-Stiftung Institut für Kommunalwissenschaften. Köln 1980.

Peter Blickle, *Deutsche Untertanen. Ein Widerspruch,* München 1981. (服部良久訳、ミネルヴァ書房1990)

Otto Brandt, *Geschichte der Schleswig-Holsteins.* 8. Aufl., Kiel 1981.

Georg-Christoph von Unruh, *Die Verfassung als Gewähr für Recht und Freiheit. Abschiedsvorlesung am 19.02.1982,* Kiel 1982. (Lorenz-von-Stein-Institut für Verwaltungswissenschaften, Arbeitpapiere Nr.4.)

Albert von Mutius, hrsg; *Selbstverwaltung im Staat der Industriegesellschaft,* Heidelberg 1983. (Lorenz-von-Stein-Institut Schriftenreihe Bd.4.)

Deutsche Verwaltungsgeschichte, hrsg. von Kurt G.A.Jeserich, Hans Pohl u. Georg-Christoph von Unruh, 6 Bde., Stuttgart 1983-88.

Martin Heilmann, *Lorenz von Stein und die Grundproblme der Steuerlehre,* Heidelberg 1984. (Lorenz-von-Stein-Institut Schriftenreihe Bd.3.)

Der nationale Gegensatz / De nationale modsoetninger 1800-1864. Hrsg. von Institut für Regionale Forschung und Information im Deutschen Grenzverein e.V., Flensburg, Flensburg 1984.

Klaus Hornung, *Freiheit in unserer Zeit. Geschichte, Politik, Erziehung,* Stuttgart und Bonn 1984.

Kommunales Verfassungsrecht. Kiel 1985. (Lorenz-von-Stein-Institut für Verwaltungswissenschaften, Arbeitpapiere Nr.15.)

Lorenz von Stein und die Arbeit des Lorenz-von-Stein-Instituts, Kiel 1985. (Lorenz-von-Stein-Institut für Verwaltungswissenschaften, Arbeitpapiere Nr.16.)

Giles Pope, *The political Ideas of Lorenz Stein and their Influence of Rudolf Gneist and Gustav Schmoller,* St. Antonys College, Oxford Trinity Term 1985.

Heinz Taschke, *Lorenz von Steins nachgelassene staatsrechtliche und rechtsphilosophische Vorlesungsmanuskripte,* Heidelberg 1985. (Lorenz-von-Stein-Institut Schriftenreihe Bd.5.)

Werner Schmidt, *Lorenz von Stein - ein Beitrag Schleswig-Holsteins zur Verwaltungswissenschaft,* in: Arbeitspapier Nr.16 - Lorenz von Stein und die Arbeit des Lorenz-von-Stein-Instituts.

Vortragsveranstaltung vom 11. Okt. 1985.

20 Jahre Landesverwaltungsgesetz Schleswig-Holstein, Kiel 1987. (Quellen zur Verfassungs- und Verwaltungsgeschichte Nr.5.)

Stefan Koslowski, *Die Geburt des Sozialstaats aus dem Geist des Deutschen Idealismus. Person und Gemeinschaft bei Lorenz von Stein,* Weinheim 1989.

Gerhard A. Ritter, *Der Sozialstaat. Entstehung und Entwicklung im internationalen Vergleich.* München 1989.

Frank Schulz-Nieswandt, *Die Lehre vom öffentlichen Gesundheitswesen bei Lorenz von Stein,* Kiel 1989. (Quellen zur Verfassungs- und Verwaltungsgeschichte Nr.6.)

Klaus H. Fischer, *Die Wissenschaft der Gesellschaft. Gesellschaftsanalyse und Geschichtsphilosophie des Lorenz von Stein unter besonderer Berücksichtigung seines gesellschaftswissenschaftlichen Entwurfs,* Frankfurt a.M. 1990.

Hans Kurt Schulze, *Grundstrukturen der Verfassung im Mittelalter,* Bd.1., 2.verb. Auflage, Stuttgart 1990. (千葉徳夫他訳『西欧中世史事典　国制と社会組織』ミネルヴァ書房1997)

Reinhard Zöllner, Lorenz von Steins Japan-Korrespondenz. Auswahl und Kommentar, in: *Nachrichten der Gesellschaft für Natur- und Völkerkunde Ostasiens,* Nr.147-148. Hamburg 1990.

Reinhard Zöllner, Lorenz von Stein und Kokutai, in: *Oriens Extremus,* 33.Jg. Heft 1. 1990.

Albert von Mutius, *Lorenz von Stein 1890 - 1990. Akademischer Festakt zum 100. Todestag,* Heidelberg 1992. (Lorenz-von-Stein-Institut Schriftenreihe Bd.15.)

Johann Nawrocki, Der japanische Nachlaß Lorenz von Steins (1815-1890), in: *Oriens Extremus,* 36.Jg. Heft 1. 1993.

Erich J. Hahn, *Rudolf von Gneist 1816-1895. Ein politischer Jurist in der Bismarckzeit,* Frankfurt am Main 1995.

Katharina Ibrahim, *Gesellschafts- und Geschichtstheorie Lorenz von Steins. Herausbildung, Formierung und Wandel seiner Ansichten zwischen 1839 und 1856,* Kiel 1993. (Quellen zur Verfassungs- und Verwaltungsgeschichte Nr.8.)

Walter Klappstein, *Rechtseinheit und Rechtsvielfalt im Verwaltungsrecht,* Heidelberg 1994. (Lorenz-von-Stein-Institut Schriftenreihe Bd.17.)

Albert von Mutius, *Verwaltungsreform in Schleswig-Holstein,* Heidelberg 1995. (Lorenz-von-Stein-Institut Schriftenreihe Bd.18.)

Katharina Ibrahim, *Gesellschafts- und Geschichtstheorie Lorenz von Steins,* Kiel 1993.

Gesellschaft, Staat, Nation, hrsg. von R.Burger, H.-D. Klein und W.H.Schrader, Wien 1996.

Thomas Friedrich, *Verfassungsgeschichtliche und verfassungsrechtliche Momentaufnahmen zu einem historischen Staatsgrundgesetz,* Kiel 1998. (Quellen zur Verfassungs- und Verwaltungsgeschichte Nr.12.)

Thomas Riis, *Lorenz von Stein und die Frage der Armut,* Kiel 1998. (Quellen zur Verfassungs- und Verwaltungsgeschichte Nr.13.)

Henning Unverhau, *Das politische Umfeld Lorenz von Stein in den Jahren 1843-1852,* Kiel 1998. (Quellen zur Verfassungs- und Verwaltungsgeschichte Nr.11.)

Jost-Dietrich Busch, *Das Landesverwaltungsgesetz als Mittelpunkt des schleswig-holsteinischen Landesrecht,* Kiel 1999. (Quellen zur Verfassungs- und Verwaltungsgeschichte Nr.14.)

Christian Tietje, *Die Internationalität des Verwaltungsstaates. Vom internationalen Verwaltungsrecht des Lorenz von Stein zum heutigen Verwaltungshandeln.* Kiel 2001. Lorenz-von-Stein-Institut für Verwaltungswissenschaften an der CAU zu Kiel. (Quellen zur Verwaltungsgeschichte Nr.16.)

Martin Nolte, hrsg., *Kontrolle im verfassten Rechtsstaat,* Kiel 2002. (Lorenz-von-Stein-Institut für Verwaltungswissenschaften, Arbeitpapiere Nr.60.)

Christian Tietje, *Die Internationalität des Verwaltungsstaates. Vom internationalen Verwaltungsrecht des Lorenz von Stein zum heutigen internationalisierten Verwaltungshandeln,* Kiel 2002. (Quellen zur Verfassungs- und Verwaltungsgeschichte Nr.16.)

Jürgen Zander, *Die gesellschaftliche Bestimmung des Menschen - Lorenz von Stein und Ferdinand Tönnies,* Kiel 2002. (Quellen zur Verfassungs- und Verwaltungsgeschichte Nr.18.)

Jürgen Zander, *Die Pilgerfahrt zu Stein - Lorenz von Stein als Soziologe,* Kiel 2002. (Quellen zur Verfassungs- und Verwaltungsgeschichte Nr.17.)

Martin Nolte, *Das System des Vereins- und Verbandswesens bei Lorenz von Stein,* Kiel 2003. (Quellen zur Verfassungs- und Verwaltungsgeschichte Nr.19.)

Nils Behrndt, *Neues Verwaltungsmanagement und kommunales Verfassungsrecht,* Heidelberg 2004. (Lorenz-von-Stein-Institut Schriftenreihe Bd.22.)

Dirk Eßer, *Gneist als Zivilrchtslehrer. Die Pandektenvorlesung des Wintersemesters 1854/55. Mit kommentierter Edition der Vorlesungsnachschrft von Robert Esser,* Paderborn et al. 2004.

Kreisordung für Schleswig-Holstein. Kommentar, begründet von Reimer Bracker et al. 3. Aufl. Wiesbaden 2004.

Michael Löbig, *Persönlichkeit, Gesellschaft und Staat. Idealistische Voraussetzungen der*

Theorie Lorenz von Steins, Würzburg 2004.
Martin Nolte, *Das System des Vereins- und Verbandswesens bei Lorenz von Stein,* Kiel 2004. (Quellen zur Verwaltungsgeschichte Nr.19.)
Gerhard Sälter, *Polizei und soziale Ordnung in Paris,* Frankfurt am Main 2004.
Jost-Dietrich Busch, *Entwurf einer Neufassung der Gemeindeordnung für Schleswig-Holstein,* Kiel 2005. (Lorenz-von-Stein-Institut für Verwaltungswissenschaften, Arbeitpapiere Nr.68.)
Heinz Taschke, *Lorenz von Stein und Japan,* Kiel 2005. (Quellen zur Verfassungs- und Verwaltungsgeschichte Nr.21.)
Dirk Blasius, *Lorenz von Stein. Deutsche Gelehrtenpolitik in der Habsburger Monarchie,* Heidelberg 2007. (Lorenz-von-Stein-Institut Schriftenreihe Bd.24.)
Georg-Christoph von Unruh, *Der Staat. Betrachtungen über Grundlagen und Grenzen hoheitlicher Gewalt,* Kiel 2007. (Lorenz-von-Stein-Institut für Verwaltungswissenschaften, Arbeitpapiere Nr.82.)
Niels Nicolaus Falk, *Das Herzogthum Schleswig in seinem gegenwärtigen Verhältniß zu dem Königreich Dänemark und zu dem Herzogthum Holstein,* hrsg. von Utz Schliesky, Kiel 2008. (Quellen zur Verfassungs- und Verwaltungsgeschichte Nr.23.)
Wolfgang Wüst, hrsg., *Die lokale Policey. Normensetzung und Ordnungspolitik auf dem Lande. Ein Quellewerk,* Berlin 2008.
Maik Möller, *Subsidiaritätsprinzip und kommunale Selbstverwaltung,* Baden-Baden 2009.
Utz Schliesky, *Einheit durch Verfassung,* Kiel 2009. (Quellen zur Verfassungs- und Verwaltungsgeschichte Nr.25.)
Utz Schliesky, *Von der organischen Verwaltung Lorenz von Steins zur Netzwerkverwaltung im Europäischen Verwaltungsbund,* Kiel 2009. (Quellen zur Verfassungs- und Verwaltungsgeschichte Nr.28.)
Utz Schliesky, hrsg., *30 Jahre Lorenz-von-Stein-Institut für Verwaltungswissenschaften,* Kiel 2010. (Quellen zur Verfassungs- und Verwaltungsgeschichte Nr.30.)
Rüdiger Wenzel, *Schleswig-Holstein. Kurze politische Landeskunde,* Leck 2010.

リーベル『自由自治』谷山楼 1876
リーバー『自治論』n.p. 1880
福田徳三『社会政策と階級闘争』改造社 1922
大森鐘一「自治制制定之顛末」、池田宏編『故大森男爵事歴』池田宏 1930

吉野作造「スタイン・グナイストと伊藤博文」、『改造』第15巻2号、1933 （『吉野作造博士民主主義論集、第8巻：明治文化研究』新紀元社1948。『世界の名著　吉野作造』中央公論社）
『渡邊廉吉伝』渡邊廉吉傳記刊行会1934（行人社2004）
鈴木安蔵『日本憲法史研究』叢文閣1935
天沢不二郎「ナチズムと労働行政——再認識されるロレンツ・フォン・シュタインの労働行政観」、『社会政策時報』211号、1937
宇賀田順三「行政観念の史的発展——セッケンドルフからシュタインまで」、『法政研究』第7巻第2号、1937
宇賀田順三「グナイスト以後に於ける行政観念の発展」、『法政研究』第8巻第1号、1937
清水 伸『独墺に於ける伊藤博文の憲法取調と日本憲法』岩波書店1939
蜷川 新『日本憲法とグナイスト談話』議会政治社1939
春畝公追頌会『伊藤博文伝』中巻、春畝公追頌会1940（原書房1970）
辻 清明「ローレンツ・シュタインの行政学説」、『国家学会雑誌』第57巻10・12号、1943
安藤堯雄「ヨーロッパ教育社会学の発達」、『教育大学講座第5巻　教育社会学』金子書房1950
皇 至道「教育制度の発達段階——シュタインの教育制度史観」、『教育科学』10、1953
阿閉吉男『代表的社会学者——ドイツ篇』教育書林1954
石部元雄「シュタインにおける教育行政概念——社会理論を中心として」、『教育学研究』第23巻第3号、1956
皇 至道『シュタイン』牧書店1957
秋元律郎『シュタイン』有斐閣1959
皇 至道『西洋教育通史』玉川大学出版部1962
赤木須留喜「ドイツ法治国家の論理と構造（一）～（四）」、『国家学会雑誌』第78巻9/10. 11/12号、第79巻1/2, 3/4号、1965
春畝公追頌会編『伊藤博文伝 中巻』原書房1970
上山安敏「近代ドイツの憲法状況と司法の構造」、『法律時報』No.539-554、1973-74（『憲法社会史』日本評論社1977）
村井誠人「民族と言語——デンマーク語と南ユトランド・ナショナリテート問題」、『北欧』第5号、1974
村井誠人「スリスヴィとシュレスヴィヒ・ホルシュタイン」、『北欧』第6号、1974
国祐道広「シュタイン行政学とその教育行政理論」、『日本教育経営学会紀要』第17

号、1975
国祐道広「シュタイン教育行政理論に関する研究――教育の概念と19世紀ドイツの教育構造を中心として」、『広島大学教育学部紀要』第Ⅰ部24号、1975
瀬尾盾夫「シュタインにおける陶冶と国家の理論」、『現代における教育と国家』教育開発研究所1975
村井誠人「デンマーク・ドイツ国境の成立とその性格」、『歴史地理学会紀要』第17号、1975
秋元律郎『ドイツ社会学思想の形成と展開―市民社会論研究』早稲田大学出版部1976
北岡甲子郎「『社会国家』の源流としてのL・v・シュタインの『社会王制』の理論」、茨城大学『人文学部紀要（社会科学)』第9号、1976
北岡甲子郎「ローレンツ・フォン・シュタイン国家科学体系における社会と国家の関連について」、大川政三・石弘光編『財政学研究――木村元一名誉教授記念論文集』春秋社1976
鈴木康夫「プロイセン行政裁判制度――グナイストモデルの分析」、『千葉大学教養部研究報告』A9、1976
藤田宙靖「E・W・ベッケンフェルデの国家と社会の二元的対立論―現代西ドイツ公法学研究ノート」（1）（2）『法学』（東北大学法学会）第40巻第3号、1976、第41巻第2号、1977
村井誠人「オーラ・リーマンとその時代――『シュレスヴィヒ・ホルシュタイン』問題の一考察」、『早稲田大学大学院文学研究科紀要』別冊2、1976
村井誠人「19世紀デンマーク史と『シュレスヴィヒ・ホルシュタイン問題』」、『歴史と地理』第266号、1977
木佐茂男「プロイセン＝ドイツ地方自治法理論研究序説――『地方警察』権の分析を中心とした国家とゲマインデの関係」（1）～（4）『自治研究』第54巻第7号～第10号、1978
上妻 精・小林靖昌・高柳良治『ヘーゲル法の哲学』有斐閣1980
早島 瑛「ローレンツ・フォン・シュタインに宛てた福沢諭吉の書簡について」、近代日本研究会『近代日本と東アジア』山川出版社1980
早島 瑛「ローレンツ・フォン・シュタインと明治憲法の制定」、関西学院大学商学研究会『商学研究』27, 1-4、1980
村井誠人「デンマーク・1848年」、『東欧史研究』3、1980
河野弘善『河島醇伝　日本勧業銀行初代総裁』河島醇伝刊行会1981
村井誠人「デンマークにおける政治的スカンジナヴィア主義――アイダー政策と政治的スカンジナヴィア主義の相関関係」、『北欧史研究』1、1982

遠藤孝夫「L・v・シュタインの『社会的陶冶』と職業陶冶論」、東北大学教育学部『研究集録』第17号、1986
遠藤孝夫「L・v・シュタインの教育行政理論の歴史的背景とその特質」、東北大学教育学部『研究集録』第18号、1987
山崎将文「西ドイツにおけるローレンツ・フォン・シュタインの再評価」、『福岡大学大学院論集』第18巻2号、1987
遠藤孝夫「L・v・シュタインの教育行政理論の特質とその歴史的背景――三月革命後オーストリアの公教育体制の歴史的展開に注目して」、日本教育学会編『教育学研究』第55巻2号、1988
村松岐夫『地方自治』東京大学出版会1988
八木紀一郎『オーストリア経済思想史研究――中欧帝国と経済学者』名古屋大学出版会1988
大日方純夫『警察の社会史』岩波新書1993
フェデリコ・シャボー著、須藤祐孝編訳『ルネサンス・イタリアの〈国家〉・国家観』無限社1993
上原貞雄『戦前日本におけるシュタイン思想の受容動向』風間書房1994
ヤコブセン著、村井誠人監修、高橋直樹訳『デンマークの歴史』ビネバル出版1995
木佐茂男『豊かさを生む地方自治――ドイツを歩いて考える』日本評論社1996
百瀬 宏・村井誠人編『北欧』新潮社1996
堅田 剛「西哲夢物語、あるいは明治憲法制定始末」、『獨協法学』第45号、1997
シュミット＝アスマン著、大橋洋一訳「ドイツ地方自治法の新たな発展――行政現代化の要請に直面した市町村行政」、『自治研究』第74巻第12号、1998
堅田 剛『独逸学協会と明治法制』木鐸社1999
瀧井一博『ドイツ国家学と明治国制――シュタイン国家学の軌跡』ミネルヴァ書房1999
前原健三「ローレンツ・フォン・シュタインの教育制度＝政策論―その特質と現代的意義」、『武庫川女子大学文学部五十周年記念論文集』1999
木村周市朗『ドイツ福祉国家思想史』未来社2000
森田 勉『ローレンツ・フォン・シュタイン研究　憲法‐憲政論・国家‐社会学説・法哲学』ミネルヴァ書房2001
林田敏子『イギリス近代警察の誕生――ヴィクトリア朝ボビーの社会史』昭和堂2002
瀧井一博『文明史のなかの明治憲法　この国のかたちと西洋体験』講談社2003
吉田正春「憲法発布まで」、『高知市立自由民権記念館紀要』№11、2003
平野 武『明治憲法制定とその周辺』晃洋書房2004

岡本三彦『現代スイスの都市と自治　チューリヒ市の都市政治を中心として』早稲田大学出版部2005
加藤房雄『ドイツ都市近郊農村史研究』広島大学経済学部2005
萱野稔人『国家とはなにか』以文社2005
市野川容孝『社会』岩波書店2006
柴田隆行『シュタインの社会と国家　ローレンツ・フォン・シュタインの思想形成過程』御茶の水書房2006
野崎敏郎『カール・ラートゲンの日本社会論と日独の近代化構造に関する研究』科研費研究成果報告書2006
大野達司「自治と自由　リーバー、グナイスト、プロイス」、名和田是彦編『社会国家・中間団体・市民権』法政大学出版局2007
佐藤 優『国家論　日本社会をどう強化するか』日本放送出版協会2007
堀口修編著『明治立憲君主制とシュタイン講義――天皇、政府、議会をめぐる論議』慈学社2007
堅田 剛『明治文化研究会と明治憲法　宮武外骨・尾佐竹猛・吉野作造』御茶の水書房2008
小滝敏之『市民自治の歴史・思想と哲学』公人社2008
加藤房雄「ドイツ地方自治論研究史の整理・緒論――「比較の視点」を求めて」、『廣島大学経済論叢』第32巻第1号、2008
岡部一明『市民団体としての自治体』御茶の水書房2009
堅田 剛「ヘルマン・ロェスラーと明治憲法――ロェスラー研究の系譜」、『獨協法学』第78号、2009
喜安 朗『パリ　都市統治の近代』岩波新書2009
堅田 剛『独逸法学の受容過程　加藤弘之・穂積陳重・牧野英一』御茶の水書房2010
堅田 剛「明治憲法を起草したドイツ人――ヘルマン・ロェスラー研究の系譜」、『聖学院大学総合研究所紀要』No.48、2010
堅田 剛「ルドルフ・フォン・グナイストの憲法講義――「グナイスト氏談話」を読む」、『獨協法学』第81号、2010
菊池良生『警察の誕生』集英社新書2010
瀧井一博『伊藤博文　知の政治家』中公新書2010
竹沢尚一郎『社会とは何か　システムからプロセスへ』中公新書2010
柗居宏枝「ローレンツ・フォン・シュタインをめぐる在欧外交官の動静――伊藤博文の欧州立憲政治調査以前を中心に」、『お茶の水史学』第54号、2011
長井利浩『井上毅とヘルマン・ロェスラー――近代日本の国家建設への貢献』文芸社

2012
林田敏子・大日方純夫編『近代ヨーロッパの探究⑬警察』ミネルヴァ書房2012

5　日本の自治理論

「自治党団結ノ主意書」、中村義三編『内外政党事情』自由出版1882
松永道一『地方自治論』有隣堂1887
『自治論纂』独逸学協会1888
小林二郎編『地方自治分権制度』精華堂1888
『自治政講義録　第壹号』自治政研究会1888
『自治政講義録　第二号』自治政研究会1888
有賀長雄『政学講義』明治法律学校講法会1895
桑田熊三『自治制』東京専門学校1895
島田俊雄『自治制大意』博文館1901
大森鐘一・一木喜徳郎共編『市町村制史稿』元元堂書房1907
後藤新平『自治生活の新精神』新時代社1919
加田哲二『近世社会学成立史』岩波書店1928
蝋山政道『行政学総論』日本評論社1928
権藤成卿『自治民政理』学芸社1936
東京市政調査会編『自治制発布五十周年記念論文集』東京市政調査会1938
尾佐竹猛『日本憲政史の研究』一元社1943
藤田武夫『日本地方財政制度の成立』岩波書店1943
辻 清明『日本官僚制の研究』弘文堂1952（東京大学出版会1969）
亀卦川浩『明治地方自治制度の成立過程』東京市政調査会1955
岡 義武『山県有朋』岩波新書1958
稲田正次『明治憲法成立史』上下、有斐閣1960, 62
大山梓編『山県有朋意見書』原書房1966
辻 清明『行政学概論』上巻、東京大学出版会1966
亀卦川 浩『明治地方制度成立史』柏書房1967
徳富蘇峰『公爵山県有朋伝』上・中・下巻、原書房1969
足立忠夫『行政学』日本評論社1971
井出嘉憲『地方自治の政治学』東京大学出版会1972
Johannes Siemes, *Die Gründung des modernen japanischen Staates und das deutsche Staatsrecht. Der Beitrag Hermann Roeslers*, Berlin 1975

柴田 護『自治の流れの中で』ぎょうせい 1975
大島美津子『明治のむら』教育社 1977
亀卦川 浩『自治五十年史』文生書院 1977
坂井雄吉『井上毅と明治国家』東京大学出版会 1983
石田雄『日本の社会科学』東京大学出版会 1984
藤村道生『山県有朋』吉川弘文館 1985
御手洗辰雄『山県有朋』時事通信社 1985
北岡伸一『後藤新平　外交とヴィジョン』中公新書 1988
小林孝雄『大森鐘一と山県有朋——自由民権対策と地方自治観の研究』出版文化社 1989
日本地方自治学会編『日本地方自治の回顧と展望』敬文堂 1989
大石嘉一郎『近代日本の地方自治』東京大学出版会 1990
山田公平『近代日本の国民国家と地方自治——比較史研究』名古屋大学出版会 1991
山中永之佑監修『近代日本地方自治立法資料集成』第1～5巻、弘文堂 1991,94-96,98
佐藤 進『日本の自治文化　日本人と地方自治』ぎょうせい 1992
地方自治百年史編集委員会編『地方自治百年史　第一巻』記念会 1992
大島美津子『明治国家と地域社会』岩波書店 1994
本間義人編『証言　地方自治・内務省解体——地方分権論』ぎょうせい 1994
石田 雄『自治』三省堂 1998
山田 稔『原敬と山県有朋』中公新書 1998
山中永之佑『日本近代地方自治制と国家』弘文堂 1999
勝田政治『廃藩置県 「明治国家」が生まれた日』講談社 2000
塩野 宏・石原信雄ほか『21世紀の地方自治を語る』ぎょうせい 2000
原田 務『明治の怪　山県有朋』叢文社 2000
大石嘉一郎・室井力・宮本憲一『日本における地方自治の探求』大月書店 2001
瀧井一博『文明史のなかの明治憲法　この国のかたちと西洋体験』講談社 2003
岡田章宏『近代イギリス地方自治制度の形成』桜井書店 2005
宮本憲一『日本の地方自治その歴史と未来』自治体研究社 2005
薄井一成『分権時代の地方自治』有斐閣 2006
斎藤 誠「地方自治基礎概念の考証」、『自治研究』第81巻第1号、2006
山崎 正『地方政府の構想』勁草書房 2006
大石嘉一郎『近代日本地方自治の歩み』大月書店 2007
副田義也『内務省の社会史』東京大学出版会 2007
伊藤 隆編『山県有朋と近代日本』吉川弘文館 2008

松田宏一郎『江戸の知識から明治の政治へ』ぺりかん社2008
伊藤之雄『山県有朋』文春新書2009
片山善博・塩川正十郎『「自治」をつくる』藤原書店2009
加藤良重『自治体政府の福祉政策』公人の友社2009
後藤新平『自治』藤原書店2009
半藤一利『山県有朋』ちくま文庫2009
松沢裕作『明治地方自治体制の起源』東京大学出版会2009
井上寿一『山県有朋と明治国家』日本放送出版協会2010
内山 節『共同体の基礎理論　自然と人間の基層から』農山漁村文化協会2010
金澤史男『自治と分権の歴史的文脈』青木書店2010
松本 崇『山縣有朋の挫折　誰がための地方自治改革』日本経済新聞社2011
砂原庸介『大阪——大都市は国家を超えるか』中公新書2012
瀧井一博『明治国家をつくった人びと』講談社現代新書2013

6　公文書館・図書館所蔵史料

プロイセン文化財機密公文書館（**Das Geheime Staatsarchiv Preußischer Kulturbesitz**）
GStA PK, VI. HA Familienarchive und Nachlässe, N1 Rudolf von Gneist（Dep.）
57-98 Korrespondenz, Chronologisch geordnet

シュレスヴィヒ・ホルシュタイン州立図書館（**Die Schleswig-Holsteinische Landesbibliothek**）
Der handschriftliche Nachlass Lorenz von Steins
1.3:05 Vorlesungsmanuskript（zu: Syszem der Staatswissenschaften. 2.Bd.）.
1.4:01 Manuskript einer Vorlesung oder eines Vortrages über das Thema: Einige Bemerkungen über die Grundsätze für die Organisation der Verwaltung.
1.4:07 Manuskript einer Vorlesung oder eines Vortrages über: Staatenbildung und Gesellschaft.
1.4:11 Manuskript über Individuum, Gesellschaft, Staat.
1.4:15 Manuskript einer Vorlesung oder eines Aufsatzes über: Grundlagen des Rechts und der Rechtsgeschichte.
4.2: Korrespondenten zu Lorenz von Stein
4.2:04 Japan

4.2:05 Briefe, alphabetisch. Rudolf von Gneist

国立国会図書館憲政資料室

憲政史編纂会収集文書

111　大博士斯丁氏講義筆記

112　スタイン、グナイスト両師講義筆記

113　スタイン博士答申書

114　スタイン師講義聞書

118　グナイスト師講義聞書

伊東巳代治関係文書

43　斯丁氏講義筆記

44　純理釈話

46　グナイスト氏談話

78　スタイン氏談話

7　筆者による本書関連著作

Innen- und Außenpolitik in der Staatswissenschaft Lorenz von Steins. Nach Japan und aus Japan, Kiel 2006.（Quellen zur Verwaltungsgeschichte Nr.22.）　邦訳文を本書補論として収録。

ウィーン大学におけるシュタイン講義　『東洋大学社会学部紀要』第44-2号、2007　本書付録として加筆修正して収録。

ローレンツ・フォン・シュタインの自治理論　同上第45-1号、2007　大幅に加筆修正して本書第二章に吸収。

「国家」と「民族」──翻訳語研究（1）『理想』第680号、2008、共著者：柴田隆行・棚沢直子・王亜新

ローレンツ・フォン・シュタインの自治理論の学説史上の位置　『東洋大学社会学部紀要』第46-2号、2009　加筆修正して本書第三章に吸収。

ローレンツ・フォン・シュタインの自治団体論　同上第47-2号、2010　加筆修正して本書第四章に吸収。

シュレスヴィヒ・ホルシュタインの歴史から考えるローレンツ・フォン・シュタインの〈国家・社会・自治〉　同上第48-1号、2010　加筆修正して本書第六章に吸収。

『ローレンツ・フォン・シュタインと日本人との往復書翰集（Briefe von Japanern an Lorenz von Stein und einige Antworten von demselben）』2011、私家版。

シュタインとグナイストの交流――往復書簡を通して（上）『東洋大学社会学部紀要』第49-1号、2012　加筆修正して本書第七章に吸収。

シュタインとグナイストの交流――往復書簡を通して（下）　同上第50-1号、2012　加筆修正して本書第七章に吸収。

自治をめぐるグナイストとシュタインの理論上の差異　同上第50-2号、2013　加筆修正して本書第八章に吸収。

「自治」――翻訳語研究（2）『理想』第690号、2013　大幅に加筆修正して本書第一章に吸収。

ローレンツ・フォン・シュタインの教養形成論　『東洋大学社会学部紀要』第51-1号、2013　本書第五章として収録。

付録　ウィーン大学におけるシュタイン講義

はじめに

〈社会学としての国家学〉の確立を目指したシュタインが、1855年3月22日のウィーン大学法学国家学部正教授就任から1887年2月23日の定年退職までのあいだにどのような講義活動をしたかを瞥見し、シュタインの国家学体系が当時どのような学問的な位置を占めていたかを探ることにしよう。

ローレンツ・フォン・シュタインは、キール大学在勤中、シュレスヴィヒ・ホルシュタイン両公国の独立運動に積極的に関わるほか、パリ留学中に学び知った「社会問題」や「社会運動」、要するに「社会」という概念をもとに平等原理やプロレタリアート発生の原因、さらには社会主義と共産主義について研究したが、1848年革命の経験を通して、「社会」の諸問題は国家によって解決されるべきであるという考えに至った。そうした考えを学問的にまとめたものが1852年公刊の『国家学体系』であるはずであったが、第1巻を公刊したのち、シュタインは大学を追放され本書執筆の中断を余儀なくされた。1855年にウィーン大学に職を得て1856年にその第2巻「社会理論」を公刊するが、続巻は書かれずに終わった。そのあとに書かれた主たる著作は『国民経済学教本』『財政学教本』『行政理論』『行政理論と行政法ハンドブック』『ドイツにおける法学と国家学の現在と未来』などである。だが、これは彼の関心が移ったのではなく、シュタインの国家学体系のさらなる展開と見なすことができる。というのも、シュタインは1858年に公刊した『国民経済学教本』でつぎのように述べているからである。すなわち、「人格的な生活が国家生活として表現され実現されるための概念と法則の説明と叙述が、国家学を形成する」が、その内容は、国民生活での財貨形態を明らかにする国民経済理論と、人間社会で

の精神的財貨の分配と支配被支配の区別を明らかにする社会理論と、憲政と行政での人格的生活を明らかにする国家理論（Staatslehre）の3つに分けられる、と。この考えは、1852年の『国家学体系』第1巻でも、統計学と人口学を含む一般部門のあとに、特殊部門として財貨理論と社会理論と本来の国家学をその体系の構成要素としていることからもわかる。こうしたシュタインの国家学体系が、ウィーン大学でのシュタインの講義活動とどのように関わり、また、他の諸学問諸学科のなかでそれはどのような位置を占めるかを明らかにしたい[(1)]。

最初にシュタインの講義活動を年表的に列挙し、次いで、シュタイン講義の特徴を理解するために、同時代の学部の科目構成等を比較検討する。シュタインは、ときに「法螺吹き学者」と評されるほどに弁舌豊かであったと言われる[(2)]。そのためもあってか、就任半年後の1856年夏学期の「国家学入門」の履修登録者は29名、「財政学」は74名であったが、翌1856/57年冬学期の「国民経済学」では152名、「行政理論の根本特徴」では49名と倍増し、さらに、シュタイン評価が固まった晩年の1884年夏学期には「国民経済学」の履修登録者は263名、「行政理論」は240名を数え[(3)]、現代のマスプロ大学なみである。もっとも、1884年夏学期のウィーン大学法学部の正規登録学生は1877名、員外学生20名で、合計1897名もいるから、現在の日本の私立大学の学部学生数に等しい。したがって、シュタイン講義の履修登録者が200名を超えても不思議ではない。一方、かつてシュタインが1843/44年冬学期にキール大学でおこなった「一般ドイツ国法」の聴講者は12名、1844年のキール大学の全学生数が200名弱、そのうち法学部生は76名である[(4)]から、19世紀末のウィーンの大学生数はやはり多いと言える。

なお、ウィーン大学の記録によると、シュタインは、1859年から62年までウィーンの街区外、レオポルド町ドナウ通り（Leopoldstadt, Donaustrasse Nr.653）に居住、以後66年まで同町の下ドナウ通り（untere Donaustrasse Nr.35）に居住（おそらく住居表示の変更）、66年以後80年までは大学本館の向かい側にある市内メルケンホーフ街（Mölkenhof）〔ベートーヴェンハウスのある街区〕に居住、80年にリング外のコリン小

路（Collingasse Nr.10）に転居、定年退職後はウィーン郊外ヴァイトリンガウ（Waitlingau）の別荘で過ごした。[5]

第1章　シュタインの講義科目

1855/56年冬学期

「国民経済学（National-Oekonomie）」毎日午前8時～9時、第4講堂。

「財政学（Finanzwissenschaft）」月・火・水・金曜日午後3時～4時、第4講堂。

1856年夏学期

「国家学入門――国家学百科（Einleitung in die Staatswissenschaften - Encyklopädie der Staatswissenschaften）」月曜日から木曜日までの12時～1時、第5講堂。

「財政学」月曜日から金曜日までの午前11時～12時、第6講堂。

1856/57年冬学期

「国民経済学」月曜日から金曜日までの午前11時～12時、第5講堂。

「行政理論の根本特徴（Grundzüge der Verwaltungslehre）」月曜日から木曜日までの昼12時～1時、第1講堂。

1857年夏学期

「国家学百科」月曜日から木曜日までの午前12時～1時、第1講堂。

「財政学」月曜日から金曜日までの午前11時～12時、第1講堂。

1857/58年冬学期

「行政理論の根本特徴」月曜日から金曜日までの午前12時～1時、第1講堂。

「国民経済学」月・火・水・金・土曜日午前11時～12時、第1講堂。

1858年夏学期

「財政学」月・火・水・金曜日午前11時～12時、第1講堂。

「国家学百科」月・火・水・金曜日昼12時～1時、第1講堂。

1858/59年冬学期

「国民経済学」月・火・水・金・土曜日午前11時～12時、第1講堂。

「法学と国民経済学との関係（Über das Verhältniss der Rechtswissenschaft zur Nationalökonomie）」木曜日昼12時～1時、第1講堂。無料。

「行政理論（Verwaltungslehre）」月・火・水・金曜日昼12時～1時、第1講堂。

1859年夏学期

「財政学」月・火・水・金・土曜日午前11時～12時、第1講堂。

「国家学百科」月・火・水・金・土曜日昼12時～1時、第1講堂。

1859/60年冬学期

「行政理論――とくにオーストリアの立法との関係で（Verwaltungslehre, mit besonderer Beziehung auf die österreichische Gesetzgebung）」月・火・水・金曜日昼12時～1時、第2講堂。

「国民経済学」月・火・水・金・土曜日午前11時～12時、第2講堂。

1860年夏学期

「国民経済学に基づく法哲学（Rechtsphilosophie auf Grundlage der National-Ökonomie）」月曜日から水曜日昼12時～1時、第2講堂。

「財政学　『財政学教本』（1860年刊）に即して」月・火・水・金・土曜日午前11時～12時、第2講堂。

1860/61年冬学期

「行政理論」月・火・水・金曜日昼12時～1時、第2講堂。

「国民経済学　『国民経済学教本』に即して」月・火・水・金・土曜日昼11時～12時、第2講堂。

1861年夏学期

「国民経済学に基づく法哲学」月・火・水・金・土曜日昼12時～1時、第2講堂。

「財政学」月・火・水・金・土曜日午前11時～12時、第2講堂。

1861/62年冬学期

「国民経済学」火・水・金・土曜日午前11時～12時、第2講堂。

「行政理論」月・火・水・金曜日午前12時〜1時、第2講堂。

1862年夏学期

「法哲学」月・火・水・金曜日昼12時〜1時、第2講堂。

「財政学」月・火・水・金・土曜日午前11時〜12時、第2講堂。

「国家学史」土曜日昼12時〜1時、第2講堂、公開講義。

1862/63年冬学期

「国民経済学」月・火・水・金曜日午前11時〜12時、第4講堂。

「行政理論」月・火・水・金曜日昼12時〜1時、第2講堂。

1863年夏学期

「法哲学」月・火・水・金曜日昼12時〜1時、第2講堂。

「財政学」月・火・水・金・土曜日午前11時〜12時、第2講堂。

1863/64年冬学期

「国民経済学　『教本』に即して」月・火・水・金・土曜日午前11時〜12時、第4講堂。

「行政理論」月・火・水・金曜日昼12時〜1時、第2講堂。

「法哲学史」土曜日昼12時〜1時、第1講堂。

1864年夏学期

「法哲学」月・火・水・金曜日昼12時〜1時、第1講堂。

「財政学」月・火・水・金・土曜日午前11時〜12時、第6講堂。

1864/65年冬学期

「国民経済学」月・火・水・金・土曜日午前11時〜12時、第2講堂。

「行政理論」月・火・水・金曜日昼12時〜1時、第2講堂。

1865年夏学期

「法哲学」月・火・水・金・土曜日昼12時〜1時、第1講堂。

「財政学」月・火・水・金・土曜日午前11時〜12時、第1講堂。

1865/66年冬学期

「国民経済学」月・火・水・金・土曜日午前11時〜12時、第2講堂。

「行政理論」火・水・金曜日昼12時〜1時、第2講堂。

1866年夏学期

「法哲学」月・火・水・金曜日昼12時〜1時、第2講堂。

「財政学」月・火・水・金曜日午前11時～12時、第2講堂。

1866/67年冬学期

「国民経済学」月・火・水・金・土曜日昼12時～1時、第2講堂。

「行政理論」月・火・水・金曜日午前11時～12時、第2講堂。

1867年夏学期

「法哲学」月・火・水・金曜日午前11時～12時、第2講堂。

「財政学」月・火・水・金曜日昼12時～1時、第2講堂。

1867/68年冬学期

「国民経済学」木曜日を除く毎日昼12時～1時、第2講堂。

「行政理論」月・火・水・金曜日午前11時～12時、第2講堂。

1868年夏学期

「法哲学」月・火・水・金曜日午前11時～12時、第2講堂。

「財政学」週5時間、昼12時～1時、第2講堂。

1868/69年冬学期

「行政法」月・火・水・金曜日午前11時～12時、第2講堂。

「国民経済学」週5時間、午前12時～1時、第2講堂。

1869年夏学期

「法哲学」月・水・金・土曜日午前11時～12時、第2講堂。

「財政学」週5時間、午前12時～1時、第2講堂。

1869/70年冬学期

「行政理論」週4時間、即ち月・火・水・金曜日午前11時～12時、第2講堂。

「国民経済学」週5時間、昼12時～1時、第2講堂。

1870年夏学期

「法哲学」月・火・水・金曜日午前11時～12時、第2講堂。

「財政学」週5時間、昼12時～1時、第2講堂。

「行政理論の一部」木曜日12時～1時、第2講堂、公開講義。

1870/71年冬学期

「行政理論」週4時間、即ち月・火・水・金曜日午前11時～12時、第2講堂。

「国民経済学」週5時間、昼12時～1時、第2講堂。

1871年夏学期

「法哲学」週5時間、午前11時～12時、第2講堂。

「財政学」週5時間、昼12時～1時、第2講堂。

1871/72年冬学期（この学期から「法学部（Juridische Facultät）」と大学便覧に記される）

「行政理論」週4時間、即ち月・火・水・金曜日午前11時～12時、第2講堂。

「国民経済学」週5時間、昼12時～1時、第2講堂。

1872年夏学期

「法哲学」週4時間、即ち月・水・金・土曜日午前11時～12時、第2講堂。

「財政学」週5時間、昼12時～1時、第2講堂。

1872/73年冬学期

「行政理論」週4時間、即ち月・火・水・金曜日午前11時～12時、第2講堂。

「国民経済学」週5時間、昼12時～1時、第2講堂。

1873年夏学期

「法哲学とヨーロッパ国家史」週4時間、即ち月・火・水・金曜日午前11時～12時、第2講堂。

「財政学」週5時間、昼12時～1時、第2講堂。

1873/74年冬学期

「国民経済学」週5時間、昼12時～1時、第2講堂。

「行政理論」週4時間、即ち月・火・水・金曜日午前11時～12時、第2講堂。

1874年夏学期（ふたたび「法学・国家学部」と記される）

「法哲学とヨーロッパ法史の基礎（Rechtsphilosophie und Elemente der europäischen Rechtsgeschichte）」月・火・水・金曜日午前11時～12時、第2講堂。

「財政学」月・火・水・金・土曜日昼12時～1時、第2講堂。

1874/75年冬学期

「国民経済学」週5時間、木曜日を除く毎日昼12時～1時、第2講堂。

「行政理論」週4時間、即ち月・火・水・金曜日昼11時～12時、第2講堂。

1875年夏学期

「法哲学とヨーロッパ法史の基礎」月・火・水・土曜日午前11時～12時、第2講堂。

「財政学」週5時間、木曜日を除く毎日昼12時～1時、第2講堂。

1875/76年冬学期

「国民経済学」週5時間、即ち木曜日を除く毎日昼12時～1時、第2講堂。

「行政理論」週4時間、即ち月・火・水・金曜日午前11時～12時、第2講堂。

1876年夏学期

「法哲学」週4時間、月・火・水・金曜日午前11時～12時、第2講堂。

「財政学　『財政学教本』に即して」週5時間、木曜日を除く毎日昼12時～1時、第2講堂。

1876/77年冬学期

「国民経済学」週5時間、木曜日を除く毎日昼12時～1時、第2講堂。

「行政理論　『行政理論ハンドブック』に即して」週4時間、月・火・水・金曜日午前11時～12時、第2講堂。

1877年夏学期

「法哲学」週4時間、月・火・水・金曜日午前11時～12時、第2講堂。

「財政学」週5時間、木曜日を除く毎日昼12時～1時、第2講堂。

1877/78年冬学期

「国民経済学」週5時間、木曜日を除く毎日昼12時～1時、第2講

堂。

「行政理論」週4時間、月・火・水・金曜日午前11時～12時、第2講堂。

1878年夏学期

「法哲学」週4時間、月・火・水・金曜日午前11時～12時、第2講堂。

「財政学」週5時間、木曜日を除く毎日昼12時～1時、第2講堂。

1878/79年冬学期

「国民経済学 『教本』に即して」週5時間、木曜日を除く毎日昼12時～1時、第2講堂。

「行政理論 『ハンドブック』に即して」週4時間、月・火・水・金曜日午前11時～12時、第2講堂。

1879年夏学期

「法哲学」週4時間、月・火・水・金曜日午前11時～12時、第Ⅱ講堂。

「財政学」週5時間、木曜日を除く毎週日昼12時～1時、第Ⅱ講堂。

1879/80年冬学期

「国民経済学」週5時間、木曜日を除く毎日昼12時～1時、第Ⅱ講堂。

「行政理論」週4時間、月・火・水・金曜日午前11時～12時、第Ⅱ講堂。

1880年夏学期

「法哲学」週4時間、月・火・水・金曜日午前11時～12時、第Ⅱ講堂。

「財政学」週5時間、木曜日を除く毎週日昼12時～1時、第Ⅱ講堂。

1880/81年冬学期

「国民経済学」週5時間、木曜日を除く毎日昼12時～1時、第Ⅱ講堂。

「行政理論」週4時間、月・火・水・金曜日午前11時～12時、第Ⅱ講堂。

1881年夏学期

「法哲学」週4時間、月・火・水・金曜日午前11時～12時、第Ⅱ講堂。

「財政学」週5時間、木曜日を除く毎週日昼12時～1時、第Ⅱ講堂。

1881/82年冬学期

「国民経済学」週5時間、木曜日を除く毎日昼12時～1時、第Ⅱ講堂。

「行政理論」週4時間、月・火・水・金曜日午前11時～12時、第Ⅱ講堂。

1882年夏学期

「法哲学」週4時間、月・火・水・金曜日午前11時～12時、第Ⅱ講堂。

「財政学」週5時間、木曜日を除く毎日昼12時～1時、第Ⅱ講堂。

1882/83年冬学期

「国民経済学」週5時間、木曜日を除く毎日昼12時～1時、第Ⅱ講堂。

「行政理論」週4時間、月・火・水・金曜日午前11時～12時、第Ⅱ講堂。

1883年夏学期

「法哲学」週4時間、月・火・水・金曜日午前11時～12時、第Ⅱ講堂。

「財政学」週5時間、木曜日を除く毎日昼12時～1時、第Ⅱ講堂。

1883/84年冬学期

「国民経済学」週5時間、木曜日を除く毎日昼12時～1時、第ＸＸⅡ講堂。

「行政理論」週4時間、月・火・水・金曜日午前11時～12時、第ＸＸⅡ講堂。

1884年夏学期

「法哲学」週4時間、月・火・水・金曜日午前11時～12時、第ＸＸⅧ講堂。

「財政学」週5時間、木曜日を除く毎日昼12時～1時、第ＸＸⅧ講堂。

1884/85年冬学期

「国民経済学」週5時間、木曜日を除く毎日昼12時～1時、第ＸＸⅧ講堂。

「行政理論」週4時間、月・火・水・金曜日午前11時～12時、第ＸＸⅧ講堂。

1885年夏学期

「法哲学」週4時間、月・火・水・金曜日午前11時～12時、第ＸＸⅧ講堂。履修登録者17名、イェリネクへの登録書き換え9名、登録取消者9名。

「財政学」週5時間、木曜日を除く毎日昼12時～1時、第ＸＸⅧ講堂。履修登録者14名、メンガーへの登録書き換え13名。

これ以後、講義活動を停止。1887年2月23日定年退職。以後はウィーン近郊ヴァイトリンガウの別荘にて日本人相手に家庭教師を没年まで続ける。

以上の講義一覧を見ると、シュタインは「国民経済学」と「財政学」の講義を就任から退官まで一貫して担当していたことがわかる。国家学は1862年の「国家学史」を最後にそれ以後開講していない。その代わりに担当したのが「法哲学」と「行政理論」である。ただし、シュタインは「法哲学」をすでにキール大学で担当していたから、この科目で具体的にどのような内容を教えていたかが問題になる。国民経済学と財政学と行政理論については、シュタインはこの時代に数多くの著書・論文を公刊しているから、それらと対照させれば、おおよその講義内容は推察がつく(6)。しかし、法哲学については、1845年にヴァルンケーニヒと共著で出版した『フランスの国家史と法史』全3巻(7)の第二版を1875年に公刊した以外は、まとまった著作を出していないので、シュレスヴィヒ・ホルシュタイン州立図書館所蔵のシュタイン遺稿を解明する必要があるが、今後の課題とせざるをえない。

第2章　ウィーン大学法学国家学部の教育課程とシュタイン講義

シュタインがウィーン大学で講義活動をしていた当時の法学国家学部の教育課程を見てみよう。

ウィーン大学法学国家学部の体制は、マリア・テレジアの時代の1753年に大きく改革された。法学国家学部は、国家公務員の養成機関（PflanzschuleとかBeamtenmanufakturenと呼ばれた）であると同時に学問的教養形成の源であることが期待された。1804年から1810年頃の講義要項を見ると、5年間の教育が課せられ、1年次はまず法史と自然法、つづいて法学提要を学び、2年次はパンデクテン（ローマ法学説彙纂）とローマ法典（Codex）、およびローマ刑法を、3年次はディゲスト（ローマ法学説彙纂）と世襲領地法を、4年次は教会法と国際法、一般国法、および封土法を、5年次は教会法（Jus canonicum）と公法と法史復習講義を、それぞれ学ぶこととされている。1848年革命後の近代化に応じて1855年に教育文化大臣トゥーン・ホーエンシュタインが第二の教育改革に着手し、法学教育の充実がはかられた。4時間単位の法学講義を14科目と、3時間単位の哲学と歴史の講義2科目を4年間に履修することが義務づけられた[(8)]。シュタインとの関係で言えば、とくに国民経済学、財政学、行政理論がカリキュラムに採り入れられたこと、また、それらが国家試験の受験科目に採用されたことが特筆に値する。その後の教育改革として1873年9月の内閣告示によりゼミナールの設置が義務づけられ、法学ゼミにはローマ法とドイツ法など10のゼミが開設され、国家学ゼミには政治経済学（国民経済学と財政学）と統計学と国法（憲政法と行政法）ならびに国際法のゼミが開設された[(9)]。したがって、シュタインがウィーン大学で講義をした時代は、1855年の学部近代化の出発からその定着までの時期と言うことができる。

シュタインの講義科目一覧からもうかがえるように、当時の大学の講義は、授業時間が1時間で週日ほぼ毎日おこなわれている。木曜日は会議等

のため講義がないが、土曜日にも授業がある。おもに午前中が多く、ときに朝7時からの授業もある。1875年以後は開講曜時限も不揃いになるが、1850年代はほぼ一定している。また、同一科目を複数同じ時間帯に置くようになる。19世紀初頭のヘーゲルの時代には、同じ時間帯に同一ないし類似科目を置くことは競争を意味したが、19世紀後半では、現在の大学で一般に見られる複数コース開講に近いものと思われる。もちろんその場合にも競争的要素はある。

シュタインが就任する前と後での違いを知るために、まず最初に就任前の教育課程を見ておきたい(10)。

1845/46年冬学期は、第1年次用に「法学・政治学研究の百科全書的概観(Encyklopädische Übersicht des juridisch-politischen Studiums)」(毎日2時間)と「ヨーロッパ国家事情(Die Europäische Staatenkunde)」(毎日1時間)、第2年次用に「ローマ民法(Das Römische Civilrecht, nach Haimberger's reinem Römischen Privatrechte)」(毎日2時間)と「現行税制ならびに国家独占制度等に関する任意法(Die Gefällen-Gesetze nach der bestehenden Zoll- und Staats-Monopols-Ordnung und nach dem Strafgesetze gegen Gefällen-Übertretungen)」(毎日1時間)、第3年次用に「オーストリア民法(Das österreichische bürgerliche Recht, nach dem Gesetzbuche)」(毎日2時間)と「生存権(Das Lebenrecht)―ハインケ男爵に基づく」(毎日1時間)、第4年次用に「政治学(Die politischen Wissenschaften)―ゾンネンフェルスの『ポリツァイ・商業・財政学原論』による」(毎日2時間)と「営業様式(Der Geschäftsstyl)―ゾンネンフェルスの『綱要』による」(毎日1時間)が開講され、また、学年指定なしの特別講義として「差引勘定法(Die Verrechnungskunde)」(毎日1時間半)、「ハンガリー民法・私法(Das ungarische Civil-Privatrecht)」(毎日1時間)、「一般鉱業法(Das allgemeine Bergrecht)」(週3時間)、「法学的・官房学的算術(Die juridische und cameralistische Arithmetik)」(週3時間)、「法医学(Die gerichtliche Medizien)」(週3時間)が開講されている。1849/50年夏学期は学年指定なしに8科目開講され、「法哲学について。人格と国家についての理論(Über Rechtsphilosophie und zwar die Lehre von der Person und

vom Staate)」（週5日各1時間半)、「法の哲学について（Über Philosophie des Rechts)」（週3日各1時間半)、「ローマ民法および債権論、家族法、相続法（Über römische Civil-Recht und zwar die Lehre von den Obligationen, das Familien- und Erbrecht)」（毎日1時間半)、「ローマ刑法ならびに刑事訴訟法について（Über das Strafrecht und den Strafproceß der Römer)」（週2日各1時間半)、「オーストリア一般刑法、他のヨーロッパの刑事立法との比　較（Über österr. allgemeines Strafrecht in Vergleichung mit den übrigen europäischen Strafgesetzgebungen)」（毎日1時間半)、「オーストリア民法（Über österr. bürgerliches Recht)」（毎日1時間半)、「オーストリア商法・手形法（Über österr. Handels- und Wechselrecht)」（週2日各1時間半)、「一般教会法ならびにオーストリア教会法（Über allgemeines (cannonisches) und österr.Kirchenrecht)」（毎日1時間半）となっている。両者の違いは、新入学期である冬学期と、第二学期である夏学期との違いに由来し、1840年代は一般にこれと大差がない。

ところが、1854/55年冬学期になると、開講科目数が一挙に増え、36科目となる。ローマ法とならんでオーストリア法が3倍以上に増えている。これは1854年の10月から始まる学期であるから、教育文化大臣トゥーン・ホーエンシュタインが1855年におこなった大規模な教育改革との直接的な関係は見られないはずであるが、そうした改革を準備する背景がすでにあったことを示唆するであろう。

1854/55年冬学期

「法学・国家学の百科全書と手引きならびに哲学的私法（Encyklopädie und Hodegetik der Rechts- und Staatswissenschaften, und das philosophische Privatrecht)」エドラウアー。

「哲学的国際法（Philosophisches Völkerrecht)」エドラウアー。

「国際法のためのプロレゴメナ。平和法（Prolegomena zum Völkerrechte; das Recht des Friedens)」ノイマン。

「統計理論と一般統計（Theorie der Statistik und allgemeine Statistik)」シュプリンガー。

「統計理論とオーストリア帝国の統計（Theorie der Statistik und Statistik des Kaiserthumes Oesterreichs）」ノイマン。

「ドナウ川流域の統計的概観（Statistische Uebersicht des Donaugebietes）」ノイマン。

「オーストリア刑法（Das österreichische（materielle）Strafrecht）」グラーザー。

「新刑事訴訟の制度と歴史（System und Geschichte des neuen Strafprocesses）」ヴァールベルク。

「刑事実習（Criminal-Practicum）」ヴァールベルク。

「ローマ法」ホルニヒ。

「ローマ法典釈義演習（Uebungen in der Exegese der Quellen des römischen Rechtes）」ホルニヒ。

「ローマ法試験準備（Examinatorium aus dem römischen Rechte）」ホルニヒ。

「ローマ法」パハマン。

「ローマ法提要（Institutionen des römischen Rechts）」ドヴォルザーク。

「オーストリア一般民法」グラースル。

「オーストリア一般民法典（Das österreichische allgemeine bürgerliche Gesetzbuch）」フィーアリンガー。

「民事訴訟手続き（Civilgerichtliches Verfahren）」ハイマール。

「破産訴訟（Concurs-Process）」ハイマール。

「商法・手形法」ハイマール。

「オーストリア手形法」シュトゥーベンラオホ。

「オーストリア民法史について」ビショフ。

「学としての政治入門—文化政治、ポリツァイ学（Allgemeine Einleitung in die Politik als Wissenschaft; Culturpolitik, Polizeiwissenschaft）」ノヴァク。

「国家信用とその利用（Der Staats-Credit und seine Benütung）」ノヴァク。

「オーストリア財政法事情（Oesterreichische Finanzgesetzkunde）」シュプリンガー。

「教会法」パハマン。

「教会資産について」パハマン。

「オーストリア行政法事情（Oesterreichische Verwaltungsgesetzkunde）」シュトゥーベンラオホ。

「オーストリア行政組織の叙述（Darstellung des österreichischen Verwaltungs-Organismus）」シュトゥーベンラオホ。

「ドイツ帝国史ならびに法史（Deutsche Reichs- und Rechtsgeschichte）」フィリップス。

「法医学・法心理学（Gerichtliche Midicin und Psychologie）」ベーア。

「鉱業百科ならびに鉱業経済理論」ヒンゲナウ。

「鉱業法史」ヒンゲナウ。

「ハンガリー私法」フェギー。

「国家会計学（Staatsrechungswissenschaft）」フレーリヒ。

「国家会計学」エシャーリヒ。

「商業帳簿について（Ueber Handelsbücher）」フレーリヒ。


シュタインは、1855年3月22日に教授に就任したが、開講は55/56年冬学期からである。それに先だつ55年の夏学期に初めて「国民経済学」と「財政学」という科目が開講され、ドヴォルザークが担当している。次の学期からこれらの科目をシュタインは担当することになるが、シュタインが就いたポストは、政治学担当のノヴァクがコレラで急死した後任ポストであった。シュタインを推挙したのはほかならぬ教育・文化大臣トゥーン・ホーエンシュタインであり、シュタインが担当した「国民経済学」「財政学」「統計学」を国家学の国家試験科目に加えたのも彼であった。(11)

シュタインがウィーンで講義を始めた1855/56年冬学期の法学国家学部の開講科目数は36であり、ローマ法とオーストリア法が中心に位置することは変わらないが、行政理論が新しく加わっている点は特筆すべきであろう。すなわち、「国内行政政治（入門といわゆるポリツァイ学）」（毎日

1時間）で、担当教員はシュトゥーベンラオホである。「国民経済学」はシュタインのほかに、ヒンゲナウが週に4回開講し、ドヴォルザークも「政治学入門」という科目の副題に「国民経済学と財政学」を挙げて毎日1時間開講している。

翌年の夏学期は、シュタインは「国家学入門」と「財政学」を担当し、ヒンゲナウは「国民経済学応用編」を週5時間開講している。1861年と63年の夏学期は、「法哲学」をシュタインのほかにエドラウアーも週5時間開講し、また1861/62年と62/63年の冬学期は、「国民経済学」をシュタインのほかにヒンゲナウも週4時間それぞれ開講している。「法哲学」は、ハイスラーも1865年夏学期に、アルタも1866年夏学期に、それぞれ担当している。アルタは、66年夏学期に「財政学」も担当し、また、66/67年冬学期には「国民経済学」と「オーストリア行政法学」「法哲学史」も担当している。したがって、両学期ともシュタインとまったく同じ科目を2人で担当したことになる。ハイスラーも、67年夏学期に「法哲学の立場でのプラトンの政治対話」と「法学・国家学百科」を担当しており、これもシュタインとほぼ同一科目である。こうした現象は、たんに受講生が増えたための増コースによるものなのか、あるいは全体的な学制改革によるものなのか、必ずしも明らかではないが、大規模な学制改革は1855年におこなわれたのち、1906年までおこなわれていないから、学生数の増加に伴う措置と思われる。しかしまた、それと同時に、トゥーン・ホーエンシュタインの肝いりで就任したシュタインの意向が強く反映しているのではないかとも思われる。この点について、さらに検証してみたい。

開講コース数がさらに増えたのは、1868/69年冬学期からである。52科目が開講されている。1868年夏学期が33科目であるから、6割増しである。前学期までと比べると、ドイツ法に関する講義が増えたことと、同一科目の複数コース開講が目立つ。複数コースを開講した科目のうち「行政法」と「国民経済学」はシュタインが就任以来担当してきた科目であり、これらの科目の重要性が学部全体で確認されたと見なすことができる。

1868年夏学期

「ローマ相続法」週5時間、午前11時～12時、パハマン。

「ローマ債権法」週5時間、午前9時～10時、アルンツ。

「ローマ家族法」火・水・金曜日早朝7時～8時、アルンツ。

「ローマ家族法」月・火・水曜日早朝7時～8時、エクスナー。

「学説彙纂　総論」週5時間、午前10時～11時、ウンガー。

「ドイツ帝国史ならびに法史」週5時間、午前8時～9時、フィリップス。

「ドイツ帝国史ならびに法史」週5時間、午前8時～9時、トマシェク。

「古代近世ドイツ刑法史」月・水・土曜日早朝7時～8時、ギルトラー。

「教会法」週5時間、午前9時～10時、パハマン。

「教会犯罪とその刑罰」土曜日午後3時～4時、パハマン。

「教会法　第二部（婚姻法）」週5時間、午前9時～10時、フィリップス。

「オリエント教会法」月・火・水・金曜日昼12時～1時、チシュマン。

「法哲学」週4時間、シュタイン。

「法哲学（グロチウスから現代までの歴史的発展）」、週5時間、午前8時～9時、ハイスラー。

「法学百科と方法論」月・火・水曜日早朝7時～8時、トマシェク。

「オーストリア民法　第二部」週5時間、午前10時～11時、グラースル。

「オーストリア法による担保物権と役権（Über Pfandrecht und Dienstbarkeiten nach österreichischen Rechte）」月・火・水曜日午前8時～9時、グラッスル。

「オーストリア相続法」週5時間、午前9時～10時、ウンガー。

「オーストリア法による担保物権と役権（Servituten）」月・火・水曜日午前8時～9時、エクスナー。

「係争中の事件内外でのオーストリアの手続き（Österreichisches Verfahren in und aussen Streitsachen）」週5時間、午前10時～11時、ハイスラー。

「オーストリアの刑事訴訟」週5時間、午前11時～12時、ヴァールベルク。

「財政学」週5時間、シュタイン。

「オーストリア財政事情」月・火・水・金曜日午前8時～9時、ブローディヒ。

「信用について」火・木・土曜日午前11時～12時、フランツ・ノイマン。

「オーストリア帝国の統計」週5時間、午前9時～10時、L・ノイマン。

「戦争国際法」月曜日午前11時～12時、L・ノイマン。

「オーストリア憲法と行政法」週5時間、午前8時～9時、ルストカンドル。

「オーストリア行政法」月・火・水・金曜日昼12時～1時、ガイリング。

「団体理論（Die Lehre vom Vereinwesen）」土曜日午前11時～12時、ガイリング。

「国法史」月・火・水曜日午前10時～11時、クレマー・アウエンローデ。

「ハンガリー私法」月・火・水・木曜日午後4時～5時、フェギー。

「法医学と刑事心理学」月・火・水・木・金曜日昼12時～1時、ベーア。

「国家会計学」月・水・金曜日午後5時半～7時半、エシャーリヒ。

1868/69年冬学期

「個別契約、私法」週5時間、午後12時～1時、パハマン。

「ローマ法の歴史と提要」週5時間、午前11時～12時、さらに月・火・金曜日午後12時～1時、アルンツ。

「法の起源についての対話解説」水曜日午後5時〜6時半、アルンツ。

「ローマ民法」週5時間、午前10時〜11時、ウンガー。

「ローマ法の提要と歴史」月・火・水・金曜日午前11時〜1時、イェーリング。

「学説彙纂実習」木曜日午前11時〜1時、イェーリング。

「主観的意味での法の一般理論（Allgemeine Theorie der Rechte im subjektiven Sinn）」金曜日午後5時半〜6時半、イェーリング。

「学説彙纂　特殊部門（占有・所有等）」週5時間、午前8時〜9時、エクスナー。

「学説彙纂釈義演習」月曜日午後5時〜7時、エクスナー。

「学説彙纂　債権法」水曜日午後12時〜1時、木曜日午前10時〜11時、土曜日午後12時〜1時、ホフマン。

「ドイツ帝国史ならびに法史」週5時間、午前8時〜9時、フィリップス。

「ドイツ帝国史ならびに法史」週5時間、午前8時〜9時、ジーゲル。

「ドイツ私法」毎日午前11時〜12時、ジーゲル。

「ドイツ帝国史ならびに法史」週5時間、午前8時〜9時、トマシェク。

「ドイツ帝国史ならびに法史」週5時間、午前8時〜9時、クレマー・アウエンローデ。

「古代近世刑法史」月・水・土曜日午後4時〜5時、ギルトラー。

「オーストリアにおけるドイツ法の歴史」土曜日午後3時〜5時、トマシェク。

「近代の外オーストリア法史」火曜日と金曜日夕方5時〜6時、ドーミン。

「教会法（憲政論）」週5時間、午前9時〜10時、パハマン。

「教会法　第一部」週5時間、午前9時〜10時、フィリップス。

「東洋教会法典」火曜日と金曜日午後4時〜5時、チシュマン。

「オーストリア民法　第一部」週5時間、午前9時〜10時、グラー

スル。

「オーストリア私法（総論）」週5時間、午前9時～10時、ウンガー。

「オーストリア国家婚姻法」土曜日午後3時～4時、パハマン。

「オーストリア民法典の婚姻法」金曜日と土曜日午前10時～11時、エクスナー。

「商法と手形法」月・火・水・金曜日午前10時～11時、ハルビーティネク。

「鉱業法」月・水・金・土曜日午前8時～9時、ザミチュ。

「オーストリア刑法」週5時間午前11時～12時、ヴァールベルク。

「罪の転嫁と行刑についての刑事統計学的研究（Criminalstatistische Untersuchungen über die Imputation und den Strafvollzug）」月曜日と水曜日午後12時～1時、ヴァールベルク。

「オーストリア民事訴訟」週5時間、午前9時～10時と木曜日午前9時～11時、ハイスラー。

「オーストリア民事訴訟制度草案」月・水・金曜日午前8時～9時、ハイスラー。

「係争中の事件内外での民法上の手続き」毎日午前9時～10時、ハルビーティネク。

「民法手続き入門（Einleitung zum civilgerichtlichen Verfahren）」週5時間、午前9時～10時と木曜日午前8時～10時、ハラソウスキ。

「ハンガリー私法」週5時間、午前11時～12時、フェギー。

「平和時と戦争時でのヨーロッパ国際法」週5時間、午前8時～9時、L・ノイマン。

「刑法史」月・水・金曜日午後4時～5時、クレマー・アウエンローデ。

「一般比較国法」週5時間、午前8時～9時、ルストカンドル。

「行政法」月・火・水・金曜日午前11時～12時、シュタイン。

「行政法」月・火・水・金曜日午前11時～12時、シェフレ。

「オーストリア憲法と行政法」週5時間、午後12時～1時、ルストカンドル。

「自治理論」土曜日午前11時～12時、ガイリング。

「ハンガリー国法」月・水・土曜日午後4時～5時、フェギー。

「国家学百科」月・水・金曜日午後4時～5時、ガイリング。

「国民経済学」週5時間、午後12時～1時、シュタイン。

「国民経済学」週5時間、午後12時～1時、シェフレ。

「国民経済学」週5時間、午前10時～11時、F・ノイマン。

「オーストリア財政事情」月・火・水・金曜日午前8時～9時、ブローディヒ。

「ヨーロッパ統計綱要」火・金・土曜日午後12時～1時、L・ノイマン。

「法医学と刑事心理学」月・火・水・金曜日午後5時～6時と木曜日午前、ベーア。

「公衆衛生行政について（Über Verwaltung des Sanitätswesens）シュタイン教授の教科書を基に」週2時間、シュタイン。

「法心理学」月・水・土曜日午後1時～2時、シュラーガー。

「国家会計学」月・水・金曜日午後5時～7時、エシャーリヒ。

1869年夏学期から75/76年冬学期までの期間のカリキュラムを概観すると、シュタインが、冬学期に「法哲学」と「財政学」を、夏学期に「行政理論」と「国民経済学」を担当し、不定期にそれらの科目を他の教員も同時に開講するというかたちが定着していることがわかる。とくにカール・メンガーが加わることで、「財政学」と「国民経済学」が学部内で完全に定着し、さらに拡がりを見せるようになった。(12)

1875年夏学期

「学説彙纂　債権法」週6時間、月・水・金曜日午前10時～11時、火・木・土曜日午前11時～12時、マーセン。

「学説彙纂　家族法」週3時間、火・木・土曜日午前10時～11時、マーセン。

「学説彙纂　総論」週8時間、月・火・水・金曜日昼11時～1時、

エクスナー。

「学説彙纂　物権法」週4時間、月・火・水・金曜日午前9時～10時、ホフマン。

「ローマ法についての復習授業と試験準備（Repetitorium und Examinatorium）」週1時間、金曜日午前11時～12時、シフナー。

「ドイツ帝国史ならびに法史　第二部」週5時間、木曜日を除く毎日午前8時～9時、ジーゲル。

「ドイツ相続法」週1時間、火曜日朝7時～8時、公開、ジーゲル。

「ドイツ帝国史ならびに法史　第二部」週5時間、木曜日を除く毎日午前8時～9時、シュスター。

「ドイツ私法」週5時間、月・火・金曜日朝7時～8時、木曜日朝7時～9時、シュスター。

「ドイツ訴訟の歴史」週2時間、水曜日と土曜日朝7時～8時、シュスター。

「教会法」週5時間、木曜日を除く毎日昼12時～1時、マーセン。

「教会法」週5時間、木曜日を除く毎日昼12時～1時、チシュマン。

「教会法演習」週1時間、木曜日昼12時～1時、公開、チシュマン。

「法哲学」シュタイン。

「法学百科と方法論」週3時間、月・水・金曜日朝7時～8時、トマシェク。

「オーストリア債権法」週5時間、木曜日を除く毎日午前9時～10時、ハールム。

「オーストリア債権法」週6時間、毎週日午前9時～10時、プファフ。

「オーストリア法上の役権」週1時間、木曜日午前10時～11時、公開、プファフ。

「オーストリア民法上の人格権」週3時間、月・水・金曜日午前8時～9時、プファフ。

「ハンガリー・システム　オーストリア相続法」週5時間、木曜日を除く毎日午前11時～12時、ホフマン。

「オーストリア民法の復習授業と試験準備」週1時間、水曜日午前11時～12時、シフナー。

「オーストリア刑事訴訟」週5時間、木曜日を除く毎日午前10時～11時、ヴァールベルク。

「死刑の新しい歴史と文献（Neuere Geschichte und Literatur der Todesstrafe）」公開、週1時間、金曜日午前11時～12時、ヴァールベルク。

「オーストリア刑事訴訟。週5時間、木曜日を除く毎日午前10時～11時、S・マイアー。

「刑事訴訟演習」週2時間、日時は後日協議、S・マイアー。

「刑事演習（Criminalpracticum）」週3時間、日時は後日協議、レントナー。

「係争内外の手続き」週7時間、月・火・金曜日午前8時～9時、水曜日と土曜日午前8時～10時、ハイスラー。

「オーストリア破産法（Concursrecht）」週2時間、月曜日と金曜日午前9時～10時、ハイスラー。

「係争内外の手続き」週7時間、月・火・金曜日午前8時～9時、水曜日と土曜日午前8時～10時、A・メンガー。

「民事訴訟演習」週2時間、日時は協議、A・メンガー。

「手形法」週4時間、月・火・金・土曜日午前10時～11時、グリュンフート。

「商法抜粋」週3時間、火・水・土曜日午前11時～12時、グリュンフート。

「商法演習」無料、週2時間、月曜日と金曜日午前11時～12時、グリュンフート。

「財政学」週5時間、木曜日を除く毎日昼12時～1時、シュタイン。

「財政学」週5時間、木曜日を除く毎日朝7時～8時、C・メンガー。

「財政事情」週4時間、月・火・水・金曜日朝7時～8時、ブローディヒ。

「国民経済振興（Volkswirthschaftspflege）」週3時間、午後3時～4

時、曜日は後日、ザックス。

「オーストリア君主国の統計」週5時間、木曜日を除く毎日午前10時〜11時、ノイマン。

「領事館法」週1時間、午前9時〜10時、公開、ノイマン。

「オーストリア行政法」週4時間、月・火・水・金曜日朝7時〜8時、ルストカンドル。

「オーストリア・ハンガリーの自治」週3時間、火・水・金曜日午前8時〜9時、ルストカンドル。

「オーストリア鉱業法」週4時間、月・火・水・金曜日午前9時〜10時、ザミチュ。

「ハンガリー私法　第二部」週5時間、木曜日を除く毎日午前11時〜12時、フェギー。

「ハンガリー国法」週6時間、月・水・金曜日夕方5時〜7時、シュロット。

「公衆衛生」週3時間、火・木・土曜日午後12時〜1時、ガチャー。

1875/76年冬学期

「ローマ法史」週2時間、土曜日夕方4時〜6時、マーセン。

「ローマ民事訴訟」週3時間、木曜日昼11時〜1時と土曜日午前10時〜11時、マーセン。

「ローマ法提要」週6時間、月・水・金曜日夕方4時〜6時、エクスナー。

「ローマ法演習」週2時間、木曜日夕方5時〜7時、エクスナー。

「ローマ相続法」週5時間、水曜日午前9時〜11時、月・火・金曜日午前10時〜11時、ホフマン。

「ローマ法の精神」週1時間、土曜日午前9時〜10時、シフナー。

「ユスティヌス帝提要の講義と解釈」週1時間、木曜日午前10時〜11時、シフナー。

「ドイツ帝国史ならびに法史」週5時間、木曜日を除く毎日午前10時〜11時、ジーゲル。

「ドイツ私法」週5時間、木曜日を除く毎日午前11時～12時、ジーゲル。

「ドイツ帝国史ならびに法史」週5時間、木曜日を除く毎日午後3時～4時、トマシェク。

「ドイツ私法」週5時間、木曜日を除く毎日朝8時～9時、トマシェク。

「古代ドイツ・オーストリアの法的文化財の釈義的説明」週2時間、日時未定、トマシェク。

「ドイツ帝国史ならびに法史」週5時間、木曜日を除く毎日午前10時～11時、シュスター。

「ドイツ夫婦財産法（Deutsches eheliches Güterrecht）」週2時間、日時未定、シュスター。

「教会法　第一部」週5時間、木曜日を除く毎日昼12時～1時、チシュマン。

「教会法演習」週1時間、月曜日午前10時～11時、チシュマン。

「オーストリア民法」週6時間、毎日朝9時～10時、プファフ。

「一般民法典第三部について」週3時間、月・水・金曜日午前11時～12時、プファフ。

「オーストリア民法上の個別債務関係について（Ueber einzelne Schuldverhältnisse nach österr. bürg. Recht）」週2時間、日時協議、プファフ。

「オーストリア家族法」週3時間、火曜日午前11時～12時と木曜日午前10時～12時、ホフマン。

「オーストリア私法演習」週2時間、土曜日午後3時～5時、ホフマン。

「オーストリア刑法」週5時間、木曜日を除く毎日午前10時～11時、ヴァールベルク。

「刑事訴訟実習」週2時間、土曜日昼11時～1時、S・マイアー。

「イギリス刑事訴訟の根本特徴」週2時間、月曜日昼11時～1時、S・マイアー。

「実利的刑法実習」週3時間、月・水・土曜日夕方5時～6時、レントナー。

「オーストリア民事訴訟」週7時間、月・火・金曜日午前9時～10時、水曜日と土曜日午前8時～10時、ハイスラー。

「オーストリア民事訴訟」週7時間、月・火・金曜日午前9時～10時、水曜日と土曜日午前8時～10時、A・メンガー。

「民事訴訟演習」週2時間、月曜日と金曜日朝8時～9時、A・メンガー。

「商法と手形法」週6時間、毎週日午前10時～11時、グリュンフート。

「商法と手形法演習」週2時間、月曜日と金曜日午前11時～12時、グリュンフート。

「国民経済学」週5時間、シュタイン。

「行政理論」週4時間、シュタイン。

「国民経済学」週5時間、木曜日を除く毎日昼12時～1時、C・メンガー。

「国民経済学と財政学演習」週2時間、木曜日8時～10時、C・メンガー。

「国民経済政策（Volkswirthschaftspolitik）」週3時間、月・火・金曜日午前8時～9時、ザックス。

「平和時と戦時のヨーロッパ国際法」週5時間、木曜日を除く毎日朝8時～9時、ノイマン。

「ヨーロッパ諸国統計要綱」週3時間、月・水・土曜日午前9時～10時、ノイマン。

「一般国法」週5時間、月・火・金曜日午前8時～9時、木曜日午前8時～10時、ルストカンドル。

「オーストリア・ハンガリー君主国憲法（Verfassungsrecht）」週3時間、火・水・金曜日昼12時～1時、ルストカンドル。

「法哲学史」週2時間、水曜日と土曜日朝8時～9時、ダンチャー。

「国家と自治における立法権力と議決権力（Die gesetzgebende und

beschliessende Gewalt）」週2時間、木曜日と土曜日午前11時～12時、ダンチャー。

「鉱業法」週4時間、月・火・水・金曜日午前8時～9時、ザンリッチュ。

「オーストリア財政事情」週4時間、月・火・水・金曜日午前8時～9時、ブローディヒ。

「ハンガリー私法」週5時間、月・火・金・土曜日午前11時～12時、フェギー。

「ハンガリー民事訴訟」週3時間、月・水・金曜日午後4時～5時、フェギー。

「法医学」週6時間、月・水・金曜日午後3時～5時、ガチャー。

「一般会計学」週6時間、月・水・金曜日夕方5時～7時、シュロット。

1876年夏学期から、シュタインが講義を停止する前年の1884年夏学期までの期間を見ると、上述したように、メンガーが、夏学期に「財政学」を週5時間、冬学期に「国民経済学」を週5時間担当、経済学関連ではザックスが1876/77年冬学期に「国民経済政策を含む国民経済理論」（77/78年冬学期は「国民経済政策」）を担当、また1880年夏学期からイェリネクが加わって「法哲学」が充実し、さらに1882/83年冬学期からイナマ・シュテルネッグが「行政理論」を担当するなどして、シュタインがウィーンに来てから徐々に下地を築き上げてきたシュタイン独自の国家学体系、すなわち、法哲学・行政理論・財政学・国民経済学を、シュタイン自身も含めて複数の教員が担当するという体制が整ったことがわかる。

シュタインの最終講義は1885年夏学期であるが、1884年夏学期と1884/85年冬学期は、シュタインが担当していた科目を、メンガーほか全部で7名の教員が担当している。しかも、定年退職間近であるとはいえシュタインの講義の履修者が複数コース開講により減ったわけではなく、むしろ絶頂とも言える状態(13)での複数コース開講である点に注目すべきである。

1884/85年冬学期

「ローマ法の歴史と提要」週8時間、月・火・水曜日昼11時～1時、金曜日と土曜日昼11時～12時、マーセン。

「ローマ法の歴史と提要」週8時間、月・火・水・金曜日昼11時～1時、エクスナー。

「ロマニスト演習」週2時間、土曜日夕方5時～7時、エクスナー。

「ローマ相続法」週5時間、木曜日を除く毎日午前10時～11時、ホフマン。

「ローマ法の歴史と提要」週8時間、月・火・水・金曜日昼11時～1時、デメリウス。

「ローマ民事訴訟」週3時間、木曜日午前9時～11時、土曜日午前9時～10時、デメリウス。

「学説彙纂　債権法」週2時間、木曜日昼11時～1時、ハナウゼク。

「学説彙纂　民法と質権」週2時間、金曜日午前8時～10時、ハナウゼク。

「ローマ法典釈義演習」週2時間、水曜日午後5時～7時、ハナウゼク。

「学説彙纂　物権法」週2時間、木曜日昼11時～1時、シャイ。

「学説彙纂　購入権」週2時間、金曜日午前8時～10時、シャイ。

「学説彙纂実習」週2時間、月曜日午後4時～6時、シャイ。

「ローマ法抜粋」週2時間、木曜日昼11時～1時、ミッタイス。

「学説彙纂　貨幣論と負債論」週1時間、金曜日午前9時～10時、ミッタイス。

「ガイウス第四書講義」週2時間、火曜日と金曜日午前8時～9時、ミッタイス。

「ドイツ帝国史・法史」週5時間、木曜日を除く毎日午前10時～11時、ジーゲル。

「ドイツ私法」週5時間、木曜日を除く毎日午前11時～12時、ジーゲル。

「ドイツ帝国史・法史」週5時間、木曜日を除く毎日午前10時～11時、トマシェク。

「ドイツ私法」週5時間、木曜日を除く毎日午前11時～12時、トマシェク。

「ドイツ・オーストリア法典釈義」週5時間、木曜日を除く毎日午前9時～10時、シュスター。

「ドイツ帝国史・法史　第二部」週5時間、木曜日を除く毎日午前11時～12時、シュスター。

「ドイツ法演習」週2時間、木曜日午前10時～12時、シュスター。

「教会法　前半」週5時間、月・火・水曜日午前9時～10時、金曜日と土曜日昼12時～1時、マーセン。

「教会法　第一部から財産法まで」週5時間、木曜日を除く毎日昼12時～1時、チシュマン。

「オーストリア物権法」週6時間、木曜日を除く毎週日午前9時～10時、木曜日午前10時～11時、プファフ。

「オーストリア家族法」週3時間、土曜日午前11時～12時、木曜日昼11時～1時、プファフ。

「オーストリア私法演習」週2時間、月曜日午後4時～6時、プファフ。

「オーストリア私法一般理論」週4時間、月・火・水・金曜日午前11時～12時、ホフマン。

「オーストリア婚姻法」週2時間、火曜日と金曜日午前10時～11時、フックス。

「オーストリア債権法」週4時間、月・水・木・土曜日午前8時～9時、メンツェル。

「支払不能負債者に対する債務者の取消無効権（Das Anfechtungsrecht der Gläubiger eines zahlungsunfähigen Schuldners）」週1時間、木曜日午前9時～10時、メンツェル。

「オーストリア刑法」週5時間、木曜日を除く毎日午前10時～11時、ヴァールベルク。

「オーストリア刑法」週5時間、木曜日を除く毎日午前10時～11時、S・マイアー。

「刑法と刑事訴訟の実習」週2時間、土曜日午後12時～2時、S・マイアー。

「オーストリア刑法」週5時間、木曜日を除く毎日午前10時～11時、ランマーシュ。

「オーストリア刑法特殊部門」週2時間、木曜日午前10時～12時、レントナー。

「オーストリア民事訴訟」週7時間、月・水・金曜日午前9時～10時、水曜日と土曜日午前8時～10時、A・メンガー。

「オーストリアの係争外手続き」週3時間、火・水・金曜日昼12時～1時、ヴァルトナー。

「オーストリア民事訴訟体制草案について」週2時間、日時協議、ヴァルトナー。

「オーストリア商法・手形法」週6時間、月・火・水・金曜日午前10時～11時、土曜日午前10時～12時、グリュンフート。

「商法・手形法演習」週2時間、月曜日11時～1時、グリュンフート。

「商業購入理論（Die Lehre vom Handelskaufe）」週1時間、土曜日昼12時～1時、ハナウゼク。

「オーストリア鉱業法」週4時間、水曜日と土曜日午後4時～6時、シュスター。

「国民経済学」週5時間、木曜日を除く毎日昼12時～1時、シュタイン。

「国民経済学」週5時間、木曜日を除く毎日昼12時～1時、C・メンガー。

「国民経済学史」週2時間、水曜日午後4時～6時、フィリポヴィッチ。

「国民経済学史」週2時間、水曜日午後4時～6時、マターヤ。

「オーストリア財政事情」週3時間、火曜日午後3時～5時、金曜

日午後3時～4時、ヘルマン。

「財政学」週4時間、木曜日と金曜日午後4時～6時、R・マイアー。

「行政理論」週4時間、月・火・水・金曜日午前11時～12時、シュタイン。

「行政理論」週4時間、月・火・水・金曜日午前11時～12時、イナマ＝シュテルネッグ。

「一般国家論（憲法と行政法）」週5時間、月・火・金曜日午前8時～9時、木曜日午前8時～10時、ルストカンドル。

「オーストリア憲法（Verfassungsrecht）」週3時間、火・水・金曜日昼12時～1時、ルストカンドル。

「一般国法」週5時間、木曜日を除く毎日昼12時～1時、イェリネク。

「一般国法」週5時間、木曜日を除く毎日昼12時～1時、ダンチャー。

「国法演習」週2時間、月曜日と水曜日午後4時～5時、ダンチャー。

「法哲学の歴史と体系」週3時間。月・水・金曜日午前8時～9時、ダンチャー。

「国際法」週4時間、火曜日と土曜日午前8時～9時、木曜日午前8時～10時、ランマーシュ。

「国際法」週4時間、火曜日と土曜日午前8時～9時、木曜日午前8時～10時、イェリネク。

「国際法史」週2時間、月曜日と金曜日午前8時～9時、シュトリゾヴェーア。

「恒久平和（Die Friedensbestehungen）」週1時間、木曜日昼12時～1時、シュトリゾヴェーア。

「統計演習」週2時間、火曜日夕方6時～8時、イナマ＝シュテルネッグ。

「道徳統計学（Moralstatistik）」週2時間、木曜日午前10時～12時、ノイマン＝シュパルラルト。

「統計演習」週2時間、火曜日夕方4時～6時、ノイマン＝シュパ

ルラルト。

「共産主義と社会主義の歴史」週2時間、火曜日午後4時～6時、ヴィーザー。

「交通制度」週2時間、月曜日午後4時～6時、グロス。

「法学徒のための法医学」週5時間、月・火・水・木・金曜日夕方5時～6時、ホフマン。

「一般会計理論」週6時間、月・水・金曜日夕方5時～7時、ザイドラー。

1885年夏学期を最後にシュタインは大学の教壇を下りた。シュタインの講義履修者は、学期中にメンガーとイェリネクへの登録変更をおこなった。その後、「法哲学」担当にウルマンが新たに就任しただけで、シュタインが担当していた「法哲学」「財政学」「行政理論」「国民経済学」は前年までと同じ教員が担当している。すなわち、1885/86年冬学期は、「国民経済学」をメンガー、「財政学」をR・マイアー、「行政理論」をルストカンドルとイナマ＝シュテルネッグが担当し、1886年夏学期は、「法哲学」をウルマンとイェリネクとダンチャー、「財政学」をメンガー、「国民経済学」をマターヤが担当した。1886/87年冬学期は、「国民経済学」をメンガーとグロス、「行政理論」をルストカンドルとダンチャーとイナマ＝シュテルネッグが担当し、1887年夏学期は、「法哲学」をウルマンとイェリネクとダンチャー、「財政学」をメンガー、「国民経済学」をグロスが担当した。以後、1890年夏学期まで大きな変化はない。

小　括

本稿では、ウィーン大学におけるシュタインの学的活動とその位置を明らかにするために、まずウィーン大学講義要項を調査した。シュタインは、就任当初、キール大学時代と同様に「国家学」の講義を始めたが、トゥーン・ホーエンシュタインによる学制改革直後ということもあって、国家学を国民経済学や行政理論、財政学によって具体化しようと試みた。それは

また、1852年のシュタインの『国家学体系』の展開に沿うものであった。シュタインが切り開いたこれらの学科目は、ウィーン大学で徐々に定着し、1870年代以後は複数コースが開講されるまでになった。しかし、ウィーン大学ないし学界の動向全体から見ると、実証法学が大勢を占め、行政理論や財政学自体も実証主義的な傾向に染まりつつあるように見える(14)。のちにオーストリア学派ないしウィーン学派と呼ばれる経済学流派を形成するメンガーは、シュタインと同一科目を担当しているとは言え、その中身は大きく異なる。経済を人間の欲望度に求めるメンガーの経済学(15)はもはや国家学の一部門ではない。だが、そのことでむしろシュタインの経済学や財政学の特徴が浮き彫りになる。シュタインの『財政学教本』復刻版に付された解説書冒頭で編者ハックスが、シュタインはメンガーらいわゆる「ウィーン学派」の限界効用論のミクロ経済分析とはまったく無縁で、もっぱら国家の役割ならびに国家と社会との関係がシュタインの中心問題であったと指摘した(16)ことは正しい。シュタインの『国民経済学教本』でも、個別経済よりも経済的諸階級の利害調整の問題が中心課題とされており、また『行政理論と行政法ハンドブック』でも行政と経済生活ならびに社会生活が重要な論点とされていることからも、それは明らかである。しかし同時に、そのことを逆に見れば、シュタインが国民経済学や財政学、行政理論等を国家学体系のなかに位置づけて展開しようと努力したにもかかわらず、ウィーン大学では――そして学界全体においても――シュタインのこうした意向は、学科目だけを残して、その精神は受け継がれなかったことを意味する。それはなぜか。この問題を、経済学史ないし政治学から概観するのではなく、シュタインの国家学体系そのものから解明できないかというのが筆者の次の課題である。現代社会の思想史的分析に関わる筆者は、〈社会学としての国家学〉というシュタインの試みに捨てきれぬ期待を保持するからである。

［資料］学生数

最後に、シュタインが勤めていたころのウィーン大学の聴講者数を挙げ

ておく。ただし1870年以前の詳細は不明である。201+33という数字は、201名が正規学生、33名が員外学生（いまで言う聴講生）である。これを見ると、シュタインが勤めた法学部では、ゆっくりとであるが年々聴講者が増えていること、そしてとりわけ1873/74年冬学期と1877年夏学期、1877/78年冬学期、1881/82年冬学期にそれぞれ急増していることがわかる。先に見たように、1874年にカール・メンガーが加わり、イェリネクやイナマ＝シュテルネッグが加わって、シュタインと同じ科目を開講するようになったのも、これら学生の急増期に対応している。

1870夏：神学部201+33、法学部1162+32、医学部1315+109、哲学部550+36=3438（正規3228+員外210）。

1871夏：神学部190+36、法学部1192+57、医学部1331+129、哲学部550+23=3508（3263+245）。

1871/72冬：神学部198+40、法学部1304+120、医学部1383+81、哲学部679+79=3883（3564+319）。

1872夏：神学部202+39、法学部1212+87、医学部1325+52、哲学部728+33=3678（3467+211）。

1872/73冬：神学部206+33、法学部1287+140、医学部1212+63、哲学部776+39=3756（3481+275）。

1873夏：神学部190+30、法学部1272+89、医学部1119+33、哲学部682+25=3440（3263+177）。

1873/74冬：神学部165+29、法学部1442+177、医学部997+112、哲学部703+188=3823（3307+516）。

1874夏：神学部156+28、法学部1420+161、医学部963+73、哲学部673+141=3615（3212+403）。

1874/75冬：神学部149+27、法学部1422+248、医学部877+414、哲学部780+206=4123（3228+895）。

1875夏：神学部145+27、法学部1412+257、医学部859+347、哲学部692+180=3919（3108+811）。

1875/76冬：神学部163+x、法学部1481+249、医学部829+77、哲学部

803+207=3809（3276+533）。

1876夏：神学部130+21、法学部1437+169、医学部780+194、哲学部687+163=3581（3034+547）。

1876/77冬：神学部143+28、法学部1377+211、医学部755+106、哲学部920+111+薬学130=3781（3195+586）。

1877夏：神学部139+28、法学部1545+157、医学部750+75、哲学部718+58+140=3610（3152+458）。

1877/78冬：神学部132+25、法学部1744+199、医学部712+81、哲学部807+131+137=3968（3395+573）。

1878夏：神学部127+21、法学部1638+145、医学部658+51、哲学部676+99+131=3546（3099+447）。

1878/79冬：神学部139+20、法学部1656+195、医学部763+101、哲学部758+140+141=3913（3316+597）。

1879夏：神学部137+17、法学部1582+135、医学部697+81、哲学部624+101+135=3509（3040+469）。

1879/80冬：神学部163+22、法学部1769+197、医学部679+144、哲学部647+167+157=3945（3258+687）。

1880夏：神学部153+19、法学部1759+159、医学部827+164、哲学部539+127+149=3896（3278+618）。

1880/81冬：神学部193+24、法学部1861+239、医学部1104+233、哲学部585+177+156=4572（3743+829）。

1881夏：神学部189+24、法学部1789+148、医学部988+171、哲学部491+124+127=4051（3457+594）。

1881/82冬：神学部193+33、法学部1972+268、医学部1292+120、哲学部356+213+176=4623（3813+810）。

1882夏：神学部191+29、法学部1880+210、医学部1206+54、哲学部456+120+158=4304（3733+571）。

1882/83冬：神学部189+34、法学部1976+63+205（国家会計学聴講者）、医学部1612+138、哲学部459+148+176=5000（4236+764）。

1883夏：神学部187+33、法学部2052+39+196、医学部1487+79、哲学部

373+90+170=4706（4099+607）。

1883/84冬：神学部189+37、法学部1988+43+235、医学部1892+121、哲学部406+134+176=5221（4475+746）。

1884夏：神学部176+35、法学部1877+20+202、医学部1802+90、哲学部352+92+171=4814（4207+607）。

1884/85冬：神学部196+35、法学部1976+56+237、医学部2291+164、哲学部513+92+161=5721（4976+745）。

1885夏：神学部187+33、法学部1834+24+165、医学部2145+103、哲学部373+74+162=5122（4539+583）。

1885/86冬：神学部209+22、法学部1971+28+231、医学部2407+206、哲学部456+143+193=5926（5043+883）。

1886夏：神学部220+x、法学部1953+18+134、医学部2147+142、哲学部470+90+175=5358（4790+568）。

1886/87冬：神学部204+19、法学部1911+41+191、医学部2318+675、哲学部460+153+185=6157（4893+1264）。

ついでに学生の出身地を見てみたい。1874/75年冬学期の正規学生は、神学部149、法学部1422、医学部877、哲学部780であり、員外学生（Ausserordentlicher Hörer）は、神学部27、法学部248、医学部414、哲学部206である。そのうち、オーストリア出身者は、正規1394、員外242、ドイツ出身者は正規3、員外2である。

オーストリアでは、ニーダーエスターライヒ256+106、オーバーエスターライヒ54+16、ベーメン216+20、メーレン259+30、シュレージエン44+8、ガリシア124+14、ブコヴィナ50+2、ケルンテン12+1、クライン37+2、チロル9+2、シュタイアーマーク14+9、クロアチア20+2、スロヴェニア9+4、ダルマチア14+0、ハンガリー230+24、ジーベンブリュゲン13+2、沿岸地帯27+0、軍事的境界6+0であり、ドイツでは、プロイセン2+1、バイエルン1+0、ザクセン0+1、ヴュルテンベルク0+0、バーデン0+0、ヘッセン0+0となっている。その他は、スイス1+1、フランス0+0、イギリス2+0、イタリア10+2、スペイン0+0、ギリシア0+0、トルコ0、ロシア0+0、

セルビア3+0、ルーマニア4+1、シルミア3+0、南北アメリカ1+0である。

註

(1) 八木紀一郎『オーストリア経済思想史研究 —— 中欧帝国と経済学者』にわずかながらシュタインへの言及がある。

(2) 瀧井一博『ドイツ国家学と明治国制』145～146頁参照。

(3) ウィーン大学公文書館所蔵の「履修登録票」をマイクロフィルムから筆者が読み取った数字。

(4) Rudolf Bülck, Kieler Studenten im Vormärz, in: *Kieler Studenten im Vormärz,* hrsg. von Ludwig Andresen, Kiel 1940, S.54f.

(5) Vgl. Übersicht der akademischen Behörden, der den einzelnen Facultäten zugehörenden Decane, Pro-Decane, Professoren, Privatdocenten, Lehrer, Adjuncten und Assistenten, dann der die Kirche, Bibliothek, Kanzlei, Quästur etc. an der kaiserl. königl. Universität zu Wien für das Studien-Jahr.

(6) シュタインは『国民経済学教本』の副題に「講義と自分の研究に用いるために」と書いているからなおさらである。

(7) うち第3巻「フランスの刑法と訴訟の歴史」を担当。

(8) ライター・ツァトロウカルによれば、トゥーン・ホーエンシュタインの改革は「学習の自由と学習の強制の混合物」である、というのも、4年間に144時間聴講するうちの〈たった〉120時間から130時間が必修にあてられているのだから。Vgl., Ilse Reiter-Zatloukal, *Das Rechtsstudium an der Wiener Juristenfakultät von den Anfängen bis* in die Gegenwart, in: www.univie.ac.at/juridicum.at/content/view/1028/124/1/0-8 (April 2005).

(9) ウィーン大学法学国家学部の歴史については、前掲のネット情報のほか、Elisabeth Berger, Das Studiúm der Staatswissenschaften in Österreich, in: *Zeitschrift für Neuere Rechtsgeschichte,* 20.Jg. 1998 Nr.3/4. *Geschichte der Wiener Universität von 1848 bis 1898. Als Huldigungsfestschrift zum fünfzigjährigen Regierungsjubiläum seiner K.U.K. apostlischen Majestät des Kaisers Franz Josef I.,* herausgegeben vom Akademischen Senate der Wiener Universität, Wien 1898を参照。

(10) Vgl. *Öffentliche Vorlesungen an der K.K.Universität zu Wien Rechts- und staatswissenschaftliche Facultät.* Vorlesungen, welche sowohl ordentlich wie außerordentlich von der k.k. Universität zu Wien im Studienjahr 18** gehalten werden. **は各年度を指す。

(11) Vgl. Elisabeth Berger, a.a.O., S.184f. 前掲のReiter-Zatloukalによれば、トゥーン・ホーエンシュタインは、啓蒙絶対主義を掲げるヨーゼフ主義に反対するカトリック保守派に属し、すべての教授ポストをカトリック保守で固めようとしたが、非学問的には保守主義だが学問的な自由を認める立場から、例外としてプロテスタントのシュタインを採用したという。

(12) メンガーはジャーナリスト出身で、独学で経済学の研究を進めたため、「ウィーン大学での講義資格を得ようとしたが、経済学の主任教授であったロレンツ・フォン・シュタインは現物の校正刷りを実際に目で見るまではメンガーの

ことばを信じようとしなかった」し、その真価を認められるまでにはかなりの日数を要したという。また、「メンガーの講義は坦々としたもので、彼の教育者としての技倆はむしろ少人数のゼミナールでの学習や論文作成の指導において発揮されたと言われる」(八木紀一郎「解題」、メンガー著、安井琢磨・八木紀一郎訳『国民経済学原理』日本経済評論社、1999年、254と262ページ参照)。

(13) 先に記した通り、1884/85年冬学期のシュタイン担当「国民経済学」の履修登録者は263名、「行政理論」は240名であった。

(14) Vgl. Wilhelm Brauneder, Lorenz von Steins Wirken in Wien, in: *Studien I: Entwicklung des Öffentlichen Rechts,* Wien et al., 1994, S.377-397.

(15) Carl Menger, *Grundsätze der Volkswirthschaftslehre,* Wien 1871. とくにその第三章参照。

(16) Herbert Hax, Lorenz von Steins "Lehrbuch der Finanzwissenschaft" zum Geleit, in: *Kommentarband zum Faksimile-Nachdruck der 1860 erschienenen Erstausgabe von Lorenz von Stein LEHRBUCH DER FINANZWISSENSCHAFT,* Düsseldorf 1998, S.5.

著者紹介

柴 田 隆 行（しばた・たかゆき）
1949年生。1977年東洋大学文学部博士課程哲学専攻満期退学。
現在、東洋大学社会学部社会文化システム学科教授。

博士（社会学）

主な著作:
『ヘーゲルにおける自由と共同』1986年
『横超の倫理と遊戯の哲学』1989年
『哲学史成立の現場』1997年
『新マルクス学辞典』（共編著）2000年
『哲学思想翻訳語事典』（共編著）2003年
『シュタインの社会と国家―ローレンツ・フォン・シュタインの思想形成過程』2006年

シュタインの自治理論《じちりろん》
後期《こうき》ローレンツ・フォン・シュタインの社会《しゃかい》と国家《こっか》

2014年9月10日　第1版第1刷発行

著　　者　柴　田　隆　行
発 行 者　橋　本　盛　作
発 行 所　株式会社 御茶の水書房
〒113-0033 東京都文京区本郷5-30-20
電　話　03-5684-0751

本文組版・印刷／製本　(株)タスプ

Printed in Japan

ISBN978-4-275-01079-7　C3010